Philip Loersch

PORTRAITIST OF WRITING

O P

W

Inhalt *Contents*

Sybille Krämer

SCHRIFTSPIELE ODER: DIE SUBVERSION DER SCHRIFT

Über Philip Loersch

I. Kleine Werkschau: Traue Deinen Augen nicht – es sei denn, Du schaust ganz, ganz genau hin!

Meine Augen wollen der Information, die ich habe, gar nicht glauben angesichts dessen, was sie zu sehen bekommen: Die gedruckte Buchseite, kunstvoll eingearbeitet in einen Stein, ist gar keine einem Buch entnommene Seite, sondern ein gezeichnetes Bild einer Buchseite?

Überraschung, Irritation, Verwunderung angesichts einer nahezu vollkommenen Täuschung! Allerdings auch nur: *nahezu* vollkommen.
Denn auf den zweiten, den genaueren Blick zeigt sich, dass die Buchstaben dem strengen Stereotyp des Druckbildes sich gerade nicht fügen.
Ein ganz klein wenig ist jeder Buchstabe anders, tanzt unmerklich fast aus der linearen Reihe. Was hier als Druckschrift sich tarnt, ist – sozusagen in Wahrheit – eine Zeichnung, ausgeführt Buchstabe für Buchstabe mit der Hand. Philip Loersch sagt dazu: Es ist „das Porträt einer Buchseite".

Der Philosoph René Descartes mit seiner Skepsis gegenüber dem Wahrnehmen hätte daran seine wahre Freude gehabt: So wie der ins Wasser getauchte Stab gebrochen erscheint, obwohl er es nicht ist, so tritt diese Seite als eine Druckseite auf, obwohl sie es gar nicht ist.

SCRIPT GAMES OR: THE SUBVERSION OF WRITING

About Philip Loersch

I. A short reflection on selected works: Don't believe your eyes—unless you look very, very closely!

My eyes do not want to believe the information that they see: The printed book page, artfully incorporated into a stone, is not a page taken from a book, but a drawn image of a book page?

Surprise, irritation, amazement in view of an almost perfect deception! But only: ›almost‹ perfect. A second, closer look reveals that the letters do not conform to the strict stereotype of the printed image. Each letter is just a little bit different, dancing almost imperceptibly out of the linear row. What masquerades itself as a print is—in truth, so to speak—a drawing, letter by letter written by hand. Philip Loersch states: it is 'the portrait of a book page'.

The philosopher René Descartes, with his scepticism towards perception, would have found real joy in this: just as the rod submerged in water appears broken, although it is not, this page appears as a printed page, although it is also not.

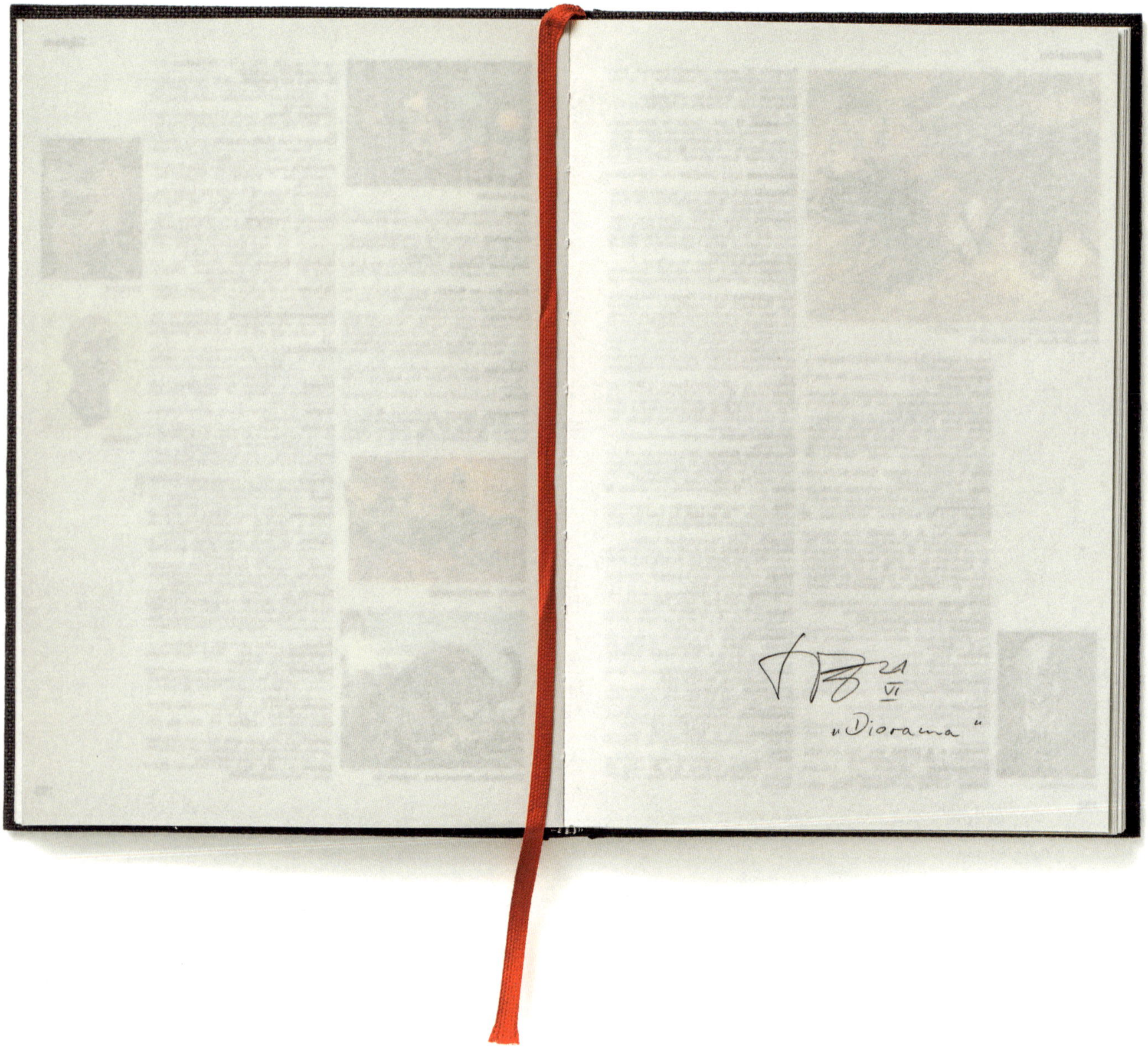

Diorama Blei- und Farbstift auf Papierrückseite in Skizzenbuch.
Pencil and crayon on reverse in sketchbook, 30 × 21 × 2.5 cm.
2021

Diorama

2021

Wie seltsam für ein Werk der Bildenden Kunst: zwei leere, aufgeschlagene Buchseiten, lediglich versehen mit der Künstlersignatur und dem Namen des Werkes *Diorama*. Doch die Rückseiten scheinen beschriftet und bebildert, denn durch die leere Oberfläche hindurch zeigen sich durchschimmernde Schattierungen, ganz und gar schemenhaft: Es scheint sich um ein Lexikon zu handeln, denn was sich von hinten nach vorne durchdrückt, sind in Spalten angeordnete Stichworte, mit Erklärtext und eingelassenen Bildern bzw. Fotos. Und wie das so ist, wenn eine bedruckte Rückseite auf der leeren Vorderseite sich wie von fern zu erkennen gibt: Das sich hinterrücks zeigende Gedruckte erscheint spiegelverkehrt.

Eine Rückseite, die Leser:innen doch immer entzogen ist, solange sie Rückseite bleibt, wird hier zur einzig sichtbaren Oberfläche gemacht. Und das alles in Rahmen und unter Glas, wie in einer Vitrine en miniature arrangiert: Diese Zeichnung heißt *Diorama*.

Dioramen werden gerne in Museen platziert: Wenn in Schaukästen dreidimensionale Szenen nachgestellt werden, oft vor einem gemalten Hintergrund, in den sich die dreidimensionale Vordergrundszene fortsetzt: in Naturkundemuseen gerne aus dem Tierreich und in historischen Museen bevorzugt berühmte Schlachten oder wie Menschen früher gelebt haben.

Doch das Wort „Diorama" für Schaukasten hat eine Vorgeschichte: *Diorán* ist altgriechisch und heißt „hindurchsehen, durchschimmern, durchschauen". Im buchstäblichen Sinne ist ein Diorama ein Durchscheinbild.

Der Medienphilosoph Lorenz Engell hat das Medium des Dioramas in Zusammenhang gebracht mit einer Philosophie der Ontographie. „Ontographie" zielt darauf, etwas Seiendes in unmittelbarer Anschaulichkeit darzustellen. Eine Evidenz, die nur im Hinsehen geschaffen wird; die auskommt, ohne zu erklären, ohne Taxonomie und Klassifizierung, ohne Rückgriff auf Theorie. Eine Evidenz, die sogar das Medium, dem sich diese anschauliche Evidenz verdankt, vergessen lässt. Wer in einem Naturkundemuseum vor einem lebensgroßen Diorama steht, in welchem ausgestopfte Tierkörper, nicht selten mit ihrem ausgestopften Nachwuchs, eingelassen sind in ein künstlich imitiertes ‚natürliches Habitat', raffiniert beleuchtet und sich verlierend im aufgemalten Horizont: der ist für gewöhnlich fasziniert und verblüfft.

How strange for a work of visual art: two blank, open book pages, merely marked with the artist's signature and ›Diorama‹, the name of the work. But the reverse pages seem to be inscribed and illustrated, for shimmering shadings shine like shadows through the empty surface. It seems to be an encyclopedia, for keywords arranged in columns shine through from back to front, with explanatory text and embedded pictures and photos. When a printed reverse page reveals itself on the empty front page, as if from a distance, the printed matter behind appears mirrored.

A reverse page, which is always hidden from readers as long as it remains 'reversed', becomes the only visible surface. And all this is arranged in frames and under glass, as if in a miniature display: This drawing is called ›Diorama‹.

Dioramas are often found in museums: three-dimensional scenes recreated in displays, often in front of a painted background which extends the three-dimensional foreground. In natural history museums, these often feature motifs from the animal kingdom, and in history museums preferably depict famous battles or how people used to live.

But the word 'diorama' has a history: ›diorán‹ is ancient Greek and means 'to see through, to shine through, to look through'. In its literal sense, a diorama is a translucent image.

The media philosopher Lorenz Engell has related the medium of the diorama to a philosophy of ontography. 'Ontography' aims to represent something that exists in immediate clarity. Evidence that is created only by looking: that can be understood without explaining, without taxonomy and classification, without recourse to theory. Evidence that even makes us forget the medium to which this vivid evidence is owed. Anyone standing in front of a life-size diorama in a natural history museum in which stuffed animal bodies, often with their stuffed offspring, are embedded in an artificially imitated 'natural habitat', cleverly lit, fading into the painted horizon, is both fascinated and amazed.

Ganz anders das minimalistische *Diorama* Philip Loerschs. Die Leere der Vorderseite – ausgestellt als Kunstwerk – verblüfft ebenfalls. Doch was wird hier ‚evident' gemacht? Kann hier überhaupt dem, was die Augen sehen, getraut, vertraut werden? Denn das, was Loersch tatsächlich gezeichnet hat, worin seine künstlerische Arbeit besteht, indem er die in Spiegelschrift erscheinende Rückseite Buchstabe für Buchstabe händisch erzeugte, wird hier gerade verborgen, entzogen.

Künstlerische Bilder bearbeiten für gewöhnlich Oberflächen. Ihr ästhetischer Zauber besteht darin, vor den Augen der Betrachter:innen eine Metamorphose zu initiieren, die aus der künstlerischen ‚Verflachung der Welt' im Bild eine durch Anschauung evozierte Tiefe entstehen lässt.

Auch in *Diorama* gibt es diese virtuelle Tiefe, aber ironisch gebrochen, weil das, was zu sehen ist, nur die naturalistische Imitation, das Trompe-l'œil einer Lexikonseite in Spiegelschrift ist – überdies unlesbar für Betrachter, die nur aus dem Erfahrungsschatz ihres Wissens vermuten können: Das, was durchscheint, muss eine Lexikonseite sein. Dioramen in Museen klären auf über etwas, das vergangen, ausgestorben, jedenfalls entzogen ist. *Diorama* klärt auf über das unabdingbare Entzogensein beschrifteter Rückseiten, hier überhöht durch den Umstand, dass diese Vorderseite leer ist und deshalb auch ihrer Rückseite zu einem schemenhaften Auftritt verhelfen kann.

Philip Loersch's minimalist ›Diorama‹ is quite different. The emptiness of the front—exhibited as a work of art—also amazes. But what is made 'evident' here? Can what the eyes see be trusted here at all? For the actual drawings that constitute Loersch's artistic work, the reverse side which appears as mirror writing, handwritten letter by letter, are precisely hidden here, withdrawn.

Artistic images usually work as surfaces. Their aesthetic magic is to initiate a metamorphosis in the viewer, to turn the artistic 'flattening of the world' in the image into depth evoked by perception.

›Diorama‹ also contains this 'artificial depth', but the depth has been ironically broken, because only the naturalistic imitation can be seen, the trompe-l'oeil page of an encyclopaedia in mirror writing. Moreover, this imitation is illegible for viewers who can only speculate from the wealth of their own experience and knowledge: what shines through must be the page of an encyclopaedia. Dioramas in museums enlighten us about something that is past, extinct, or in any case removed. ›Diorama‹ makes evident the remoteness inherent in inscribed reverse sides, here exaggerated by the fact that the front side is blank and can therefore allow its reverse side to make a shadowy appearance.

Odranoel
2019

Eine Objektgruppe, bestehend aus drei bruchstückhaften Specksteinen, ist *Odranoel* betitelt. Was für ein merkwürdiger Name: Das Wort entzieht sich jeder Sinnzuweisung. Aber das Gesicht eines älteren Mannes, umrahmt von Haar und Bart, ist ikonisch: Es ist Leonardo da Vinci. Und jetzt fällt es wie Schuppen von den Augen: „Odranoel" ist der in Spiegelschrift versetzte Name „Leonardo". Doch warum dieses Verwirrspiel mit der Schrift? Hilfreich zu wissen: Leonardo schrieb private Notizen, die nicht für die Öffentlichkeit bestimmt waren, in Spiegelschrift. Vielleicht, weil er als Linkshänder einfacher von rechts nach links schreiben konnte, vielleicht auch als eine Art Geheimschrift.

Jedenfalls: Philip Loersch nimmt diesen Gestus Leonardos auf. Die gewohnte Buchstabenfolge einfach umzukehren; etwas von hinten beginnend aufschreiben: Das gilt nicht nur für den Namen des Werkes *Odranoel*, sondern auch für alles, was auf dem auf den Bruchstücken des Steins erscheinenden Cover geschrieben steht. Nur: dass dies kein Buchcover ist, sondern ein vom Künstler auf den Steinuntergrund gezeichnetes Bild, das ein Buchcover in seiner Buchstabenfolge spiegelverkehrt imitiert.

Und dann, auf der anderen Seite der steinernen Skulptur, kehrt sich das alles wieder um: Bruchstücke einer aufgeschlagenen Seite, anscheinend aus jenem Buch (*Leonardo. Künstler, Forscher, Magier*, hg. von Ladislao Reti, Stuttgart u. a.: Deutscher Bücherbund 1974), mit handschriftlichen Notizen Leonardos werden gezeigt, wieder gezeichnet auf die geschliffenen Teile des Specksteins. Doch wie schon beim vorgetäuschten Buchcover: Was hier als Auszug aus einem gedruckten Buch erscheint, ist keine Buchseite, sondern das Bild einer Buchseite, von Philip Loersch per Hand gezeichnet.

A group of objects consisting of three fragmentary soapstones is called: ›Odranoel‹. What a strange name: the word defies any attribution of meaning. But we see the iconic face of an elderly man, framed by hair and beard: Leonardo da Vinci. And now the scales fall from the eyes: 'Odranoel' is the name 'Leonardo' transposed into mirror writing. But why this confusion with the mirror writing? It is helpful to know that Leonardo da Vinci wrote private notes not intended for the public in mirror writing. Perhaps because, being left-handed, he could write more easily from right to left, or perhaps as a kind of secret writing.

In any case, Philip Loersch assumes Leonardo's mirrored style. Simply reversing the usual sequence of letters, writing something starting from the back, applies not only to the name of the work ›Odranoel‹, but also to everything written on the cover that appears on the fragments of the stone. This, however, is not a book cover, but an image drawn by the artist on surface of the stone fragments, imitating a book cover with its sequence of mirrorinverted letters.

And then, on the other side of the stone sculpture, everything is reversed again: fragments of an open page are shown, apparently from that book (›Leonardo. Künstler, Forscher, Magier‹, ed. by Ladislao Reti, Stuttgart et al: Deutscher Bücherbund 1974) with handwritten notes by Leonardo, again drawn on the polished parts of the soapstone. But like the fake book cover, what appears here as an excerpt from a printed book is not a book page, but a picture of a book page, which Philip Loersch has drawn by hand.

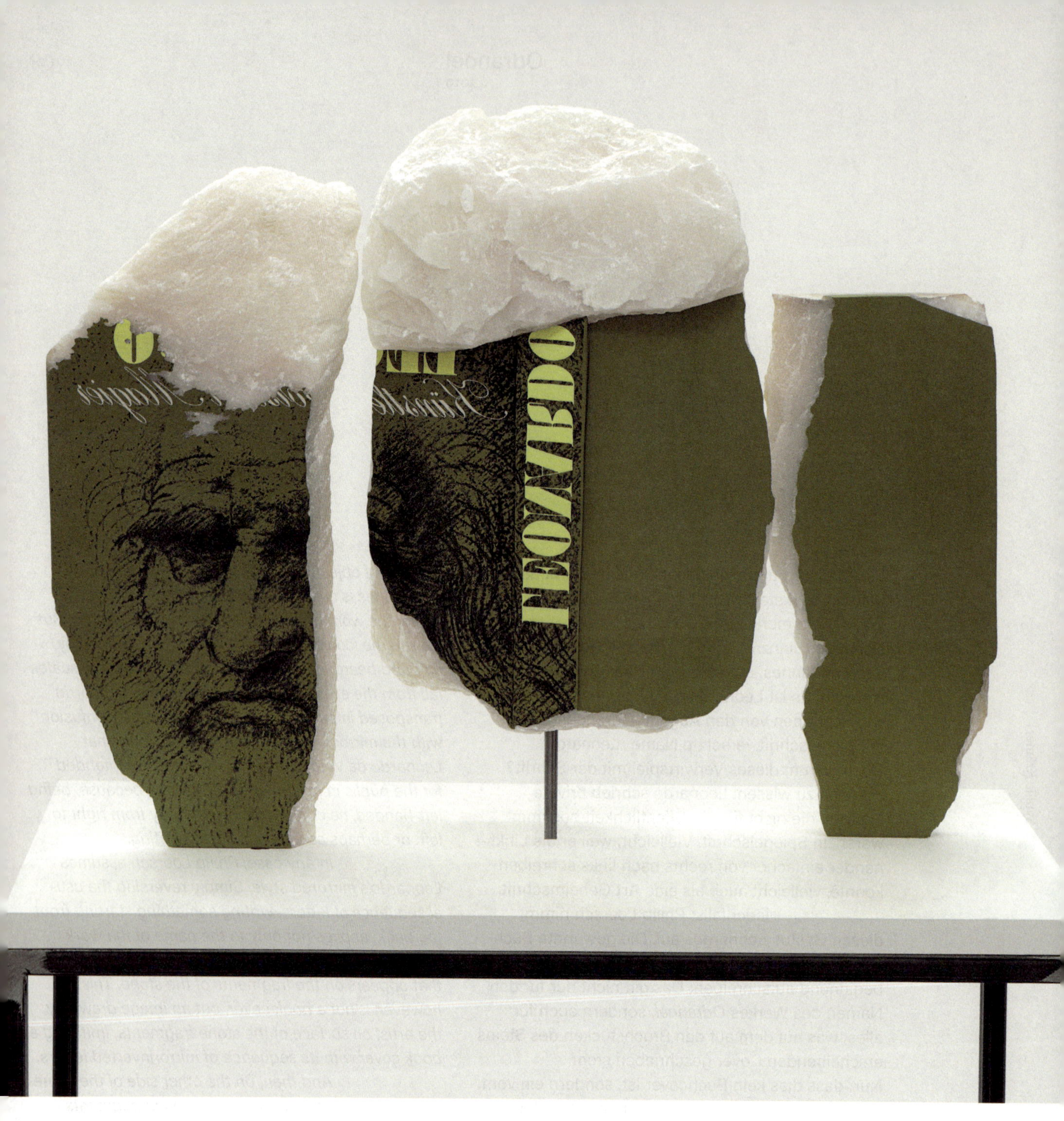

Odranoel (Back view pp. 14–15)

2019

Tusche, Acryl, Crayon, Bleistift, Lack auf Speckstein.
China ink, acrylic, crayon, pencil and varnish on soapstone, 55 × 37.5 × 11.5 cm.

Doch wie verwunderlich: Die handschriftlichen Notizen Leonardos erscheinen hier gerade nicht in Spiegelschrift, in der Leonardo sie niederschrieb, sondern richtig herum. Dafür wiederum ist der begleitende und erklärende Text in Spiegelschrift, Buchstabe für Buchstabe richtungsverkehrt geschrieben.

But how surprising: Leonardo's handwritten notes do not appear here in the mirror writing in which Leonardo wrote them, but rather the right way around. On the other hand, the accompanying and explanatory text is written in mirror writing, letter for letter in the wrong direction.

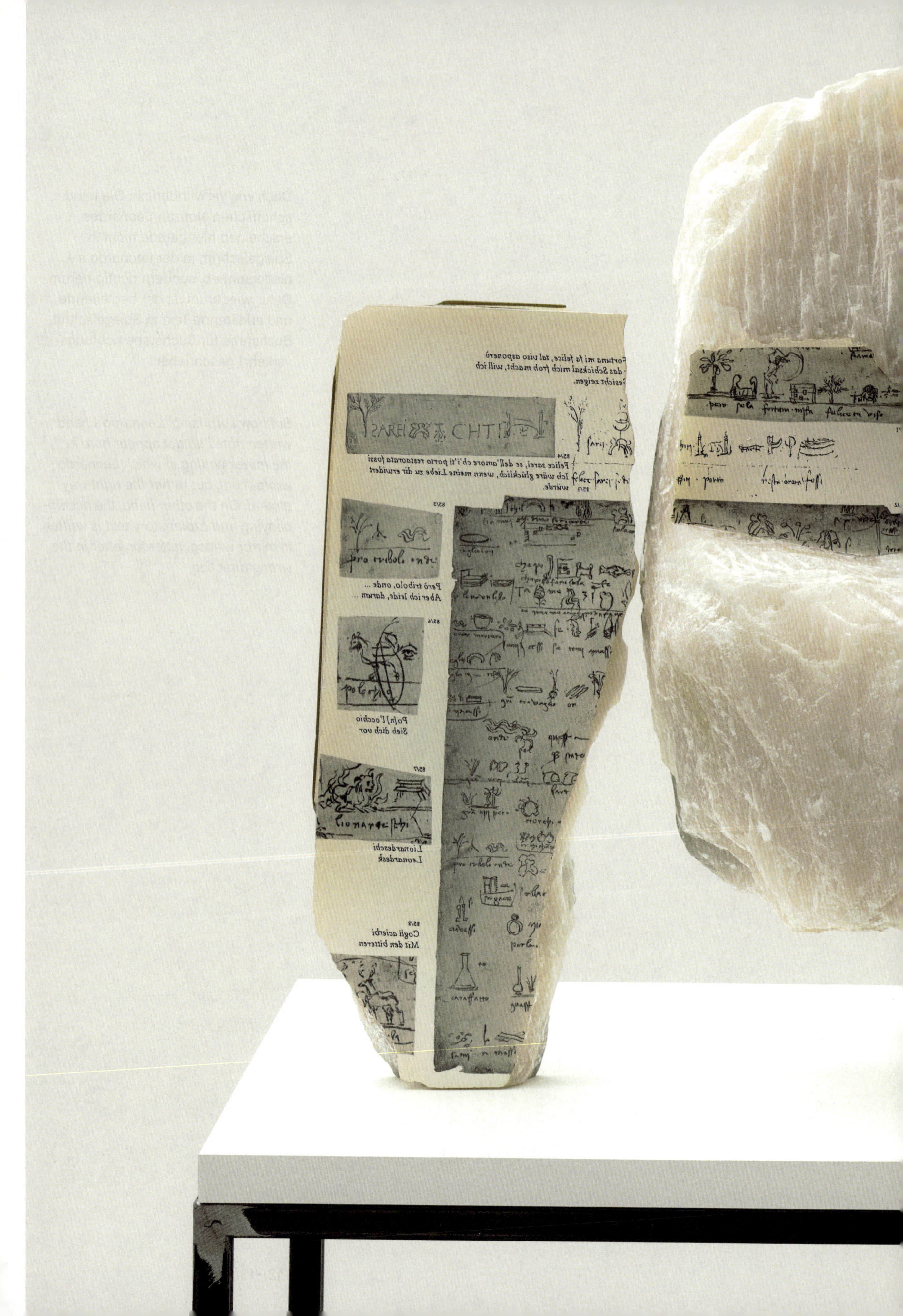
Felice sarei, se dell'amore ch'i'ti porto restaurata fossi
Ich wäre glücklich, wenn meine Liebe zu dir erwidert würde.
Però tribolo, onde ...
Aber ich leide, darum ...
Po[n]i l'occhio
Sieh dich vor
Lionardeschi
Leonardesk
Cogli acerbi
Mit den bitteren

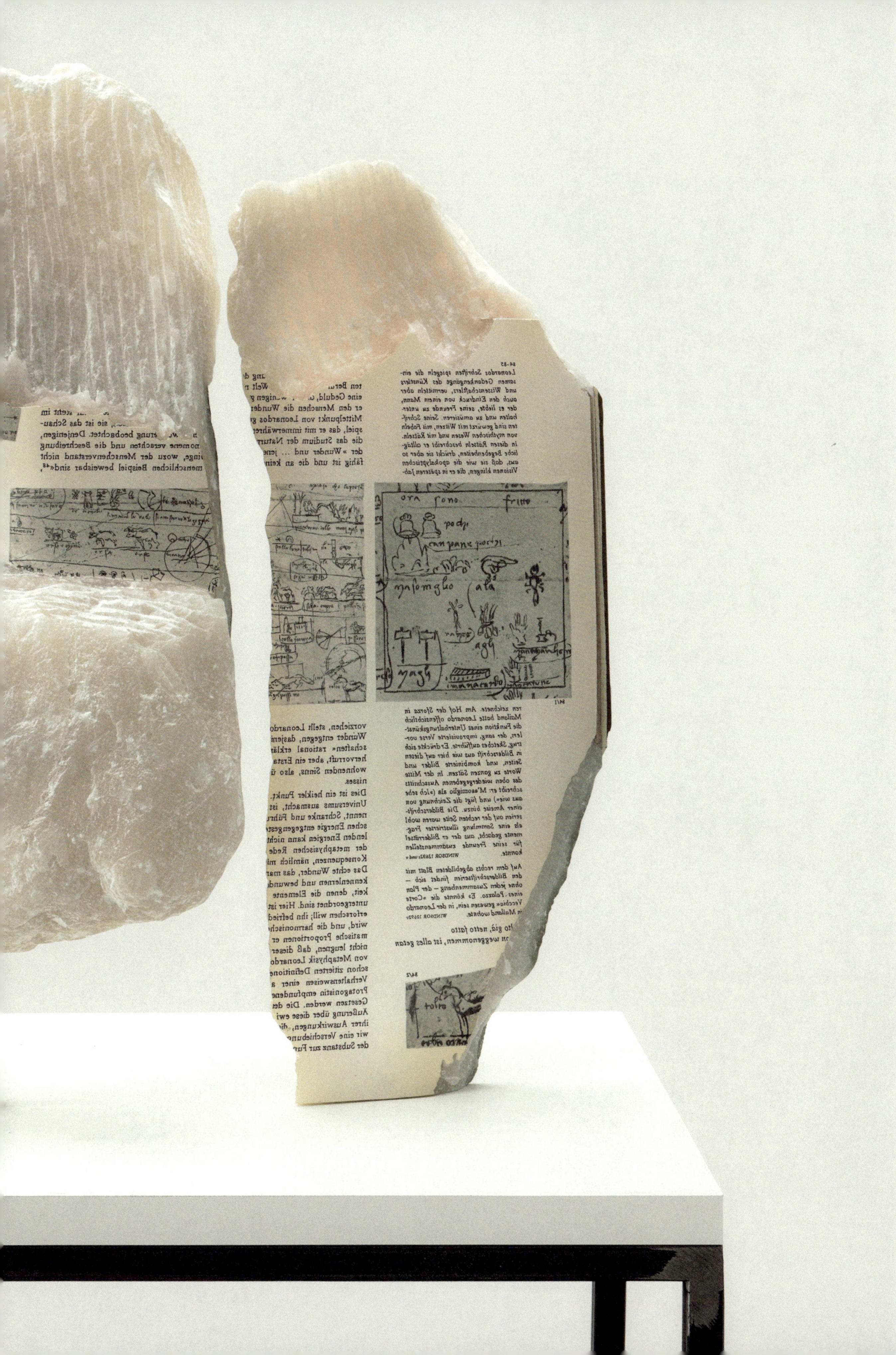

Doch was ist anzufangen mit solchen Eindrücken?
Dazu hier zwei Vorschläge – und sicher gäbe es noch viele weitere.

(i) Wir können zuerst nach dem Vorgang der Herstellung fragen: Wie macht Philip Loersch das überhaupt? Denken wir an *Diorama*, wo eine Unterseite sich im Medium der unbeschrifteten Oberseite schemenhaft zur Geltung bringt. So könnte auch eine aufgeschlagene Leonardo-Handbuchseite herausgelöst werden, dann gespiegelt und sodann präzise manuell kopiert werden. Voilà: Das Kunstwerk ist erstanden. Die vertikale Spiegelung hat dafür gesorgt, dass alles einen Richtungswechsel hin zur Spiegelschrift vollzogen hat oder auch: ‚erleiden musste'. Prima für die Verständlichkeit von Leonardos Notizen: endlich lesbar! Und den Erklärtext will man sowieso erst gar nicht lesen!

(ii) Das Nachdenken über die künstlerische Erzeugung kann aber auch eine Erkenntnis anstoßen: Im Mediengebrauch bleiben wir zumeist blind für die materiale, physische Gegenständlichkeit der Medien: Wir sehen nicht eine Leinwand, sondern ein Bild, hören keine Schallwellen, sondern gesprochene Worte ... Das Medium verschwindet hinter seinem Gehalt, die Buchstaben treten zurück zugunsten der in ihnen verkörperten Botschaft. Doch der Kunst wurde immer schon die Kraft zugetraut, dieses Verschwinden zu bannen und die Medialität künstlerischer Arbeit und ihrer Werke explizit auszustellen und zum Sujet zu erheben. Haben wir je bedacht, wie sehr die Schrift sich unterscheidet von gesprochener Sprache? Kaum ausgesprochen, ist ein Wort auch schon verschwunden. Doch aufgeschriebene Worte bleiben stehen, können Räume und Zeiten überbrücken, weil sie selber räumlich und visuell verfasst, damit mobil und archivierbar sind. Überdies eröffnet sich das Feld der Schriftspiele: Kreuzworträtsel werden möglich, oder aus „Atheismus" kann anagrammatisch „Mietshaus" werden oder „Sarg" sich spiegelschriftlich in „Gras" verwandeln. Doch für Leonardo war die Spiegelschrift kein Spiel. Tatsächlich besitzt die Schriftbildlichkeit, der Umstand also, dass die Schrift nicht einfach Sprache, also eine lineare Sequenz von Sprachlauten, ist, vielmehr in zweidimensionaler Anordnung immer auch ein Bild verkörpert, ein kulturstiftendes Potenzial ersten Ranges. Diese zweidimensionale Stabilität der Schrift unterscheidet sie konstitutiv von der linearen, fluiden Lautmaterie gesprochener Sprache, deren Existenz im Verschwinden besteht.

Die Schriftbildlichkeit ist auch der Gegenstand eines Sammelbands, der im Jahr 2012 von Eva Cancik-Kirschbaum, Rainer Totzke und mir im Berliner Akademieverlag herausgegeben wurde. Alle Aufsätze dieses Buches kreisen um die produktive Kraft der Schrift, wenn diese nicht auf die Notierung mündlicher Sprache begrenzt wird. Und genau dieses Buch verwandelt sich unter den Händen von Philip Loersch in ein Kunstwerk.

What to do with such impressions?
Here are two suggestions, which could certainly be joined by many more.

(i) *We can first ask about the process of production: how does Philip Loersch do it? Let's consider ›Diorama‹, where a reverse page presents itself schematically in the medium of the unlabelled front page. Thus, an opened Leonardo manual page could be detached, then mirrored before being copied manually, letter by letter. Voilà: the work of art is created. Vertical mirroring has ensured that everything has undergone, or 'had to suffer', a change of direction towards mirror writing. Great for the comprehensibility of Leonardo's notes: finally readable! And you often don't even want to read the explanatory text anyway!*

(ii) *However, thinking about artistic production can also trigger an insight. In the use of media, we mostly remain blind to the material, physical representation of media: we do not see the canvas but the picture, we do not hear sound waves but spoken words ... The medium disappears behind its content, the letters recede in favour of the message embodied in them. But art has always been thought to have the power to banish this disappearance and to explicitly exhibit the mediality of its work and its objects, to elevate it to the actual subject. Have we ever considered how different writing is from spoken language? No sooner is a word spoken than it disappears. But written words remain, can bridge spaces and times, because they are themselves spatially and visually composed, and thus mobile and archivable. Moreover, this opens up the field of writing games: crossword puzzles become possible; 'Atheismus' ('atheism') can anagrammatically become 'Mietshaus' ('tenement'), and 'Sarg' ('coffin') can turn into 'Gras' ('grass') in mirror writing. But for Leonardo, his mirror writing was not a game. In fact, the pictoriality of writing, the fact that writing is not simply language, i.e. a linear sequence of speech sounds, but is also always embodied by image in a two-dimensional arrangement, contains a culture-forming potential of the first order. Writing's two-dimensional stability distinguishes it constitutively from the linear, fluid sound matter of spoken language, whose existence consists of disappearance.*

›Schriftbildlichkeit‹ ('notational iconicity') is also the subject of an anthology published in 2012 by Eva Cancik-Kirschbaum, Rainer Totzke and myself at Berliner Akademieverlag. All of the essays in this book revolve around the productive power of writing when it is not limited to the notation of oral language. And this very book transforms into a work of art under the hands of Philip Loersch.

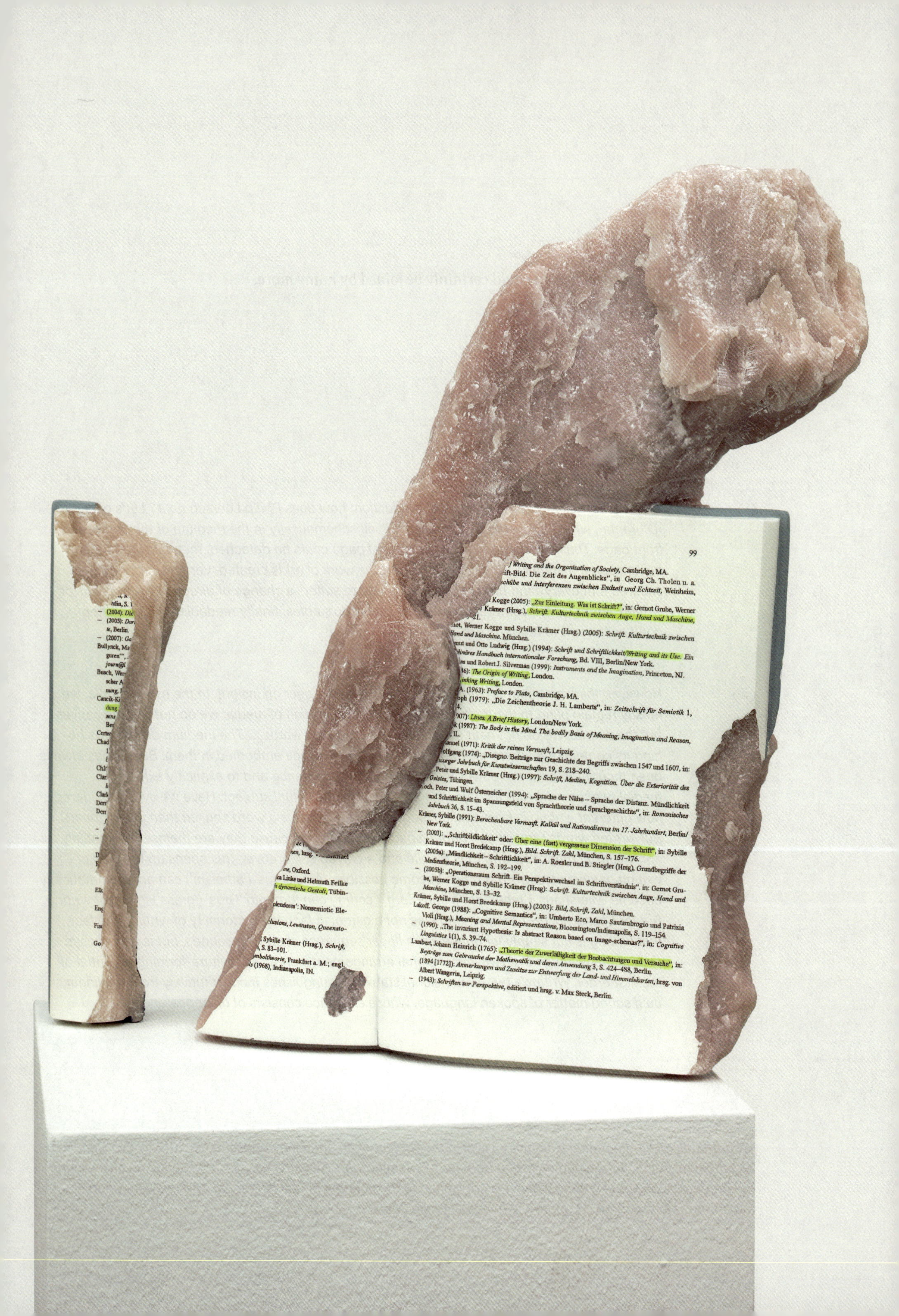
99
f Writing and the Organization of Society, Cambridge, MA.
ift-Bild. Die Zeit des Augenblicks", in Georg Ch. Tholen u. a.
schübe und Interferenzen zwischen Endzeit und Echtzeit, Weinheim,
Kogge (2005): „Zur Einleitung. Was ist Schrift?", in: Gernot Grube, Werner
Krämer (Hrsg.), Schrift. Kulturtechnik zwischen Auge, Hand und Maschine,
21.
mot, Werner Kogge und Sybille Krämer (Hrsg.) (2005): Schrift. Kulturtechnik zwischen
Hand und Maschine. München.
mut und Otto Ludwig (Hrsg.) (1994): Schrift und Schriftlichkeit/Writing and its Use. Ein
linäres Handbuch internationaler Forschung, Bd. VIII, Berlin/New York.
as und Robert J. Silverman (1999): Instruments and the Imagination, Princeton, NJ.
36): The Origin of Writing, London.
inking Writing, London.
A. (1963): Preface to Plato, Cambridge, MA.
oph (1979): „Die Zeichentheorie J. H. Lamberts", in: Zeitschrift für Semiotik 1,
4.
007): Lines. A Brief History, London/New York.
k (1987): The Body in the Mind. The bodily Basis of Meaning, Imagination and Reason,
, IL.
anuel (1971): Kritik der reinen Vernunft, Leipzig.
olfgang (1974): „Disegno. Beiträge zur Geschichte des Begriffs zwischen 1547 und 1607, in:
urger Jahrbuch für Kunstwissenschaften 19, S. 218–240.
Peter und Sybille Krämer (Hrsg.) (1997): Schrift, Medien, Kognition. Über die Exteriorität des
Geistes, Tübingen.
och, Peter und Wulf Österreicher (1994): „Sprache der Nähe – Sprache der Distanz. Mündlichkeit
und Schriftlichkeit im Spannungsfeld von Sprachtheorie und Sprachgeschichte", in: Romanisches
Jahrbuch 36, S. 15–43.
Krämer, Sybille (1991): Berechenbare Vernunft. Kalkül und Rationalismus im 17. Jahrhundert, Berlin/
New York.
– (2003): „‚Schriftbildlichkeit' oder: Über eine (fast) vergessene Dimension der Schrift", in: Sybille
Krämer und Horst Bredekamp (Hrsg.), Bild. Schrift. Zahl, München, S. 157–176.
– (2005a): „Mündlichkeit – Schriftlichkeit", in: A. Roesler und B. Stiegler (Hrsg), Grundbegriffe der
Medientheorie, München, S. 192–199.
– (2005b): „Operationsraum Schrift. Ein Perspektivwechsel im Schriftverständnis". in: Gernot Gru-
be, Werner Kogge und Sybille Krämer (Hrsg): Schrift. Kulturtechnik zwischen Auge, Hand und
Maschine, München, S. 13–32.
Krämer, Sybille und Horst Bredekamp (Hrsg.) (2003): Bild, Schrift, Zahl, München.
Lakoff, George (1988): „Cognitive Semantics", in: Umberto Eco, Marco Santambrogio und Patrizia
Violi (Hrsg.), Meaning and Mental Representations, Bloomington/Indianapolis, S. 119–154.
– (1990): „The invariant Hypothesis: Is abstract Reason based on Image-schemas?", in: Cognitive
Linguistics 1(1), S. 39–74.
Lambert, Johann Heinrich (1765): „Theorie der Zuverläßigkeit der Beobachtungen und Versuche", in:
Beyträge zum Gebrauche der Mathematik und deren Anwendung 3, S. 424–488, Berlin.
– (1894 [1772]): Anmerkungen und Zusätze zur Entwerfung der Land- und Himmelskarten, hrsg. von
Albert Wangerin, Leipzig.
– (1943): Schriften zur Perspektive, editiert und hrsg. v. Max Steck, Berlin.

Die Augentäuschung wird versierten Betrachtern von Loerschs Werk schnell klar: Was wie ein Ausschnitt aus einem Buch erscheint, ist realiter gezeichnet, überdies noch versehen – dieser Gestus begegnet in mehreren Objekten Loerschs – mit den typischen Insignien des ‚Gelesenseins' eines Textes: in diesem Falle mit gelbem Textmarker herausgehobene Zeilen. Wie bei allen anderen auf diesem Prinzip ästhetischer Imitationen von Druckwerken beruhenden Objekten enthüllt erst der genaue Blick, dass diese Buchstaben nicht gedruckt, sondern gezeichnet sind: Kleinste Verschiebungen, Unregelmäßigkeiten in der Buchstabengestalt, winzige Größenunterschiede zeugen von der Handarbeit, zeigen, wie die gezeichneten Lettern sich der Stereotypizität des Buchdrucks verweigern.

Ein Kunstwerk also, das – nach der händischen Bearbeitung des Steins – in der

The deception of the eye soon becomes clear to experienced viewers of Loersch's work: what appears to be an excerpt from a book is in fact drawn. Additionally, in a gesture encountered in several of Loersch's objects, this object exhibits a typical marker that a text is 'being read'. Here, this is represented by lines highlighted with yellow marker. As with all other objects based on this principle of aesthetic imitations of printed works, only a close look reveals that these letters are not printed but drawn. The smallest shifts, irregularities in the shape of the letters, and tiny differences in size testify to the handiwork, showing how the drawn letters refuse the absolute stereotypicality of letterpress printing.

A work of art, then, that—after the stone has been worked by hand—consists of the meticulous manual tracing of printed pages. Printing is machine work. Here, however, there is a turning back, a

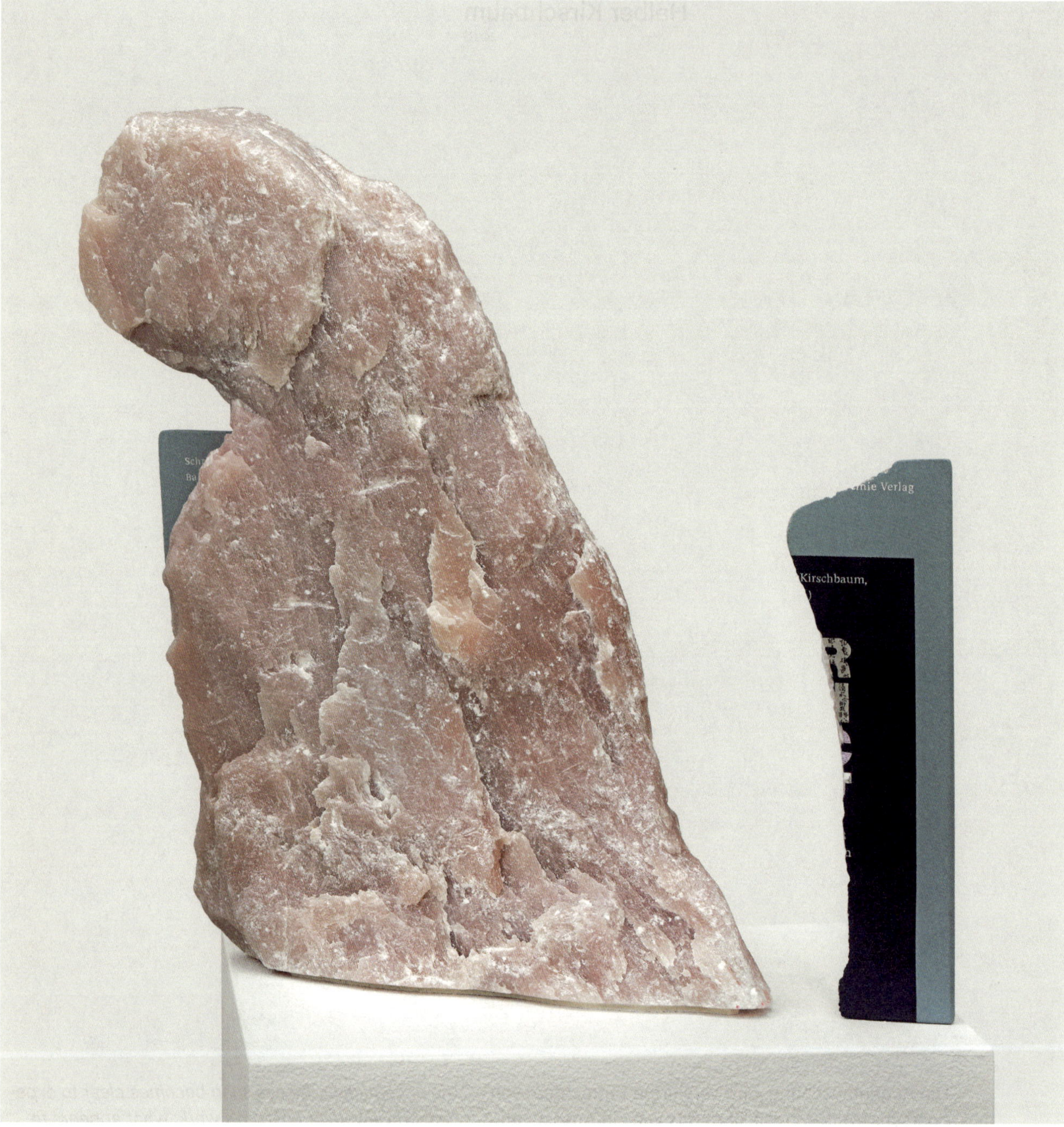

Halber Kirschbaum

2018

Tusche, Acryl, Lack auf Speckstein.
China ink, acrylic and varnish on soapstone, 35 × 45 × 10 cm.

minutiösen manuellen Nachzeichnung von Druckseiten besteht. Druckwerk ist Maschinenwerk. Hier jedoch erfolgt eine Rückwendung, eine medienhistorische Umkehrung, die zurück zur Handschrift führt. Zu einer Hand-Schrift allerdings, die sich in einer paradoxalen Ausführung manifestiert: mit den Händen so zu schreiben, wie das eine Maschine tut, die druckt. Und darin notwendig zu versagen, denn ein jeder der Buchstaben trägt in seinen winzigen Unregelmäßigkeiten die Spuren seiner händischen Erzeugung in sich. Die Hände vollziehen nach – so gut das eben geht –, was zuvor eine Druckmaschine in apparativer Perfektion geliefert hat – und verraten sich dabei doch.

Jenseits dieser der manuellen Herstellung eines Schriftbildes geschuldeten Eigentümlichkeiten fällt noch etwas auf an diesem Objekt: Der Inhalt des Buches, das hier zur Vorlage wird, handelt von der Schrift. *Schriftbildlichkeit. Wahrnehmbarkeit, Materialität und Operativität von Notationen*, so heißt dieser von mir zusammen mit Eva Cancik-Kirschbaum herausgegebene Band. Das war zugleich der Name eines durch die Deutsche Forschungsgemeinschaft geförderten Graduiertenkollegs, in welchem Lehrende der verschiedenen Berliner Universitäten zusammen mit Promovierenden Facetten des Phänomens der Schriftbildlichkeit untersuchten. Und ‚Schriftbildlichkeit' wiederum ruft ein von mir ursprünglich entwickeltes Konzept auf, mit dem ein Leistungsspektrum der Schrift jenseits des Aufzeichnens mündlicher Sprache ins Gravitationszentrum der Aufmerksamkeit rückt. Dass die Schrift lediglich ein sekundäres Symbolsystem sei, dazu geschaffen, gesprochene Sprache festzuhalten, gab für Jahrhunderte den Schriftreflexionen Takt und Sujet vor. Doch im ausgehenden 20. Jahrhundert wurde dieser enge Schriftbegriff gesprengt: Nicht nur Programmiersprachen, die Computer instruieren, und alle Formalsprachen der Wissenschaften sind Abkömmlinge der Schrift; auch viele der westlichen Kunsttraditionen erschufen sich eine skripturale Ausdrucksform – von der Musiknotation bis zur Choreografie.

An dieser Bruchlinie eines neuartigen Blicks auf die Schrift arbeitet Philip Loersch mit dem Objekt *Halber Kirschbaum* (2018) in einer selbstbezüglichen Wendung: In der Performanz seines eine Buchseite kopierenden Schreibaktes vollzieht er, was zugleich Thema des Buches ist: das Zum-Bild-Werden der Schrift – Schriftbildlichkeit eben. Die Form seiner Tätigkeit und deren Sujet, Gegenstand und Thema konvergieren. Und genau dies begegnet uns auch in dem nächsten zu betrachtenden Werk.

media-historical reversal that leads back to handwriting. To a handwriting, however, that manifests itself in a paradoxical execution: to write with one's hands in the same way as a machine that prints does. And necessarily to fail in it, because each of the letters still bears the traces of its manual production in its tiny irregularities. The hands reproduce—as well as they can—what a printing press has previously delivered in mechanical perfection—and yet betray themselves in the process.

But something else is striking about this object, beyond these peculiarities of the production of a typeface: the content of the book, which becomes the drawn image here, is about writing. ›Schriftbildlichkeit. Wahrnehmbarkeit, Materialität und Operativität von Notationen‹ ('Notational Iconicity. Perceptibility, Materiality and Operativity of Notations') is the name of the volume I edited together with Eva Cancik-Kirschbaum. It was also the name of a research training group funded by the Deutsche Forschungsgemeinschaft (German Research Foundation), in which professors from various Berlin universities worked with doctoral students to investigate facets of the phenomenon of 'Schriftbildlichkeit', the notational iconicity. 'Schriftbildlichkeit' in turn calls up a concept I originally developed, with which a performance spectrum of writing beyond the recording of oral language moves into the center of gravity of attention. For centuries, the idea that writing was merely a secondary symbol system created to record spoken language set the pace and subject for reflections on writing. But in the late twentieth century, this narrow concept of writing was shattered. Programming languages that instruct computers and all formal languages of the sciences are not the only descendants of writing; many Western art traditions also created a scriptural form of expression—from musical notation to choreography.

Philip Loersch works on this fault line of a new kind of perception of writing in a self-referential turn with the object ›Halber Kirschbaum‹. By performing his act of writing, copying a page of a book, he carries out what is at the same time the theme of the book: the becoming-image of writing, the notational iconicity. The form of his activity and its subject, object and theme converge. And this is precisely what we encounter in the next work to be considered.

Die Große Handschrift

2021

Diesseits des Virtuellen. Handschrift im 20. und 21. Jahrhundert heißt ein 2015 erschienener Sammelband, der erkundet, ob die Handschrift auch im Zeitalter des Computers noch eine Bedeutung hat und welches ihre besonderen Attribute sind.
In diesem Band gibt es eine Einleitung, die von Philip Loersch in ein Kunstwerk transformiert wurde.

Die Große Handschrift (2021) ist der Titel einer Zeichnung ungewöhnlichen Ausmaßes: Aufgeschlagen nur etwa 32 Zentimeter breit, doch über 2,20 Meter hoch ist das vom Künstler eigenhändig gebundene Buchobjekt. Eine Arbeit, in mancher Hinsicht mit dem Werk *Halber Kirschbaum* (2018) verbunden. Philip Loersch bezieht sich auf den Einleitungsaufsatz des Bandes, der in voller Länge inklusive Fußnoten und Lesemarkierungen hier erscheint. Was wir inzwischen vorab vermuten können: Die Buchstaben sind gezeichnet, doch Lesezeichenband und Heftfaden legen die Spur eines gedruckten Buchtextes. Überdies verstärkt durch den Eindruck, dass dieser Text offenbar gelesen und bearbeitet wurde, in Gestalt einer Fülle von Unterstreichungen, Markierungen, Randnotizen, die hier absichtsvoll ausgestellt werden. Das Wechselspiel zwischen dem scheinbar maschinell hergestellten Druckbild in seiner gestochenen Schwärze und den zurückhaltenderen, nachträglichen handschriftlichen Einträgen mit Bleistift ist ein Scheingefecht: Denn hier ist alles von Hand gemacht.

Und genau auf diese händische Herkunft verweist das ungewöhnliche Format:
Das Hintereinander der Buchseiten hat sich in einen fortlaufenden Text verwandelt, der – in diesem Format – dann über die zwei jeweils 2,20 Meter hohen Kolumnen verläuft und dabei unweigerlich in Regionen abdriftet, die für diejenigen, die vor dem Bild stehen, kaum mehr lesbar sind. Doch noch wichtiger ist das hier inszenierte Spiel mit der Selbstbezüglichkeit. Und genau darin trifft sich dieses Werk mit dem zuvor beschriebenen *Halber Kirschbaum*, dessen Vorlage der Sammelband zur ‚Schriftbildlichkeit' war. Beide Kunstobjekte sind nicht nur handschriftliche Evokationen von Druckbildern, sondern reproduzieren Texte, welche sich akademisch mit Schriften in genau dieser ihrer bildlichen bzw. handschriftlichen Dimension auseinandersetzen.

In der Theorie des Symbolischen wird dieses Phänomen als „Selbstreferentialität" bezeichnet. Ein symbolischer Ausdruck realisiert und verkörpert zugleich an sich selbst, was er bedeutet oder worauf er sich bezieht. Beispielsweise so wie das mit grüner Tinte geschriebene Wort „grün" oder

'This Side of the Virtual. Handwriting in the 20th and 21st Centuries' is the name of an anthology that explores whether handwriting still has a meaning in the age of the computer and what its special attributes are. This volume contains an introduction, and it is precisely this introduction that Philip Loersch now transforms into a work of art.

›Die Große Handschrift‹ ('The Large Manuscript') is the title of a drawing of unusual dimensions. The book object, which is only 32 cm wide when opened, but over 2.20 m high, has been handbound by the artist personally. This work, in some respects, connects to the work ›Halber Kirschbaum‹. Philip Loersch refers to the essay introducing the volume, which appears here in full, including footnotes and markings by the reader. What we can surmise in advance by now: The letters are drawn, but the bookmark ribbon and stitching thread closely suggest the idea a printed book text, reinforced by the abundance of underlining, markings, marginal notes which are deliberately exhibited here, giving the impression that this text has been read and edited. The interplay between the seemingly machine-produced printed image in its engraved blackness and the more restrained, subsequent handwritten entries in pencil are a mock battle: everything here is done by hand.

It is precisely this manual origin to which the unusual format refers: the back-to-back book pages have been transformed into a continuous text that—in this format—runs across the two columns, each 2.20 m high, inevitably drifting into regions that are barely legible for those standing in front of the work. But even more important is the self-referential play staged here. This is precisely where this work meets the previously described ›Halber Kirschbaum‹ from the anthology on ›Schriftbildlichkeit‹. Both art objects are not only handwritten evocations of printed images, but also refer to texts that deal academically with writing in precisely this pictorial or handwritten dimension.

In the theory of the symbolic, this phenomenon is called 'self-referentiality'. A symbolic expression simultaneously realises and embodies in itself what it means or refers to, for example, the word 'green' written in green ink, the expression 'this sentence has five words', or the sentence 'I am talking now' spoken in front of an audience. The phenomenon of self-referentiality or self-reference becomes particularly interesting when it leads to a performative contradiction: for example, the sentence 'I am not speaking now' spoken by a speaker in front of an audience. Incidentally, Descartes' much maligned sentence

die Phrase „Dieser Satz hat fünf Worte" oder der vor Publikum gesprochene Satz „Ich rede jetzt".
Das Phänomen der Selbstreferentialität bzw. Selbstbezüglichkeit wird vor allem da interessant, wo diese zu einem performativen Widerspruch führt.
Etwa der vor Publikum von einer Sprecherin gesagte Satz „Ich spreche gerade nicht". Übrigens ist auch der vielgeschmähte, weil leider kognitivistisch missverstandene Satz von Descartes „Ich denke, also bin ich" ein philosophisches Beispiel dafür, eine Aussage gefunden zu haben, deren Gegenteil einen performativen Selbstwiderspruch erzeugen würde. Denn auch der Zweifel, auch die Aussage „Ich denke jetzt nicht" bleibt nolens volens ein Akt des Denkens. Paradoxien, die aus der Selbstbezüglichkeit von Sätzen hervorgehen, sind eine beliebte Spielwiese philosophischer Reflexionen, etwa der Satz „Ich lüge jetzt".

Doch zurück zu Philip Loersch, der künstlerisch mit der Selbstbezüglichkeit arbeitet.
Ein Echo des Vexierspiels von Selbstbezüglichkeit und performativem Widerspruch findet sich auch in *Halber Kirschbaum*.

Philip Loerschs ‚Schreiben' erzeugt ein Bild, ein Schriftbild in händischer Kopierung von Druckseiten aus einem Buch, welches wiederum von der Schriftbildlichkeit und der Handschrift als Phänomen und Begriff handelt. Die Selbstbezüglichkeit zwischen seinem künstlerischen Tun und dem im Werk kopierten Gehalt ist unabweisbar. Ihr Witz liegt allerdings nun darin, dass die performative Übereinstimmung zwischen Tun und Gegenstand in der radikalen Wendung liegt, ein Druckwerk so ins Handschriftliche zurückzuübersetzen, dass diese Handschriftlichkeit sich zugleich verbirgt. Loersch desavouiert mit diesem dem Kopieren verhafteten Vorgehen die in der Ästhetik des Bildes – jedenfalls in der westlichen Tradition – gefeierte Originalität, Einzigartigkeit, Innovativität des künstlerischen Schaffens. Denn hier ist alles als Mimesis, Echo, Abkömmling, Kopie, Reproduktion inszeniert. Nicht das Ingenium künstlerischer Schöpferkraft, sondern – in ironisch-subversiver Brechung und Umkehrung – die stupende Tätigkeit eines schreibenden Kopisten wird zur Springquelle von Loerschs Kunst. ‚Der Künstler als Kopist' ist eine ironische Subversion jener genialischen Kreativität, deren Emphase zumeist mit dem ‚Künstlertum' verbunden wird. Der ‚Schreiber als Kopist' jedoch gehört historisch zum Handwerk des Geistes vor Erfindung der Druckerpresse.

Ironie und Subversion sind Stichworte, die auch eine andere Werkgruppe zu verstehen helfen, in der es um die Renteninformationen geht, die Philip Loersch – wie alle, die mindestens 27 Jahre alt sind und fünf Jahre Beitragszeiten erworben haben – alljährlich bekommt.

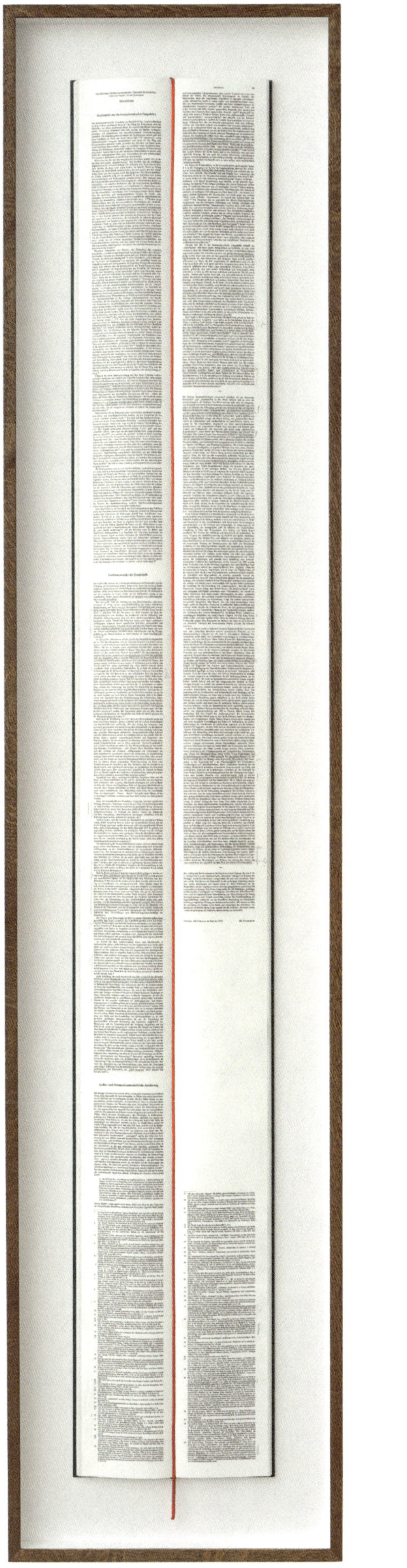

'I think, therefore I am', since unfortunately misunderstood in cognitivist terms, is a philosophical example of having found a statement whose opposite would produce a performative self-contradiction. Because even doubt, even the statement 'I am not thinking now', remains nolens volens an act of thinking. Paradoxes that arise from the self-referentiality of sentences are a popular playground of philosophical reflections, such as the sentence 'I am lying now'.

But back to Philip Loersch, who works artistically with self-reference. An echo of the conundrum of self-reference and performative contradiction can also be found in ›Halber Kirschbaum‹.

Philip Loersch's 'writing' creates an image, a typeface in the manual copying of printed pages from a book, which in turn deals with typeface and handwriting as phenomena and terms. The self-referentiality between its making and the content copied in the making is undeniable. The crucial point lies only in the fact that the performative correspondence between the object and its creation lies in the radical turn of a printed work back into the handwritten one in such a way that this handwrittenness is simultaneously concealed. With this act of copying, Loersch disavows the originality, uniqueness and innovativeness of artistic creation celebrated in the aesthetics of the image—at least in the Western tradition. For here, everything is staged as mimesis, echo, descendant, copy, reproduction. Not the ingenuity of artistic creativity, but—in an ironic-subversive refraction and inversion—the stupendous activity of a writing copyist becomes the fountainhead of Loersch's art. 'The artist as copyist' is an ironic subversion of ingenious creativity, the emphasis of which is mostly associated with 'artistry'. The 'writer as copyist', however, belongs historically to the craft of the mind before the invention of the printing press.

Irony and subversion are keywords that also help to understand another group of works that deals with the pension information that Philip Loersch—like everyone who is at least 27 years old and has accumulated five years of contributions—receives every year.

Die Große Handschrift
(p. 25)
2021

Bleistift auf Papier.
Pencil on paper, 32.5 × 222.5 × 3 cm.

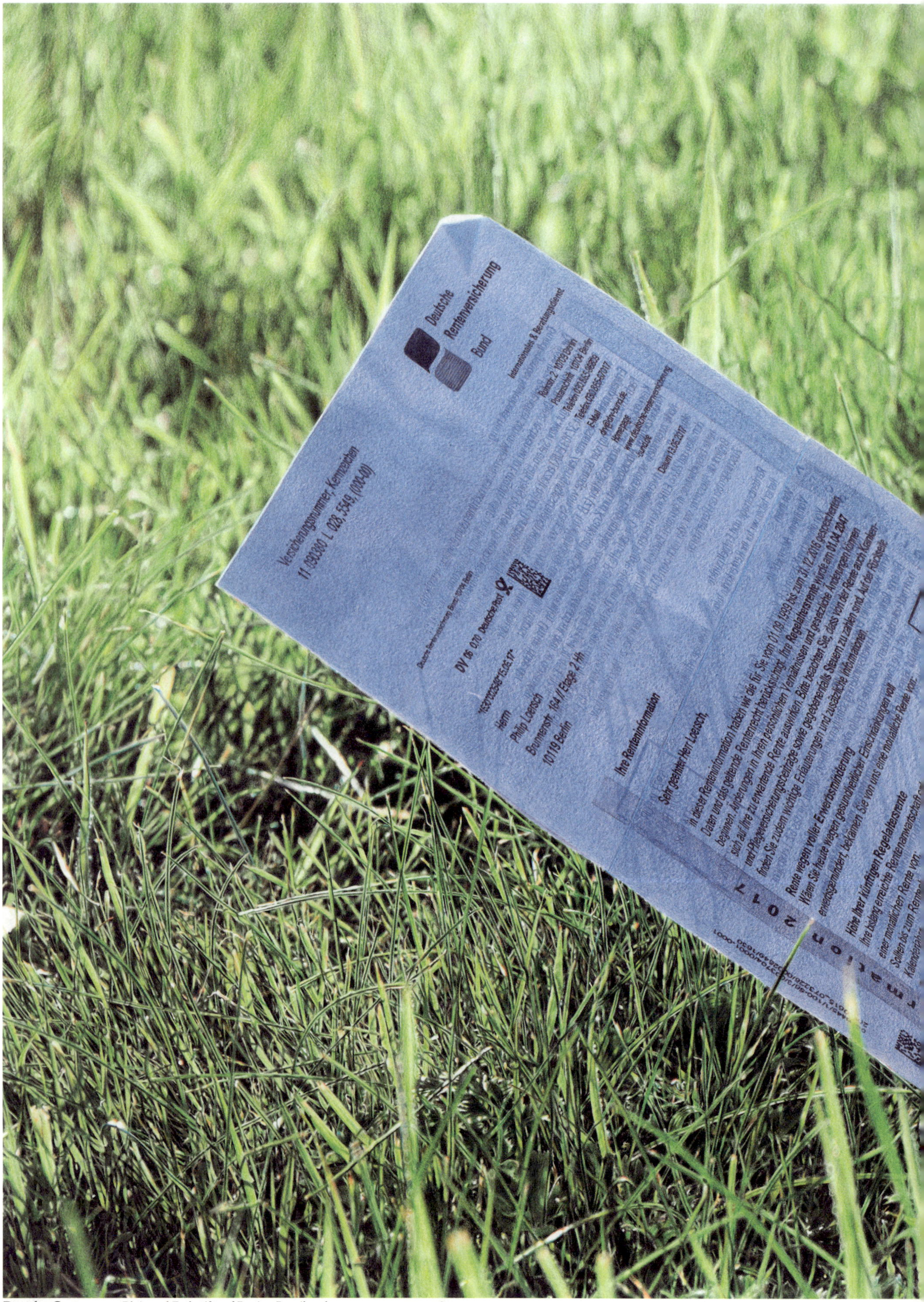

Der alte Garten
2018

Blei- und Farbstift auf Papier. *Pencil and crayon on paper, 95 × 63 cm.*

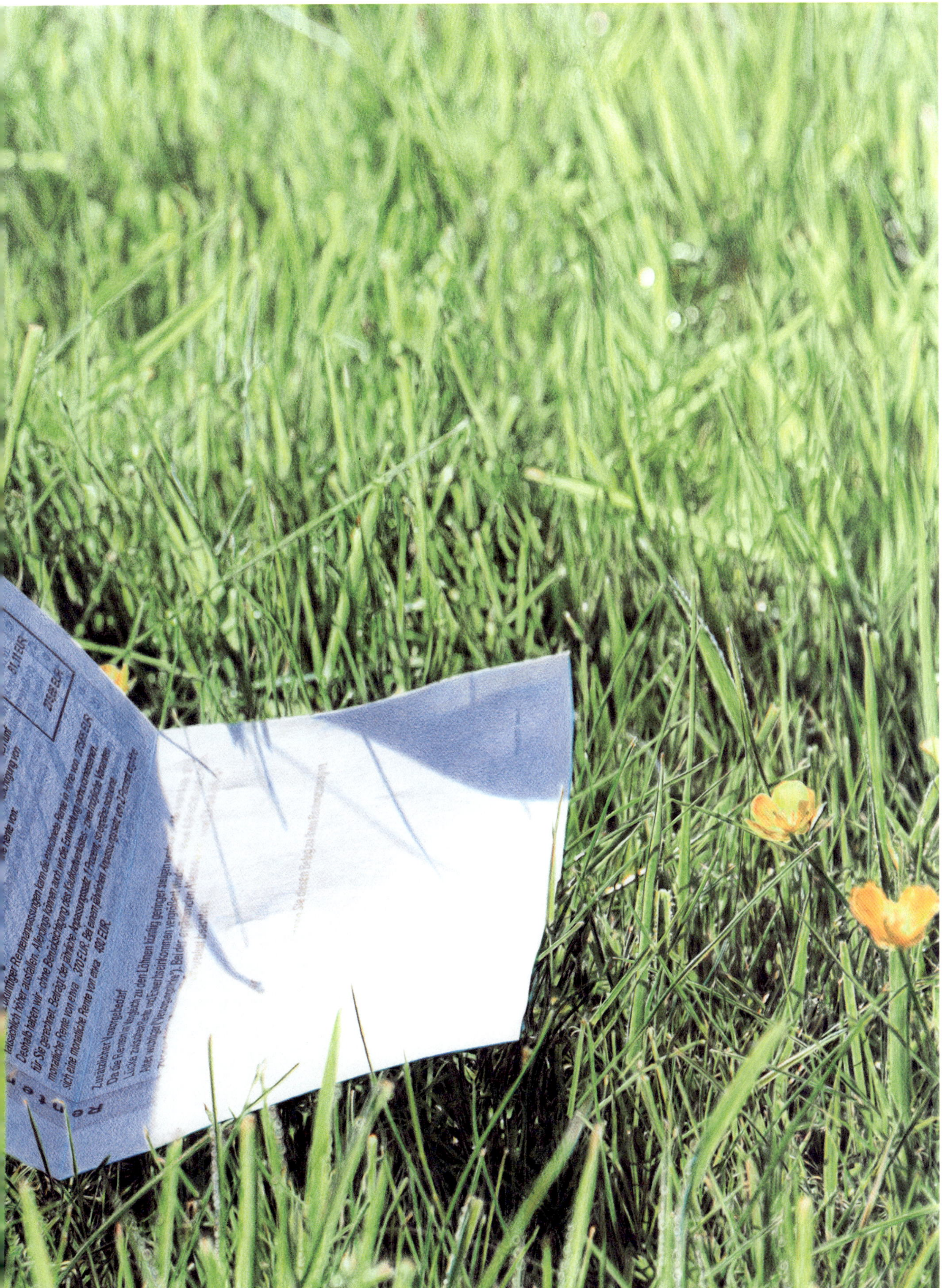

Der alte Garten

2018

Eine lichtdurchflutete Wiese und auf ihr – wie hingeworfen – ein gedrucktes Stück Papier: Es ist ein Rentenbescheid, geschickt an Philip Loersch von der Deutschen Rentenversicherung. Die Auflösung des seltsamen Bildes liegt – nach allem, was wir bisher gesehen haben – nah: Das ist keine Fotografie, sondern das Bild eines Briefs, auf dem wiederum minutiös alle Buchstaben, Zahlen, Abschattierungen und Formalia, die so ein maschinenerstellter Rentenbescheid eben enthält, von Hand gezeichnet sind. Doch der imitatorische Gestus der Hand ergreift hier nicht nur eine formelle Benachrichtigung, sondern gilt auch für das gezeigte Wiesenstück selbst.
Was hier wie die fotografische Nahaufnahme einer Wiese erscheint, ist das mit Stiften gezeichnete Bild einer Wiese, bis ins kleinste Detail so fotorealistisch inszeniert, dass dieses Verwirrspiel für die Augen kaum aufzulösen ist.

Es gibt eine ganze Werkgruppe um diese Rentenbescheide herum: Einer (*Rente aus Stein*, 2020) ist scheinbar eingelassen in Alabaster, dessen überquellende Formen die Ränder des gezeichneten Formulars überwölben, so als ob sie sich wie eine organische Masse bald schließen wollten über diesem Blatt, um dem Rentenbescheid zum Steinsarg zu werden. Und auch hier ist – natürlich, wie könnte das anders sein – daran gedacht, dass die Rückseite des automatischen Rentenbescheides schemenhaft auf der Vorderseite durchscheint.
Die Zeichnung *Deutsche Rentenversicherung Bunt* (2019/20) verlegt diesen in das Blattwerk eines Busches oder Baumes. So lichtdurchflutet erscheint das alles, dass nicht nur die bedruckte Rückseite, sondern zugleich auch jene Baumblätter, die durch den Bescheid zugedeckt werden, als Schattenriss und Schemen erscheinen und den Eindruck perfekt machen, dass Philip Loersch den Brief in einem Busch platziert und dann fotografiert habe.

Zwei Arten von Blättern geben sich hier ein Stelldichein, ursprünglich von schroffem Gegensatz: das natürlich gewachsene Blatt einerseits, das maschinell erzeugte Blatt andererseits. Wir nennen beides „Blatt". Und was die Wortverwandtschaft vorgibt, das vollzieht dann die zeichnende Hand, die die Pflanzenblätter und Verwaltungsnachrichten auf einem Blatt der dritten Art, dem Zeichenpapier des Künstlers, entstehen lässt.

Und eine letzte – zweifellos die witzigste – Version des Rentenbescheids sei hier noch angeführt. Es gibt auch ein Hörbuch von Loerschs Rentenbescheid: *Renteninformation 2022*. Darin liest der bekannte Sprecher Johannes Steck den Bescheid

A meadow flooded with light and on it—as if thrown down—a printed piece of paper: a pension notice sent to Philip Loersch from the German Pension Insurance Authority. After everything we have seen so far, the solution to this strange picture is obvious. This is not a printed letter, but a picture of a letter in which all the letters, numbers, shading and formalities—everything that a machine-generated pension notice contains—have been meticulously traced by hand. The imitative gesture of the hand creates not only the formal notice, but also the patch of meadow on display.
What appears here to be a photographic close-up of a meadow is in fact a picture of a meadow drawn with pens, staged in such a photo-realistic way, down to the smallest detail, that this confusion is almost impossible for the eye to resolve.

Loersch has produced a whole group of works around these pension notices: one (›Rente aus Stein‹, 2020) is seemingly embedded in alabaster, whose overflowing forms arch over the edges of the drawn form, as if they are waiting to close over this sheet like an organic mass and become the pension notice's stone coffin. And here, too—of course, how could it be otherwise—the back of the automatic pension certificate is silhouetted against the front. Or the drawing ›Deutsche Rentenversicherung Bunt‹ (2019/2020) relocates the notice to the foliage of a bush or tree. It all appears so flooded with light that not only the printed reverse side, but also the leaves covered by the notice appear as silhouettes and patterns, perfectly conveying the impression that Philip Loersch has placed this printed leaf in a bush and then photographed the whole.

Two starkly contrasting types of leaves have a rendezvous here: the naturally grown leaf on the one hand, the machine-made leaf on the other. We call them both: 'leaf'. What the word relationship suggests is then carried out by the drawing hand, which creates the plant leaves and administrative messages on a third kind of sheet: the artist's drawing paper.

One last—and undoubtedly the funniest—version of the pension notice should be mentioned here. An audiobook of Loersch's pension notice also exists. In the audiobook ›Renteninformation 2022‹, the well-known narrator Johannes Steck reads out the notice: word for word, number for number, with all the gaps and spaces that are required by the written word but do not occur at all in speech and therefore make this audio book—why a book?—an absurd event. The type of pension, the amount of the pension, the start of the pension, the duration of the pension, and the calculation of the pension are read aloud. In short:

vor: Wort für Wort, Zahl für Zahl, mit allen Abständen und Lücken, die das Schriftbild erfordert, im Sprechen aber keineswegs vorkommen und deshalb dieses Hörbuch – warum ein Buch? – zu einem absurden Ereignis machen. Vorgelesen werden Rentenart, Rentenhöhe, Rentenbeginn, Rentendauer, Rentenberechnung. Kurzum: Existenzialien einer in der Ferne sich abzeichnenden persönlichen Zukunft, in der Jetztzeit geronnenes, gesprochenes Zahlenwerk mit Ambition zur Groteske. Das Hörbuch ist auf eine Vinylschallplatte gepresst.

Aus der Renteninformation ist eine Rentenintonation geworden! Worin liegt die Absurdität, das Komische, das ganz und gar Absonderliche, das von der Performanz der Verlautierung eines formalen Bescheids ausgeht? Die ersten Schriften – lange bevor alphabetische Schriften erfunden wurden – dienten der Buchhaltung von Warenbeständen, landwirtschaftlichen Erträgen oder Steuerschulden. Es gibt also ein intimes Verhältnis zwischen Zahl und Schrift, sind Zahlen doch unsichtbare Entitäten und bedürfen kultureller Verkörperung, um überhaupt sichtbar und für Menschen handhabbar zu werden. Zahlen werden berechenbar durch die Schrift. Die Formel ist der dafür knappste Ausdruck.

Nur: Menschen reden nicht in Formeln. Formalsprache ist reines Schreibwerk. Die Besonderheit, aber auch Auszeichnung des Alphabets besteht gerade darin, dass diese Art von Schrift der Aufzeichnung und Archivierung von Gesprochenem dient und – laut oder leise lesend – auch wieder in Gesprochenes überführt werden kann. Rentenbescheide nun sind eine prononcierte Mixtur aus Alphabetischem und Numerischem. Doch ihre formelhafte, kaum verständliche Sprache – wir sagen dazu auch: ihr Behördenkauderwelsch – ist nicht dazu angelegt, gelesen zu werden. Und erst recht gilt dieses Unaussprechliche für die Wortabstände, die Lücken, die Absätze, die Einrückungen, die der Sprecher Johannes Steck allesamt ins Hörbare überführt. Das Auseinanderklaffen seines deklamatorischen Redestils, der mit dramatisierenden Tonlagen spielt, und der quantifizierenden Nüchternheit der von einer Maschine erstellten, formalen Benachrichtigung ist von einem Witz – oder sollten wir sagen: von einem Aberwitz? –, der in der Kunst selten anzutreffen ist.

Und doch greift die Pointe dieses Hörbuches noch ein Stück tiefer, verharrt nicht nur im Fach des Absurden. Wir gelangen zu dieser Pointe, wenn wir uns fragen, ob es eine Familienähnlichkeit gibt zwischen den Werken, die im händischen Nachzeichnen von Druckschriften bestehen, und dem zuletzt beschriebenen Werk. Mit dieser Frage kommen wir zum zweiten Teil unserer Beschäftigung mit Philip Loersch, in dem es nicht mehr um einzelne Werke geht, sondern um den Versuch herauszufinden, was der Esprit, die Anregungskraft und die Irritation sind, die von seiner Kunst ausgehen.

existential fragments of a personal future looming in the distance, coagulated in the present time, spoken numbers with an ambition for the grotesque. The audio book is pressed on a vinyl record.

The pension information has become a pension intonation! What is the absurdity, the comedy, the outlandishness of the performance of this pension notice? The first scripts—long before alphabetical scripts were invented—were used to keep records of stocks of goods, agricultural yields, or tax debts. There is thus an intimate relationship between numbers and writing, since numbers are invisible entities and require cultural embodiment to become visible and manageable for people. Numbers become calculable through writing. The formula is the most succinct expression for this.

Only people don't talk in formulas. Formal language is pure writing. The special feature of the alphabet, and also its distinction, is precisely that this type of writing serves to record and archive what is spoken and—when read aloud or silently—can also be converted back into spoken language. Pension notices are a pronounced mixture of the alphabetic and the numeric. But their formulaic, barely comprehensible language—we also call it officialese—is not designed to be read. And this unpronounceable quality applies even more to the word spacing, the gaps, the paragraphs, the indentations, all of which speaker Johannes Steck transfers into the audible. The divergence of his declamatory style of speech, which plays with dramatising pitches, and the quantifying sobriety of the formal notification produced by a machine, demonstrates a kind of a wit—or should we say madness?—that is rarely encountered in art.

And yet the punchline of this audiobook reaches a little deeper, beyond just the realm of the absurd. We arrive at this punchline when we ask ourselves whether there is a family resemblance between the works that consist of the manual tracing of printed matter and the last work described. This question brings us to the second part of our study of Philip Loersch, which is no longer about individual works of art, but about the attempt to examine the esprit, the stimulating power, and the irritation that emanates from his art.

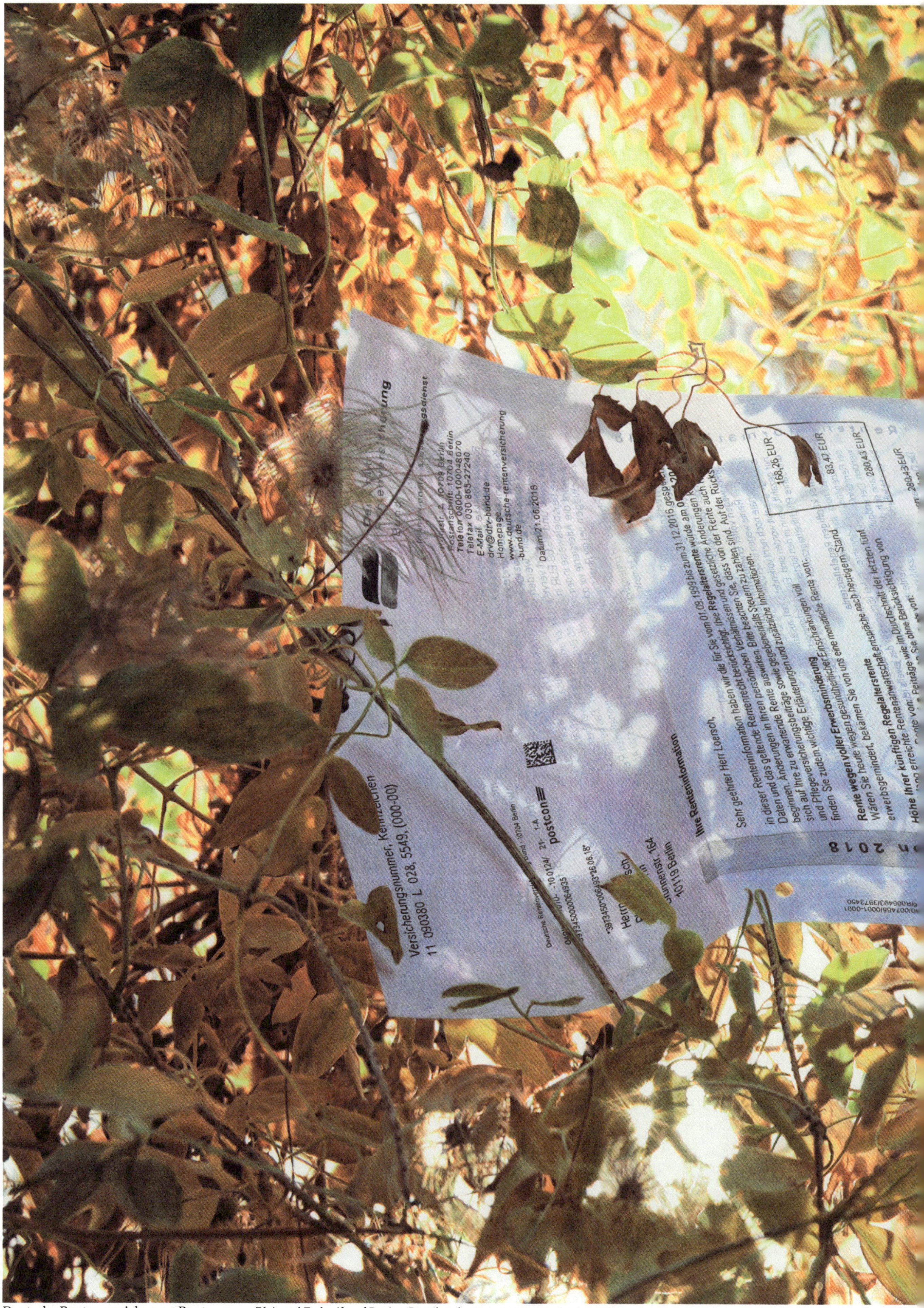

Deutsche Rentenversicherung Bunt 2019/20 — Blei- und Farbstift auf Papier. *Pencil and crayon on paper, 96 × 64 cm.*

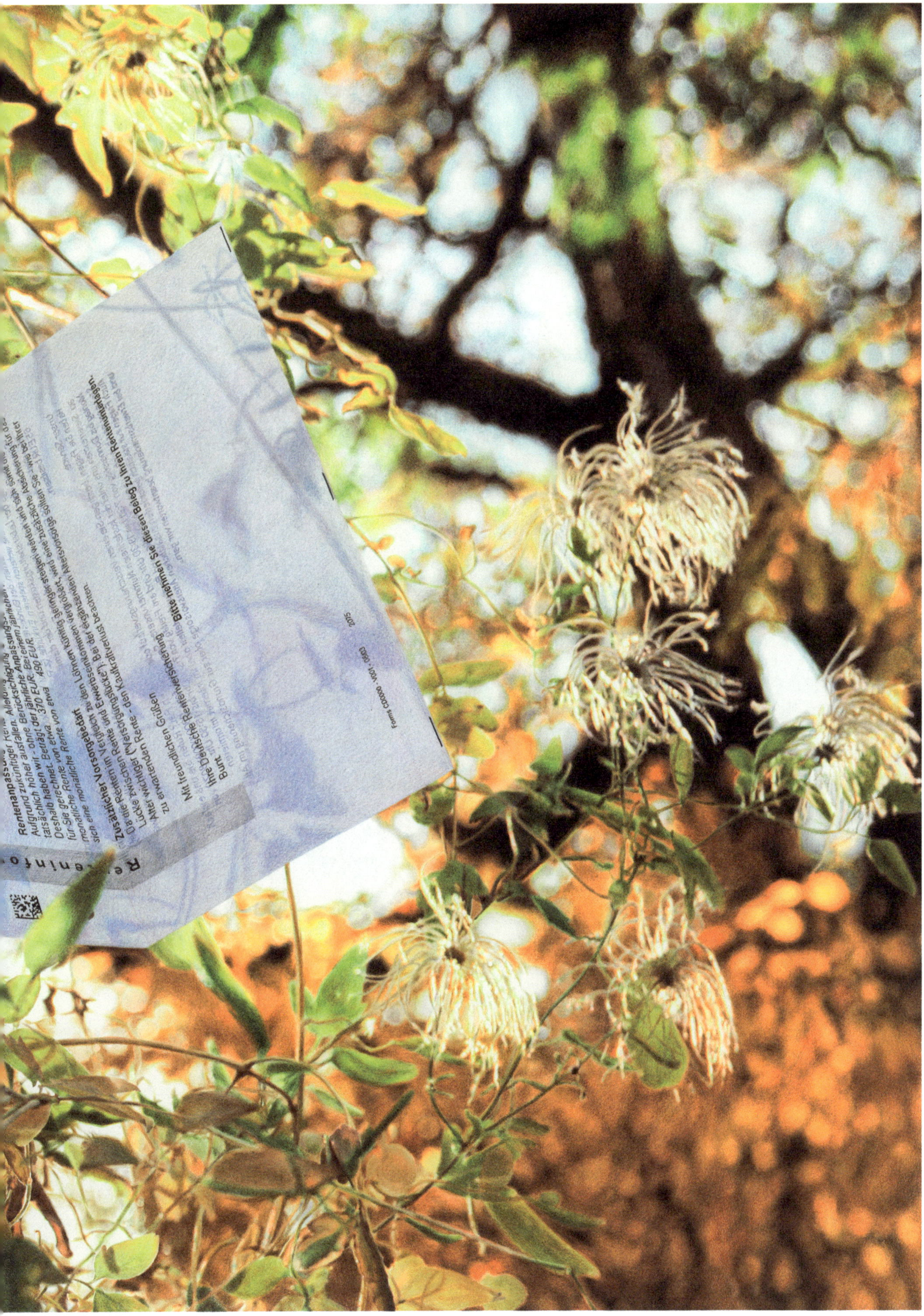
Rentenanpassung
Zusätzlicher Vorsorgebedarf
Mit freundlichen Grüßen
Ihre Deutsche Rentenversicherung
Bunt
Bitte nehmen Sie diesen Beleg zu Ihren Rentenunterlagen.

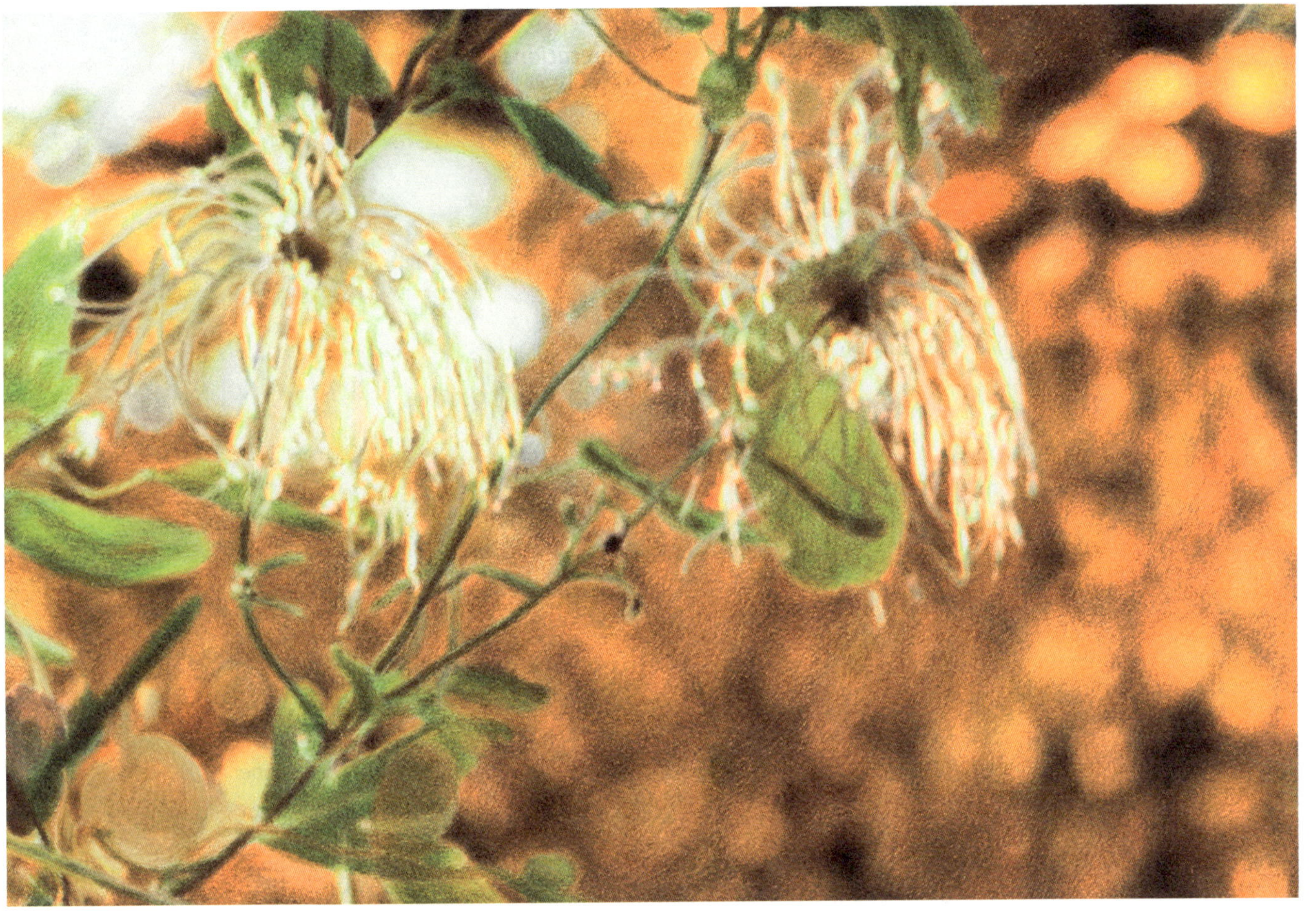

II. Interpretationen. Ein Versuch

Vorab ist klar: Was immer eine Philosophin sagen kann über ihre Erfahrungen mit einem Kunstwerk: Es ist eine subjektive Perspektive, in deren Muster sich Versatzstücke des eigenen ‚Weltbildes', theoretische Überzeugungen, Forschungsinteressen, kurzum: die Gravitationspunkte des eigenen Denkens und Tuns zu einem ganz persönlichen Ansatz verweben. Es geht also nicht darum zu sagen, was der Künstler vielleicht bei seiner Arbeit dachte oder mit seiner Arbeit gar will. Es geht aber auch nicht darum, die Kunst wie ein Erkenntnismittel, ein Analyseinstrument zu deuten, wie es der Annahme, Kunst sei auch ‚künstlerische Forschung' nicht selten unterläuft. Sagen wir doch einfach: Kunst inspiriert, das Gewöhnliche anders zu *sehen* und in eine überraschende, vielleicht auch provozierende, jedenfalls herausfordernde und neue Perspektive zu rücken. Wir wollen diese Herausforderung, die Loerschs Werk verkörpert und vergegenwärtigt, die ‚Subversion der Schrift' nennen.

Da fällt zuerst einmal eine Geste auf: die Geste des Umwendens. Auf einer ‚leeren' Oberfläche (*Diorama*, 2021) erscheint schemenhaft nur die gezeichnete Unterfläche (neben Titel und Künstlersignatur). Oder: Leonardos Spiegelschrift wird kurzerhand in den vertrauten Buchstabenrichtungssinn zurückversetzt (*Odranoel*, 2019), während der kommentierende Begleittext spiegelverkehrt erscheint. Das Gerichtetsein ist ein Attribut der Schrift: Wir müssen die Leserichtung kennen, um eine Schrift überhaupt lesen zu können.

Bilder nun haben eine spezifische Beziehung zum Gerichtetsein, denn soweit sie gezeichnet werden, emergieren sie aus der Interaktion von

II. Interpretations. An attempt

To begin with, it is clear that whatever a philosopher can say about her experience of a work of art is a subjective perspective shaped by the significant elements of one's own 'world view', theoretical convictions, research interests, etc. In short: the gravitational points of one's own thoughts and actions interweave to form a very personal approach. As such, it is not a matter of saying what the artist might have been thinking in his work, or even what he aims at with his work. It is also not about interpreting art as a means of cognition or as an instrument of analysis, as is often the case with the assumption that art is also 'artistic research'. Simply put: art inspires us ›to see‹ the ordinary in a different way and to put it into a surprising, perhaps provocative, but in any case challenging and new perspective. We want to call this challenging perspective, which Loersch's work embodies and makes present, the 'subversion of writing'.

First, one gesture stands out: the act of turning around. On an 'empty' surface (›Diorama‹, 2021), only the drawn undersurface (next to the title and artist's signature) dimly appears. Or Leonardo's mirror writing, which is unceremoniously returned to the familiar sense of letter direction (›Odranoel‹, 2019), while the accompanying commentary appears back to front. Being directed is an attribute of writing: we need to know the direction in which to read to be able to read a piece of writing at all.

Now pictures have a specific relationship to being judged because—insofar as they are drawn—they emerge from the interaction of point, line and surface. Pictures are applied to or carved into a surface and what emerges in this two-dimensionality is all that matters. If we are interested in the canvas,

Punkt, Linie und Fläche. Bilder sind einer Oberfläche aufgetragen oder eingeritzt, und was in dieser Zweidimensionalität zutage tritt, ist alles, worauf es ankommt. Interessiert uns die Leinwand, das Medium des gemalten Bildes, müssen wir das Bild umdrehen. Denn so ist es zumeist: Das Medium verschwindet hinter seiner Botschaft. Darin besteht die Eigenlogik eines ‚guten', eines funktionierend-dienstbaren Mediums: Indem es seinen Gehalt vergegenwärtigt, nimmt es sich selbst zurück.

Doch hat Kunst – und insbesondere die Kunst der Avantgarde – nicht immer schon mit diesem Prinzip gebrochen und das Mediale am Kunstwerk nicht verschwinden lassen, sondern sichtbar und explizit gemacht? Wenn Lucio Fontana mit seinen Schnitten in die Bildoberflächen Bildern die dritte Dimension eröffnet und damit die Flächigkeit als vertrautes Medium des Bildes durchkreuzt oder wenn Yves Klein die Farbe Blau nicht einsetzt, um mit ihr etwas anderes darzustellen, sondern sie selbst zum einzigen Sujet befördert; oder wenn eben Philip Loersch die beschrifteten Rückseiten von Schriftwerken zum Durchscheinenden ihrer Vorderseiten macht: Dann wird in all diesen Werken die ‚artifizielle Flächigkeit', die uns kulturstiftend in so vielen Praktiken begegnet und für die wir doch kaum Aufmerksamkeit, geschweige denn ein Bewusstsein haben, als Nährboden und Medium des Bildlichen zu Bewusstsein gebracht. Ist uns tatsächlich klar, dass der rote Faden einer ‚Kulturtechnik der Verflachung' die Globalgeschichte der Kulturen durchzieht: von der Höhlenmalerei und Hauttätowierung an über die Erfindung von Bildern, Schriften und Diagrammen bis hin zu allen Versionen von Bildschirmen und Smartphones? Und dass die ästhetische, kognitive und verwaltungstechnische Nutzung der Zweidimensionalität eine kulturelle Produktivkraft ersten Ranges ist? Schriften nutzen die Zweidimensionalität als Matrix ihrer Anordnung. Der Kunstgriff der Schrift besteht gerade darin, diesen meist unbemerkten Leerraum der Zweidimensionalität ‚sprechend' zu machen, ihn auszuloten – denken wir an Kreuzworträtsel oder Anagramme – und damit im Rückwärtsschreiben von Worten auch eine Art von Zeitachsenumkehr des Sprechens zu vollziehen. Ein Wort von hinten aufzusagen, gelingt kaum; in der Schrift ist das zwanglos möglich.

Was für ein Weckruf:
eine scheinbar
leere Oberfläche
ausgestellt zu sehen,
auf der sich nur
wie ein Schatten
eine Rückseite abzeichnet.

the medium of the painted image, we must turn the picture around. Because that is how it usually is: the medium disappears behind its message. This is the inherent logic of a 'good' medium, a medium that functions and can be served: by making its content present, it takes a back seat itself.

But hasn't art—and especially the art of the avant-garde—always broken with this principle and not let the medial aspect of the work of art disappear, instead making it visible and explicit? When Lucio Fontana, with his cuts into the picture surfaces, opens up a picture's third dimension and thus thwarts two-dimensionality as its familiar medium, or when Yves Klein promotes the colour blue to the sole subject itself rather than using it to represent something else. Or when Philip Loersch turns the inscribed backs of written works into the translucent front sides. In all these works, the 'artificial flatness' that we encounter in so many practices and to which we hardly pay any attention, let alone have any awareness thereof, is brought to our attention as the breeding ground and medium of the pictorial. Do we really realise that the common thread of a 'cultural technique of flattening' runs through the global history of cultures: from cave painting and skin tattooing onwards, through the invention of pictures, writings, and diagrams, to all versions of screens and smartphones? And that the aesthetic, cognitive and administrative use of two-dimensionality is a cultural productive force of the first order? Fonts use two-dimensionality as the matrix of their arrangement. The artifice of writing consists precisely of giving voice to this mostly unnoticed empty space of two-dimensionality and letting it 'speak': think of crosswords or anagrams. Thus, in writing words backwards, is a kind of time-axis reversal of speaking also performed. Reciting a word backwards is hardly successful; in writing it is easily possible.

What a
wake-up call:
to see
a seemingly
empty surface
on display, on which
only
a reverse side
emerges like
a shadow.

Ist nicht überhaupt der Schatten die Naturalform einer Projektion der Welt in die Zweidimensionalität? Eine Zweidimensionalität, die eben nicht einfach nur Vereinfachung, Verlust und Reduktion ist, sondern Potenzial und Gewinn; denn der Schattenriss wurde zur Ursprungslegende der Kunst, so wie der Schatten der Sonnenuhr den Ursprung von Zeitmessung und Wissenschaft verkörpert. Ohne den Einsatz inskribierter und illustrierter Flächen sind Zivilisationen kaum denkbar. Und die Bildende Kunst, jede Zeichnung ebenso wie eben Schriften sind mit der Flächigkeit als Medium aufs Engste verbrüdert.

Es sind Philip Loerschs umwendende Gesten, mit denen er das Medium der Schrift in den Vordergrund rückt, indem er die Unterflächen der Oberflächen ‚zum Sprechen' bringt, indem er das Medium des Buchdrucks in Handschrift zurückverwandelt, die sich dann wieder hinter ihrer augentäuschenden Oberfläche zu verstecken sucht. Doch die Geste der Umwendung, um die es uns hier geht, reicht weiter, ergreift nicht nur die Rückseiten beschrifteter Oberflächen oder den Richtungssinn von geschriebenen Worten. Sie reicht in die Tiefen medienhistorischer Entwicklungslogiken: Die Zäsur, welche die handschriftliche Manuskriptkultur von den Druckwerken der Gutenberggalaxis trennt, ist sattsam bekannt. Ohne diesen Übergang wäre jene ‚digitale Literalität', die wir heute erleben, nicht möglich. Doch mit entschiedener, in ihrer Mühseligkeit irritierender Geste kehrt Philip Loersch diese Entwicklungslogik um und verwandelt Druckwerke zurück in Handschriften. Aber nicht der einfachen Art, als eine Abschrift in Form vertrauter Schreibschrift; sondern in der komplexen, irrwitzigen und doch zutiefst stereotypen Art, eine Druckschrift bis ins Kleinste per Hand zu imitieren. Von der Maschine wieder zurück zur Hand. Mit dieser fast grotesken Metamorphose wird eine historische Entwicklungslogik gerade so umgekehrt, wie die Wortrichtung durch Spiegelschrift umwendbar ist.

Loerschs akribische und mühevolle Reproduktion von Druckbildern ist zugleich auch ein Rückgang in die unendlich aufwendige Arbeit, Texte zu reproduzieren, wenn maschinenerzeugte Drucktexte nicht zu Gebote stehen. Haben wir noch eine Vorstellung davon, was es heißt, Texte per Hand zu kopieren, damit diese überhaupt verbreitet, vielleicht auch bewahrt werden können? Dieser Künstler hat das an sich selbst vollzogen und erfahren!

Is not the shadow the natural form of a projection of the world into two-dimensionality? A two-dimensionality that is not simply simplification, loss and reduction, but potential and gain; for the silhouette becomes the origin legend of art, just as the shadow of the sundial embodies the origin of time measurement and science. Civilisations are hardly conceivable without the use of inscribed and illustrated surfaces. Neither are the fine arts, since all drawings as well as writings are closely related to flatness as a medium.

It is with Philip Loersch's turning gestures that he brings the medium of writing into the foreground by making the undersurfaces of surfaces 'speak'. He turns the medium of letterpress back into handwriting, which then seeks to hide itself again behind its deceptive surface. But the gesture of turning around with which we now concern ourselves goes further. Not only does it take hold of the backs of inscribed surfaces or the sense of direction of written words, it reaches into the depths of media-historical development logics. The caesura that separates the handwritten manuscript culture from the printed works of the Gutenberg galaxy is well known. Without this transition, the 'digital literality' we experience today would not be possible. But with a decisive gesture that is irritating in its laboriousness, Philip Loersch reverses this developmental logic and transforms printed works back into manuscripts: not in the simple way of a copy in the form of familiar handwriting, but in the complex, crazy and yet deeply stereotypical way of imitating a printed script by hand, down to the smallest detail. From the machine back to the hand. With this almost grotesque metamorphosis, a historical logic of development is reversed just as the direction of words can be reversed by mirror writing.

Loersch's meticulous and laborious reproduction of printed images is at the same time a decline into the infinitely laborious work of reproducing texts when machine-generated printed texts are not available. Do we still have an idea of what it means to copy texts by hand so that they can be distributed, perhaps even preserved? This artist has done it himself and experienced it!
Moreover—and this too is a further reversal or rather a further subversion—Philip Loersch's art suspends the exaltation of the credo of the self-creating artist with its obsessive insistence on the detailed imitation of printed matter.

→
Entstehungsprozess *Work in Progress* (p. 48)
Die Große Handschrift

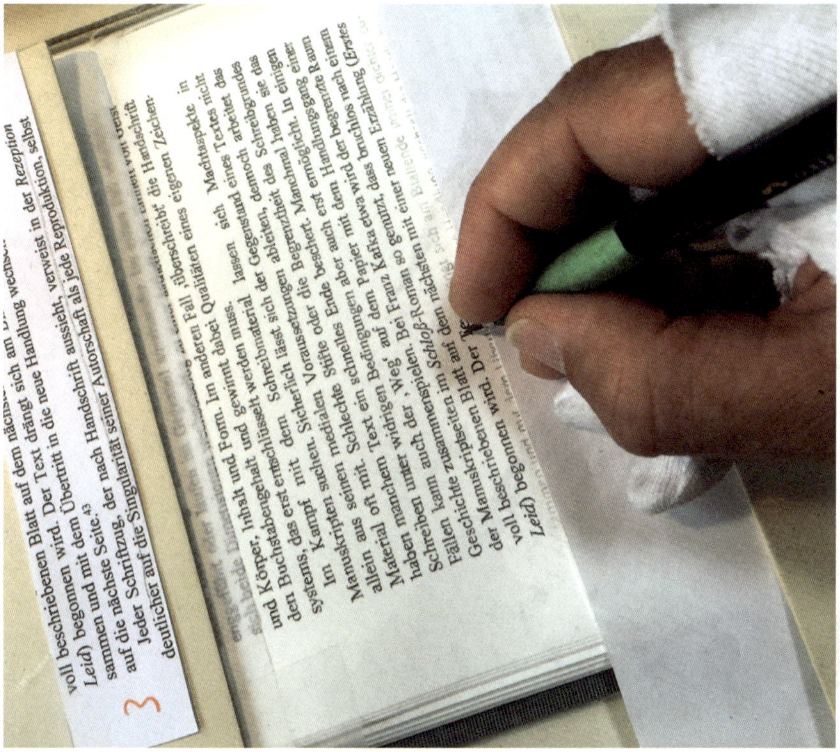

Überdies – auch das eine weitere Umkehrung, oder besser: eine weitere Unterwanderung – setzt Philip Loerschs Kunst die Überhöhung des Credos vom aus sich selbst schöpfenden Künstlertum außer Kraft mit seinem obsessiven Insistieren auf der detaillierten Nachahmung von Gedrucktem.

Alle Kunst von Philip Loersch – und natürlich ließe sich auch noch ganz anderes über diese sagen – ist zumindest eines: Es sind Schriftspiele. Schriftspiele, die das Medium der Schrift – das beschriftete Blatt – aus dem zumeist Verborgenen und Unbewussten im wahrsten Sinne des Wortes an die Oberfläche holen. Schriftspiele, welche die Evolution von der Hand- zur Druckschrift freihändig – eben spielerisch – umkehren.
Schriften ist oft etwas Gravitätisches eigen, ob als Inschrift, als gedrucktes Buch, als Gesetz, als Testament. Von Kunstbildern geht nicht selten etwas Erhabenes, eine Aura aus. Doch Loerschs Schriftspiele und Kunstobjekte sind sozusagen mit vollem Ernst: ein Witz. Das Wort ‚Witz' meint eben nicht nur den Spaß oder witzigen Einfall, sondern kommt – etymologisch – von der Gewitztheit, dem Esprit und dem Wissen, ja sogar der ‚scharfen Beobachtung'. Loerschs Arbeiten verkörpern den Witz in genau diesen beiden Dimensionen. Sie sind ein überraschender Streich, den er unseren Augen spielt. Sie sind aber auch gewitzte, kluge Auseinandersetzung mit dem, was Schrift ‚eigentlich' ist, wie wir Schriften gebrauchen und welche Bedeutung der Hand dabei zukommt. Das Wort ‚Digital' – das nur nebenbei – hat etymologisch mit den abzählbaren Fingern zu tun.

Vor allem residiert ein durchgängiger Humor in diesen Werken. Dieser Humor durchkreuzt im Reiz eines erstaunten Lachens, sobald sich den Betrachtenden die Machart der Kunstwerke ‚entblättert', das Gravitätische und Auratische, welches mit akademischen Schriften – und nicht selten auch mit Kunstwerken – verbunden ist.

Philip Loerschs Schriftspiele inszenieren eine Subversion der Schrift. Sie zeigen, wie alles doch umwendbar ist; sie lehren zugleich, dass Kunst auch einen ‚Witz' haben kann.

Of all the things that could be said about Philip Loersch's art—and of course many different things could be said about it—at least one statement can be universally applied: they are script games. Script games that literally bring the medium of writing—the inscribed page—out of its mostly hidden and unconscious state and onto the surface.
Writing games that reverse the evolution from handwriting to printed script freehand—in a playful way. Writings often have an inherent gravitas, whether as an inscription, a printed book, a law, or a will.
Art images not infrequently emanate something sublime, an aura.
But Loersch's script games and art objects are, so to speak, in all seriousness: a witticism. The word wit does not just mean fun or a funny idea, but comes—etymologically—from shrewdness, esprit, and knowledge, even 'keen observation'. Loersch's works embody wit in precisely these two dimensions.
They are surprising tricks he plays on our eyes. But they are also a shrewd, clever examination of what writing 'actually' is, how we use writing, and the importance of the hand in that process. By the way, etymologically 'digital' has to do with countable fingers.

Above all, a consistent humour resides in these works. This humour thwarts the gravitas and aura associated with academic writing—and, incidentally, often with works of art—in the appeal of astonished laughter as soon as the way in which the works of art are made is 'revealed' to viewers.

Loersch's script games stage a subversion of writing. They show how everything can be turned around after all; at the same time, they teach us that it is also permissible for art to be an extremely witty affair.

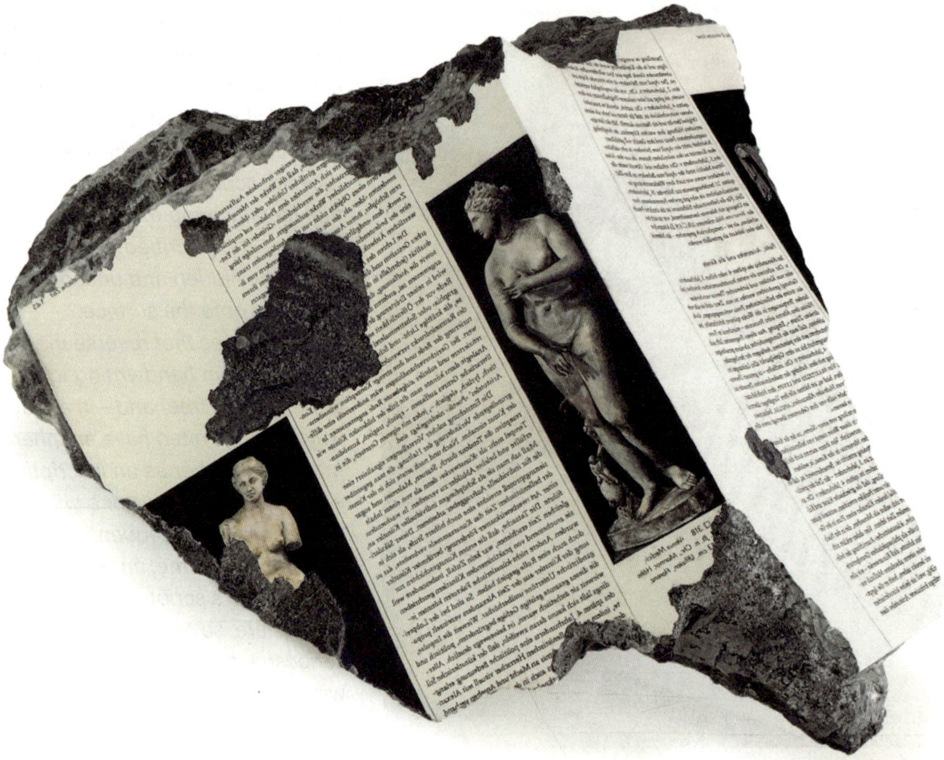

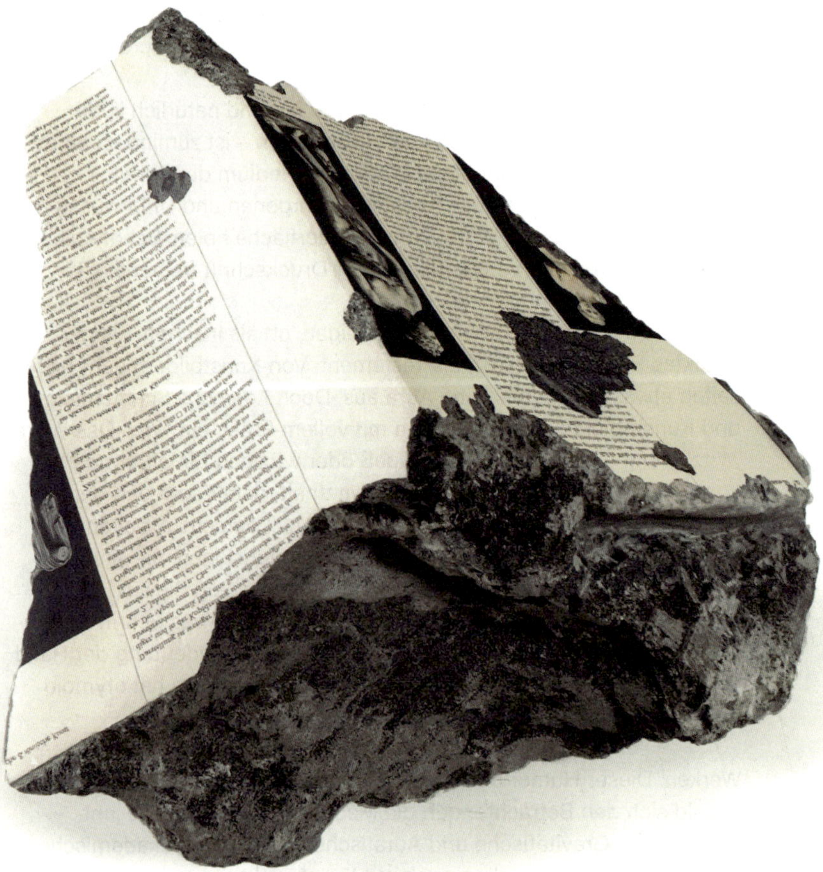

Milo Medici

2017

Tusche, Acryl, Lack auf Speckstein.
China ink, acrylic and varnish on soapstone, 42 × 42 × 18 cm.

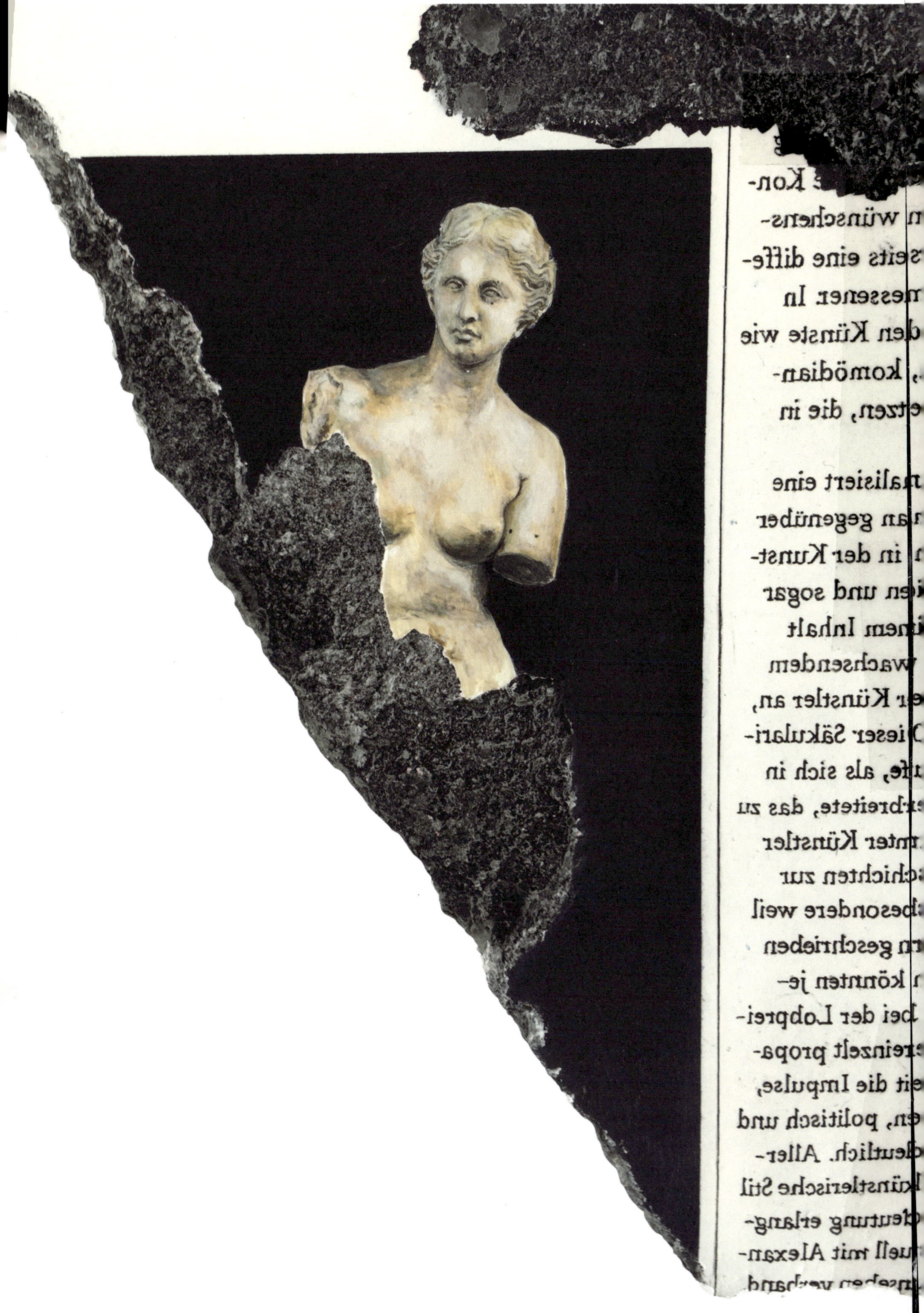
Kon-
n wünschens-
seits eine diffe-
messener. In
den Künste wie
komödian-
etzen, die in
nalisiert eine
an gegenüber
n in der Kunst-
ien und sogar
inem Inhalt
wachsendem
er Künstler an,
Dieser Säkulari-
ufe, als sich in
erbreitete, das zu
nter Künstler
schichten zur
sbesondere weil
rn geschrieben
n könnten je-
bei der Lobprei-
ereinzelt propa-
eit die Impulse,
en, politisch und
deutlich. Aller-
künstlerische Stil
deutung erlang-
uell mit Alexan-

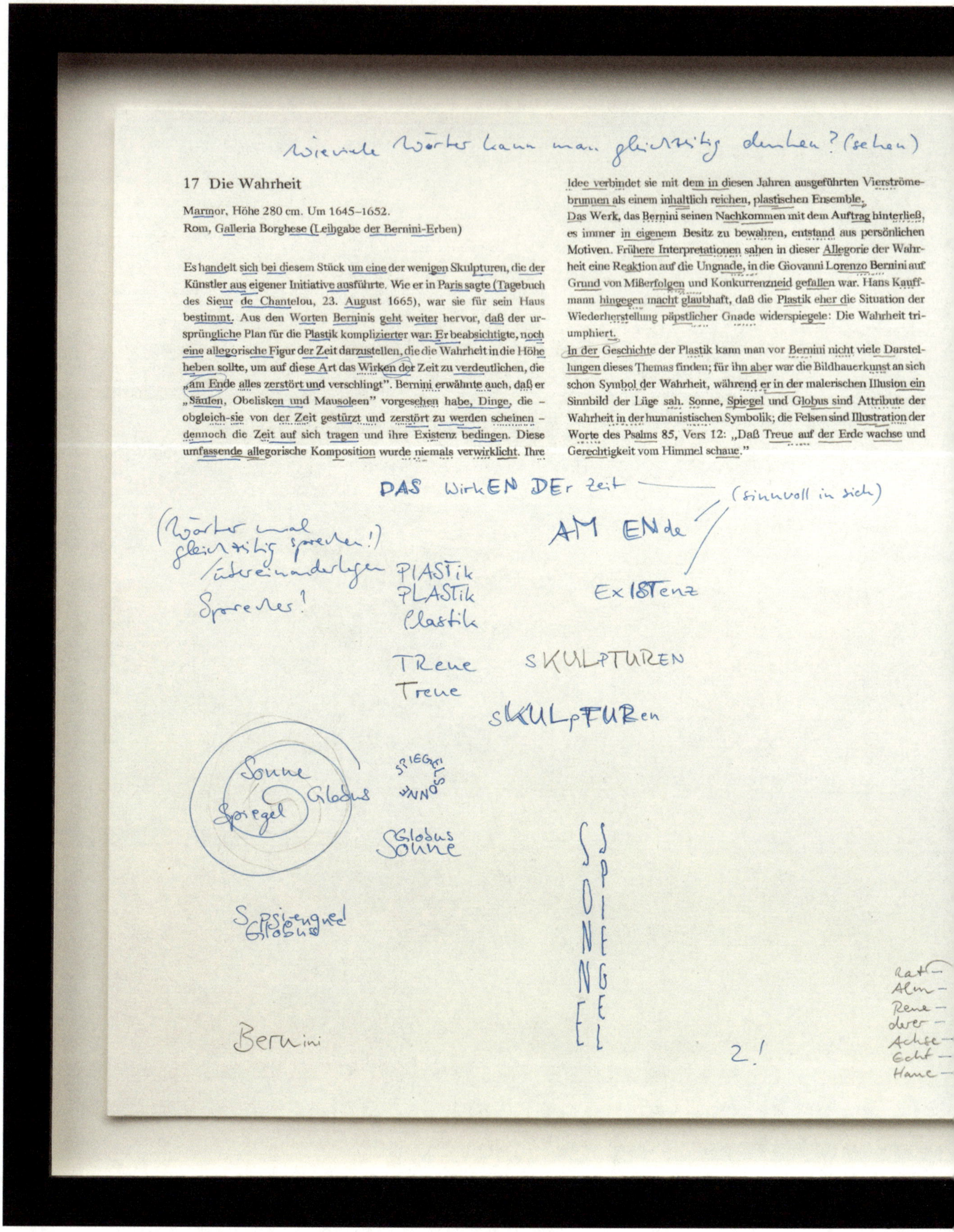

Berninis Wahrheit
2017

Blei- und Farbstift, Tusche auf Papier.
Pencil, crayon and China ink on paper, 48 × 28 cm.

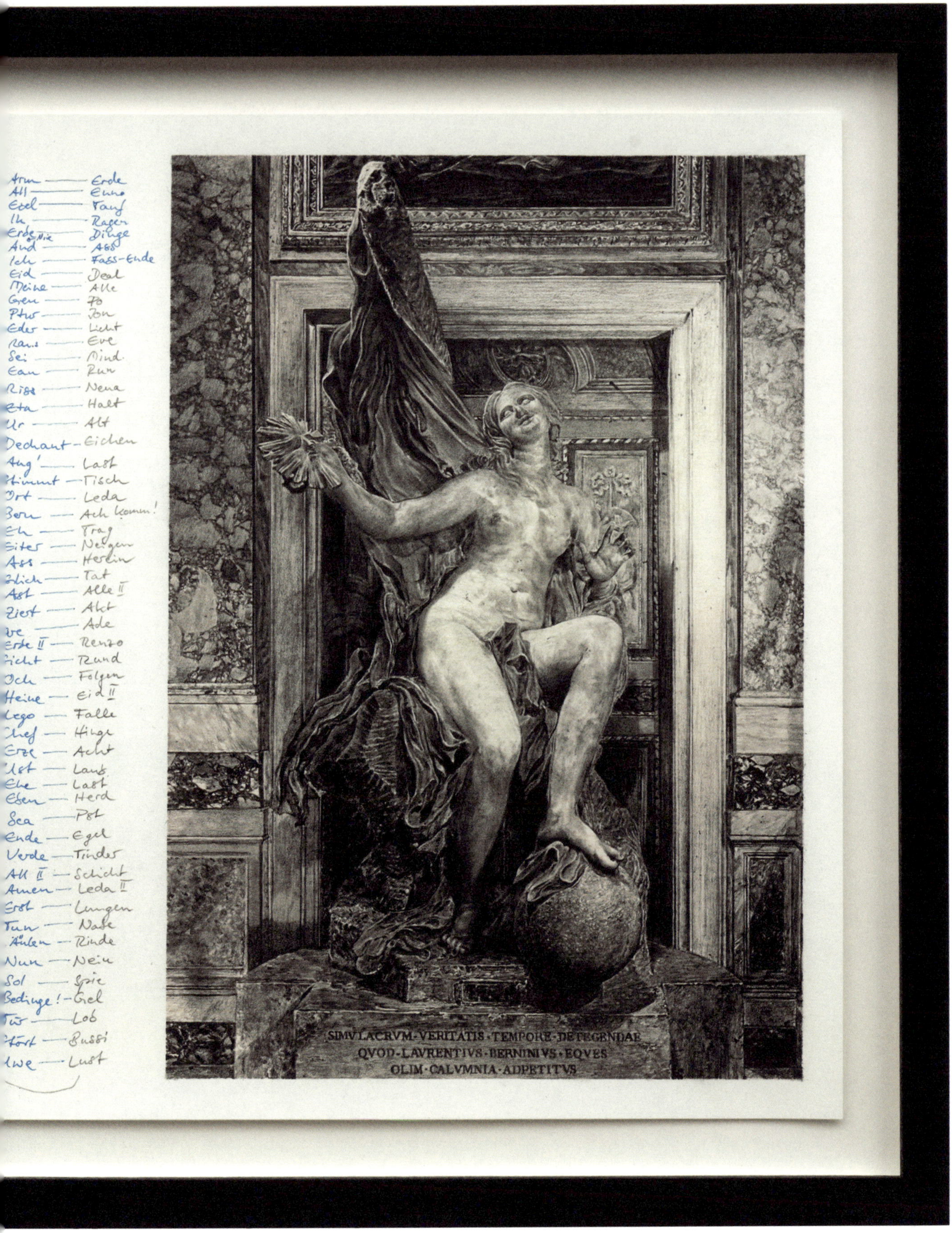
SIMVLACRVM·VERITATIS·TEMPORE·DETEGENDAE
QVOD·LAVRENTIVS·BERNINIVS·EQVES
OLIM·CALVMNIA·ADPETITVS

Die Große Handschrift

Die Große Handschrift

2021

Bleistift auf Papier, Lesezeichenband, Heftzwirn, Pappelsperrholz, Einbandgewebe, Gaze, Packpapier, Schnürsenkel, Elefantenhautpapier, doppelseitige Klebefolie, Leim, Bienenwachs.
Pencil on paper, bookmark ribbon, stitching thread, poplar plywood, binding fabric, gauze, kraft paper, shoelace, elephant skin paper, double-sided mounting film, glue and beeswax, 32.5 × 222.5 × 3 cm.

48 – 49

sich in unseren Tagen zu einem [illegible] Digitale Datenverarbeitung basiert zwar auf elektrischen Zuständen in Siliziumschaltkreisen, hat sich aber in ihren Erscheinungsformen hinreichend von ihnen emanzipiert, um angesichts der haptisch-intuitiven Oberfläche ihren Ursprung vergessen zu lassen – die Simulation von Schriftlichkeit ist derart überzeugend, dass so etwas wie ein Textverarbeitungsprogramm beinahe zu einem Synonym für Schriftlichkeit überhaupt geworden ist. Von allen Techniken der schriftlichen Fixierung illustriert jedoch gerade das Schreiben von Hand als einfachstes, weil voraussetzungsärmstes Medium die Materialität des Aufschreibens am klarsten: „Its essential service is to objectify speech, to provide language with a material correlative, a set of visible signs."[28]

Funktionswandel der Handschrift

Bis in die Frühe Neuzeit war Schrift gleichbedeutend mit Handschrift. Erst die Erfindung der Druckerpresse änderte daran etwas. Zwar war von da an Handschrift als eigene Form von Schriftlichkeit von Druckschrift prinzipiell unterschieden. Nicht jedoch bevor die Schreibmaschine Ende des 19. Jahrhunderts und der Computer im letzten Drittel des 20. Jahrhunderts Einzug in den Arbeitsalltag fanden, wurde Druckschrift zur gängigen und selbstverständlichen Form des Schreibens.

Erst seit große Teile der Bevölkerung eine Schreibmaschine oder einen Computer im Alltag nutzen, wird Handschrift in der breiten öffentlichen Wahrnehmung und Reflexion von Druckschrift unterschieden und gewinnt einen eigenen kulturellen Status. Davor bedeutete zu schreiben immer mit der Hand zu schreiben. Für das Schreiben von Hand bedeutete das Ende der Alternativlosigkeit eine Situation der *Konkurrenz* und der *Entlastung*. Der alltägliche Bedeutungsverlust ging mit einem situationsspezifischen Bedeutungsgewinn einher. Händisches Schreiben wurde unter diesen veränderten Bedingungen aufgrund seiner spezifischen Qualitäten wertgeschätzt und bewusst wahrgenommen. Beispiele hierfür sind die eilig hingeworfene Notiz und das ästhetisch kalkulierte Von-Hand-Schreiben. Darüber hinaus aber auch der Einsatz verschiedener Schrifttechniken nebeneinander und die Wiedereinführung des Handschreibens in andere Medien im Sinne einer Remedialisierung.[29]

Im Spiegel der Alternativen tritt die spezifische Medialität der Handschrift hervor. Die Schreibmaschine und der Computer konzentrieren Schrift auf ein System von Unterscheidungen zwischen technisch normierten Buchstaben und Ziffern. Mit der an Jacques Lacan angelehnten Begrifflichkeit spricht der Medientheoretiker Friedrich Kittler in diesem Sinne davon, dass Druckschrift Schrift auf das *symbolische* Register beschränkt.[30] Die Konzentration der Druckschrift ist aber zugleich auch eine Reduzierung gegenüber der sinnlichen Fülle der Handschrift. Dieser sinnliche Überschuss der Handschrift lässt sich auf zweifache Weise beziehen, nämlich auf den Geist und auf den Körper. Die hermeneutische Tradition seit dem frühen 19. Jahrhundert sieht in Schrift, und Schrift meint hier immer Handschrift, das schon sinnlich verarmte Relikt mündlicher Rede in körperlicher Anwesenheit. Es ist daher die Aufgabe der Einbildungskraft, die dürren Zeichen auf dem Papier wieder um Ton und Bild zu ergänzen. Das Ziel besteht darin, den individuellen Geist des Sprechers erneut präsent und damit das Schriftzeugnis als dessen bloßen Stellvertreter selbst überflüssig werden zu lassen. Dem korrespondiert das Ideal eines möglichst unauffälligen, flüssig lesbaren und wenig individuellen Schriftbildes.[31] Diese Traditionslinie verliert zwar seit Ende des 19. Jahrhunderts an Bedeutung, erlischt aber keineswegs. Sie gewinnt der Handschrift das *imaginäre* Register ab, um weiter in Kittlers Begrifflichkeit zu bleiben. Seit Ende des 19. Jahrhunderts gewinnt ein Verständnis von Handschrift Konjunktur, das aus ihr das *reale* Register ans Licht fördert. Dieses Verständnis sieht in der Handschrift eine materielle Spur der Körperbewegung des Schreibenden. Autorschaft reduziert sich damit auf die technische Beherrschung des Schreibgeräts. Individualität realisiert sich mithin bereits in der Entscheidung für das Schreiben von Hand selbst. Darüber hinaus kann auch der spezifische Schriftzug als Ausdruck physischer Präferenzen oder bestimmter Behinderungen oder Gebrechen interpretiert werden. Das Augenmerk richtet sich auf alles, was die Lesbarkeit beeinträchtigt, die Strichbreite und Größe der Schrift genauso wie die Platzausnutzung des Papiers.[32]

Auch nach der Einführung von EDV lässt sich die Handschrift weiter auf Geist und Körper beziehen, jedoch verändert sich die mediale Beschaffenheit von Handschriftlichkeit nachhaltig. Mit dem Einzug des Computers setzt technisch gesehen eine Vereinheitlichung aller Medienkanäle ein, die heute erreicht ist. Alle Arten von Daten sind auf die 0/1-Unterscheidung elektrischer oder optischer Übertragung rückführbar. Kompensatorisch bringt Software aber ihre Differenzierung zurück. Erst seitdem nicht nur Spezialisten EDV bedienen können, sondern Anwendungsoberflächen und Programme eine Nutzung erlauben, die ihre technische Realisierung nicht mehr kennen muss, konnte Computertechnik sich im Alltag verbreiten. ‚Benutzerfreundlichkeit' und ‚intuitive Handhabung' stehen für eine Wiedereinführung der lebensweltlich bekannten Schreibsituation – oder vielmehr deren Simulation. Hatte bereits der ‚Desktop' mit ‚Ordnern', ‚Ablagemappe' und ‚Dokumenten' das Büro metaphorisch reproduziert, danach die Scantechnik die Digitalisierung analoger Daten erlaubt, stellt die Möglichkeit, mit einem Stilus oder, noch direkter, mit dem Finger auf einem berührungsempfindlichen Bildschirm schreiben zu können, dessen konsequente Weiterentwicklung im Sinne einer Perfektionierung der Simulation dar. Die Simulation aber als Simulation zu durchschauen, wird zunehmend schwieriger. Je unmittelbarer der Schreibakt scheint, desto mehr führt paradoxerweise eigentlich die Technik die Hand. Geist und Hand entgleitet das tatsächliche Schreibmedium, während Computer längerfristig selbsttätig ‚handschriftlich' schreiben lernen.[33]

Ausgehend von dieser mediengeschichtlichen Perspektive lässt sich die Rolle von Handschriftlichkeit im 20. und 21. Jahrhundert nun auch systematisch bestimmen. Wie in jedem Schriftstück überlagern sich auch in Handschriften die Ebenen von *Produktion*, *Werk* und *Rezeption*. Heuristisch ist es

zuschreibungen. Die Brüder Felix und Albrecht von Kunowsky liefern mit ihrem Referenzwerk zur Kurzschrift von 1895 ein eindrückliches Beispiel für die hypertrophe Tendenz der Mediensysteme um 1900. Die theoretische Reflexion auf das Schreibgeschehen versteht sich zusehends als Austauschprozess verschiedenster Wissenssysteme. Dabei tritt der eigentümliche Kunstcharakter der Kurzschrift zutage, der andererseits gerade als ‚naturnotwendig' verstanden werden will. *Stefanie Seidel* widmet sich indes dem vielleicht prominentesten pseudo-wissenschaftlichen Verwendungsbereich der Handschrift, der Graphologie, und umreißt deren Beziehung zum kriminaltechnischen Verfahren der Daktyloskopie. In der Forensik um 1900 wurden beide Techniken einst in der Hoffnung eingesetzt, eine unverfälschbare Spur des Delinquenten anhand des handschriftlichen bzw. ‚digitalen' Abdrucks herausarbeiten zu können. Schriftlinien auf der einen und Papillarlinien auf der anderen Seite werden zum Gegenstand eines systematisierenden Zugriffs, der Schriftbild und Fingerabdruck als einander verwandte Formen des Handschriftlichen ausweist. Zum eindrücklichen Beispiel für die transmediale Synergie, die zwischen Handschrift und Photographie entstehen kann, gereicht der Aufsatz von *Sandra Oster*. Autorenphoto und Signatur bilden gemeinsam die Grundlage für die Entstehung von ‚Autorenmythen', etwa bei Gerhart Hauptmann, Thomas Mann oder Bertolt Brecht. Als ‚Medienverbund' erzeugen Autograph und Porträt gemeinsam einen Präsenzeffekt, der sowohl die äußere Dimension nach innen wendet (Photographie) als auch – jedenfalls dem Mythos nach – die innerliche Charakterbeschaffenheit eines Individuums äußerlich als Schriftspur zur Erscheinung bringt. Ein anderes transmediales Ereignisfeld thematisiert *Ilka Brasch*: Das von Hand beschriebene Stück Papier spielt als filmisches Accessoire in zahlreichen Hollywoodfilmen eine wichtige Rolle. Gerade die Frühzeit des Kinos, die sich geistesgeschichtlich im Kielwasser der leitmedialen Ablösung der Handschrift ereignet, entfaltet die Variationen des Themas Handschrift in vielfältiger Weise. Anhand von einschlägigen Beispielen, wie etwa Charlie Chaplins *The Kid*, King Vidors *Stella Dallas* und Max Ophüls' *Letter from an Unknown Woman*, kann die Verfasserin zeigen, dass Regisseure im Rahmen der *Mise en scène*-Technik das auratische Potenzial des beschriebenen Blattes gekonnt als Stilmittel einsetzen.

Unter *Lektüren* werden schließlich Beispiele handschriftlicher Autorschaft bzw. von Camouflage derselben anhand verschiedener Beispiele aus der deutschsprachigen Literatur des 20. und 21. Jahrhunderts diskutiert. Die Spannbreite reicht dabei von konkreten Beobachtungen an einzelnen Manuskripten, wie etwa bei Rainer Maria Rilkes Roman Die *Aufzeichnungen des Malte Laurids Brigge*, bis hin zu Beispielen für frei erfundene und damit gänzlich in den Raum des Fiktionalen verschobene Handschriftlichkeit. Von ebendiesem Aspekt handelt die Untersuchung von *Monika Schmitz-Emans*. (Pseudo-)Faksimiles treten in der Gegenwartsliteratur vermehrt als literarisches Dispositiv auf, was kulturtheoretisch in den letzten Jahrzehnten durch die exponierte Körperlichkeit des Mediums Schrift (etwa bei Roland Barthes und Jacques Derrida) antizipiert wurde. Die der Handschrift immanente Fähigkeit zur Zitation und Imitation kann zur visuell eindrücklichen Untermalung von Texten benutzt werden. So werden etwa kurze Notate, Glossen oder Zeichnungen zur Suggestion von Autoren- und Figurenauthentizität eingesetzt. Auch zur Beglaubigung des fiktional Erzählten werden zuweilen fingierte Urhandschriften angeführt, so etwa in Miguel de Cervantes' *Don Quijote* oder Umberto Ecos *Der Name der Rose*. Die fiktiven Handschriften im Medium der Literatur fungieren als Multiplikator für die Bedeutungsebenen, als ein graphischer ‚Rest', der nicht im typographisch-semiotischen Prozess aufgeht. *Robert Janicki* befasst sich mit der antagonistischen Struktur in Stefan Georges Konzept von Schrift. Das auratische Moment im Frühwerk wird zusehends durch einen ‚monumentalistischen Gestus' ersetzt, der sich aus der speziellen Konstellation des George-Kreises heraus erklären lässt. Das Spannungsfeld aus Modernismus und Modernekritik wird übertragen auf das Selbstverständnis Georges als Autor und Autorität sowie sein Verhältnis zur (Hand-)Schrift. Ebendieses gipfelt schließlich in der *St.-G.-Schrift* Stefan Georges, die sich als antimodernistischer Reflex gleichermaßen gegen Fraktur und Antiqua wendet und damit eine die technische Moderne subvertierende Position einnimmt, welche der Handschrift bis heute regelmäßig zugeschrieben wird. *Urs Büttners* Beitrag durchleuchtet die Beziehung zwischen Handschrift- und Alpinismusdiskurs um 1900 in Thomas Manns Roman *Der Zauberberg*. Mit dem Begriff des ‚Aufsteigesystems' des Wissenschaftsgeschichtlers Philipp Felsch zeigt er, dass beide Diskurse ähnlichen Strukturlogiken und Konjunkturen folgen. Manns Roman verabschiedet sentimental und voller Sympathie Vorstellungen des frühen 19. Jahrhunderts, die Selbstbeherrschung des Individuums im schriftlichen Ausdruck mit der Erhabenheitsästhetik koppelten. An ihre Stelle tritt ein Verständnis der Handschrift als Abdruck körperlicher Schwäche unter dem Reizklima der hochalpinen Verhältnisse. *Der Zauberberg* stellt diesen Diskurswandel nicht einfach dar, sondern bricht beide Vorstellungen aneinander ironisch und lässt sie von Hans Castorp evaluieren. Mit einem weiteren großen Dichter der Jahrhundertwende befasst sich *Jacob Haubenreich*, wenn er Rainer Maria Rilkes jüngst in faksimilierter Ausgabe erschienenes „Berner Taschenbuch" untersucht. Dieses schwarze Notizbuch, das etwa die zweite Hälfte des Manuskripts zum Roman *Die Aufzeichnungen des Malte Laurids Brigge* umfasst, liefert aufschlussreiche Einblicke in die Verfahrensweisen der Textproduktion. Streichungen, unter denen das Durchgestrichene lesbar bleibt, ferner Ergänzungen und Komplettilgungen werden sichtbar gemacht. Die physischen Wunden, die der Text beschreibt, fasst der Beitrag medienlogisch als ‚Hineinbluten' des Manuskripts in das Typoskript auf – als ‚Phantasmagorie' der verschiedenen Textfassungen und Schreibtechniken. *Mario Gotterbarm* betrachtet das im Medium Handschrift besonders akzentuierte Zusammenspiel von Ethik und schriftlichem Ausdruck als Kulturtechnik. Schreiben sei als Handwerk im Sinne Richard Sennetts zu verstehen und markiere den Übergang vom Organischen zum sozialen Handeln. Die Schreibbewegung stellt in diesem Zusammenhang eine disziplinierte und disziplinierende Geste dar. Der Beitrag überträgt diese Perspektive auf den ‚Handwerker' W. G. Sebald und zeigt zunächst, wie sich Sebald in verschiedenen Kontexten (Literaturkritik, Gesprächen und Prosa) als Handwerker in eine Verwandtschaft mit Joseph Roth und

Tätowierung[48] oder als Körperperformances mit ‚menschlichen Pinseln', aber auch die Ästhetisierung von Geschriebenem, etwa durch die Herausgabe aufwendiger Editionen von Handschriften durch Verlage sowie ihre museale Aufbereitung und Präsentation als ‚Quasi-Reliquien' durch Museen und Literaturarchive.

Kultur- und literaturwissenschaftliche Annäherung

Die heutige Literaturwissenschaft, deren vorrangiger Gegenstand geschriebene Texte sind, kann nicht für sich behaupten, im Besitz einer allgemeinverbindlichen Methode der Textauslegung zu sein. Ab den 1960er Jahren, als neomarxistische, psychoanalytische, strukturalistische, dann im weitesten Sinne postmoderne Ansätze und Theorien sich einer ‚klassischen' Hermeneutik an die Seite und insbesondere entgegensetzten, wurde eine Entwicklung absehbar, die gegenwärtig eine doppelte Pluralität zeitigt: eine der Interpretationsmethode, die potenziert wird durch eine des Gegenstands, insofern die ab den 1980er Jahren forcierte Transformation der Philologien zu Kulturwissenschaften eine Öffnung zu kulturellen Produkten außerhalb und jenseits der literarischen Welt bedeutete. Da sich der vorliegende Band in die Reihe zur ‚Genealogie des Schreibens' einreiht, ist kurz zu rekapitulieren, woran auf welche Weise angeknüpft wird. Ihrerseits Teil eines ‚material turn' der Kulturwissenschaften, der sich der materialistischen Seite menschlicher Kultur – insbesondere dem ‚Körper' oder ‚Leib' (als Gegensatz zum ‚Geist' oder Bewusstsein') aber auch diversen physischen Objekten unserer Kultur in dieser ihrer physischen Beschaffenheit – zuwendet,[49] möchte die Reihe eine Fortsetzung der von Michel Foucault beschriebenen Methode einer Genealogie sein, die zeigt, „wie der Körper von der Geschichte durchdrungen ist und wie die Geschichte am Körper nagt"[50]. Der Körper, der hier in den Fokus rückt, ist der schreibende, ja der qua Schreibakt sich irgendwie verhaltende. Der literaturwissenschaftliche Akzent dieser Genealogie ergibt sich zunächst daraus, dass der Schreibakt bevorzugt als literarischer Schreibprozess betrachtet wird, d. h. Texte von literarischen Autoren zur Grundlage der Untersuchung gemacht werden. Dies geschieht unter der Prämisse, dass Literatur in besonderer – und d. h. vor allem besonders aufschlussreicher – Art und Weise den individuellen Schreibprozess sowie, als Reflexion auf die Bedingungen des eigenen Aktes, die historisch jeweils prävalenten Rahmenbedingungen von Schreiben überhaupt zur Anschauung bringt und zuweilen kritisch wendet.[51] Um den einzelnen Schreibprozess begrifflich zu fassen, hat sich der Terminus der ‚Schreibszene' angeboten, dessen Definition der Prämisse entsprechend lautet:

> Im Anschluß an die – bei diesem nur implizit getroffene – Unterscheidung von Campe verstehen wir im folgenden unter ‚Schreibszene' die historisch und individuell von Autorin und Autor zu Autorin und Autor veränderliche Konstellation des Schreibens, die sich innerhalb des von der Sprache (Semantik des Schreibens), der Instrumentalität (Technologie des Schreibens) und der Geste (Körperlichkeit des Schreibens) gemeinsam gebildeten Rahmens abspielt, ohne daß sich diese Faktoren selbst als Gegen- oder Widerstand problematisch würden; wo sich dieses Ensemble in seiner Heterogenität und Nicht-Stabilität an sich selbst aufzuhalten beginnt, thematisiert, problematisiert und reflektiert, sprechen wir von ‚Schreib-Szene'.[52]

Dieses Modell wurde später noch etwas verfeinert, etwa um die Frage nach der hierarchischen Beziehung zwischen den Parametern Sprachlichkeit, Gestik

---

1 Die ungebrochene Aktualität des Themas ‚Handschrift', auch zwei Jahre nach der Tagung, deren Ergebnisse im vorliegenden Band versammelt sind, zeigt sich an zahlreichen, einschlägigen Neuerscheinungen, zuvorderst die aktuelle Ausgabe der *Osnabrücker Beiträge zur Sprachtheorie (OBST)* 85 mit dem Titel: *Handschrift – Handschriften – Handschriftlichkeit*, hrsg. von Mumela Böhm und Olaf Gätje, Duisburg 2014.

2 Vgl. Michael Giesecke, *Der Buchdruck in der frühen Neuzeit. Eine historische Fallstudie über die Durchsetzung neuer Informations- und Kommunikationstechnologien*, Frankfurt a. M. 2006, S. 29: „Weder in unserer Alltagssprache noch in der Fachliteratur ist es üblich, handschriftliche und gedruckte Medien auseinanderzuhalten. Meist spricht man zusammenfassend von den ‚schriftlichen' Texten, von ‚der Schriftsprache' und von ‚Schriftkulturen'."

3 Vgl. Catherine Viollet, „Mechanisches Schreiben, Tippräume. Einige Vorbedingungen für eine Semiologie des Typoskripts", in: Davide Giuriato u. a. (Hrsg.), *„SCHREIBKUGEL IST EIN DING GLEICH MIR: VON EISEN". Schreibszenen im Zeitalter der Typoskripte*, München 2005, S. 21-47, hier S. 23.

4 Vgl. Platon, „Phaidros", in: ders., *Werke in acht Bänden. Griechisch-Deutsch*, hrsg. von Gunther Eigler, Darmstadt 1990, Bd. 5, 275a: „Denn diese Erfindung wird der Lernenden Seelen vielmehr Vergessenheit einflößen aus Vernachlässigung des Gedächtnisses, weil sie im Vertrauen auf die Schrift sich nur von außen vermittels fremder Zeichen, nicht aber innerlich sich selbst und unmittelbar erinnern werden." (Übers. von Friedrich Schleiermacher) Vgl. ferner ebd., 275c-e.

5 Auf die linguistisch angezeigte Feindifferenzierung in Phonem und Graphem wird hier verzichtet, da lediglich der grundsätzliche Unterschied zu einem piktographischen Schriftsystem relevant ist. Der vielfach behauptete Kunstcharakter der abendländischen Schriftlichkeit, die ihren Status als Medium zwischen Didaktik und Ästhetik einnimmt, wurde vornehmlich im Rahmen der Oralitätsfoschung erörtert, vgl. etwa Eric A. Havelock, *The Muse learns to write. Reflections on orality and literacy from antiquity to the present*, New Haven, CT u. a. 1986, S. 120, vgl. dazu außerdem in kompakter Darstellung Gerhard Lampe, Art. „Schrift", in: *Metzler-Lexikon Medientheorie – Medienwissenschaft*, hrsg. von Helmut Schanze, Stuttgart/Weimar 2002, S. 322-325, hier S. 322 f.

6 Walter J. Ong, *Oralität und Literalität. Die Technologisierung des Wortes*, übers. von Wolfgang Schömel, Opladen 1987, S. 15.

7 Diese sich immer wieder neu aktualisierende, hermeneutische Verstehensfrage ist keineswegs erledigt, sondern muss gerade heutzutage als Resultat der Ausdifferenzierung des Wissens verstanden werden. Somit kann auch von einer spezifischen ‚Hermeneutik der Handschrift' ausgegangen werden. Vgl. hierzu: Achim Geisenhanslüke, *Einführung in die Literaturtheorie*, Darmstadt 2010, S. 68.

8 Vgl. etwa Stephan Kammer, „Redende Federn. Schreibgeräusche und Stimme der Schrift", in: Waltraud Wiethölter u. a. (Hrsg.), *Stimme und Schrift. Zur Geschichte und Systematik sekundärer Oralität*, Paderborn 2008, S. 195-214, sowie den einschlägigen Sammelband von Giuriato u. a. (Hrsg.) …

---

39 Vgl. dazu *Marbacher Magazin* 129 (2010) („Randzeichnungen. Nebenwege des Schreibens") sowie Christian Driesen u. a. (Hrsg.), *Über Kritzeln. Graphismen zwischen Schrift, Bild, Text und Zeichen*, Berlin 2012.

40 Vgl. dazu ausführlich am Beispiel von Briefen Anne Bohnenkamp/Waltraut Wiethölter (Hrsg.), *Der Brief. Ereignis & Objekt*. Frankfurt a. M./Basel 2010 und Barbara Wittmann (Hrsg.), *Spuren erzeugen. Zeichnen und schreiben als Verfahren der Selbstaufzeichnung*, Berlin 2009.

41 Vgl. Bodo Plachta, *Editionswissenschaft*, Stuttgart 2006; Lucas Marco Gisi u. a. (Hrsg.), *Schreiben und Streichen. Zu einem Moment produktiver Negativität*, Göttingen 2011.

42 Vgl. Gernot Grube u. a. (Hrsg.), *Schrift. Kulturtechnik zwischen Auge, Hand und Maschine*, München 2005; Susanne Strätling/Georg Witte (Hrsg.), *Die Sichtbarkeit der Schrift*, München 2006, Davide Giuriato/Stephan Kammer (Hrsg.), *Bilder der Handschrift. Die graphische Dimension der Literatur*, Frankfurt a. M./Basel 2006; Sybille Krämer u. a. (Hrsg.), *Schriftbildlichkeit. Wahrnehmung, Materialität und Operativität von Notationen*, Berlin 2012.

43 Vgl. Joseph Vogl, *Über das Zaudern*, Berlin 2007, S. 97 f.

44 Bei der Analyse kann man sich an den von Foucault ausgemachten Funktionen des Autors orientieren. Vgl. Michel Foucault, „Was ist ein Autor?", in: ders., *Dits et Ecrits. Schriften I*, hrsg. von Daniel Defert und François Ewald, Frankfurt a. M. 2001, S. 1003-1041, hier S. 1004.

45 Vgl. dazu Thomas Macho, „Handschrift – Schriftbild. Anmerkungen zu einer Geschichte der Unterschrift", in Bernhart/Gröning (Hrsg.), *Hand – Schrift – Bild* (Anm. 38), S. 111-120.

46 Da die Elemente der Funktion Autorschaft sich gegenseitig stützen, wird ihr Wechselverhältnis notwendig zirkulär. Die Autorinszenierung im Diskursfeld begründet rekursiv wieder den Nexus zwischen Autor und Werk.

47 Vgl. dazu historisch Tamara Plakins Thornton, *Handwriting in America. A Cultural History*, New Haven, CT/London 1996.

48 Vgl. Ulrike Landfester, *Stichworte. Tätowierung und europäische Schriftkultur*, Berlin 2012.

49 Vgl. exemplarisch den Sammelband Hans Ulrich Gumbrecht/K. Ludwig Pfeiffer (Hrsg.), *Materialität der Kommunikation*, Frankfurt a. M. 1988, darin auch: Martin Stingelin, „Kugeläußerungen. Nietzsches Spiel auf der Schreibmaschine", S. 326-341.

50 Michel Foucault, „Nietzsche, die Genealogie, die Historie", in: ders., *Von der Subversion des Wissens*, Frankfurt a. M. 1987, S. 69-90, hier S. 75; zit. nach Martin Stingelin, „‚Schreiben'. Einleitung", in: Martin Stingelin/Sandro Zanetti (Hrsg.), *„Mir ekelt vor diesem tintenklecksenden Säkulum". Schreibszenen im Zeitalter der Manuskripte*, München 2004, S. 7-21, hier S. 11.

51 Dass Nietzsches Schreiben gerne analysiert wird, dürfte damit zusammenhängen, dass er sich als essayistisch und aphoristisch schreibender Philosoph literarischer Stilmittel bedient sowie das spezifisch ‚Ästhetische' radikal aufwertet.

52 Stingelin, „‚Schreiben'. Einleitung (Anm. 50), S. 15. Vgl. als genannten Bezugspunkt Rüdiger Campe, „Die Schreibszene, Schreiben", in: Hans Ulrich Gumbrecht/K. Ludwig Pfeiffer (Hrsg.), *Paradoxien, Dissonanzen, Zusammenbrüche. Situationen offener Epistemologie*, Frankfurt a. M. 1991, S. 759-772.

53 Vgl. zu den Resultaten Sandro Zanetti, „Einleitung", in: Giuriato u. a. (Hrsg.), *Schreibszenen im digitalen Zeitalter* (Anm. 33), S. 7-26, bes. S. 12-17.

54 Vgl. Gilles Deleuze/Félix Guattari, *Tausend Plateaus. Kapitalismus und Schizophrenie*, Berlin 1997, S. 36.

55 Vgl. Friedrich A. Kittler, „Nachwort", in: ders., *Aufschreibesysteme 1800/1900*, München

…Autoren voneinander unterscheiden.

9 Martin Stingelin, „‚Unser Schreibzeug arbeitet mit an unseren Gedanken‘. Die poetologische Reflexion der Schreibwerkzeuge bei Georg Christoph Lichtenberg und Friedrich Nietzsche“, in: Sandro Zanetti (Hrsg.), *Schreiben als Kulturtechnik. Grundlagentexte*, Berlin 2012, S. 282-304, hier S. 284.

10 Vgl. Rob Shields, *The Virtual*, London/New York 2003, S. 4: Das Virtuelle wird hier als etwas bezeichnet, das „more perfect than messy materiality“ sei.

11 Karlheinz Stierle, „Text als Handlung und Text als Werk“, in Stephan Kammer/Roger Lüdeke (Hrsg.), *Texte zur Theorie des Textes*, Stuttgart 2005, S. 211-224, hier S. 214.

12 Ebd., S. 214.

13 Vgl. hierzu die sehr eindrückliche Schilderung in Vilém Flusser, „Die Geste des Schreibens“, in: Zanetti (Hrsg.), *Schreiben als Kulturtechnik* (Anm. 9), S. 261-268, hier S. 261.

14 Rob Shields, „Introduction: Virtual Spaces, Real Histories and Living Bodies“, in: ders. (Hrsg.), *Cultures of the Internet. Virtual Spaces, Real Histories, Living Bodies*, London u. a. 1996, S. 1-10, hier S. 6.

15 Clara Völker, *Mobile Medien. Zur Genealogie des Mobilfunks und zur Ideengeschichte von Virtualität*, Bielefeld 2010, S. 9.

16 Vgl. Shields, „Introduction“ (Anm. 14), S. 5.

17 Vgl. zur Herleitung der Dualität von Schriftlichkeit und Körperlichkeit aus der höfischen Kultur des Mittelalters, einhergehend mit einer Theorie der Disziplinierung des Schreibers, Mark Chinca/Christopher Young, „Orality and literacy in the Middle Ages: A conjunction and its consequences“, in: dies. (Hrsg.), *Orality and literacy in the Middle Ages. Essays on a conjunction and its consequences in honour of D.H. Green*, Turnhout, Belgien 2005, S. 1-15, hier S. 5 sowie ausführlicher Joachim Bumke, „Höfischer Körper – Höfische Kultur“, in: Joachim Heinzle (Hrsg.), *Modernes Mittelalter. Neue Bilder einer populären Epoche*, Frankfurt a. M./Leipzig 1994, S. 67-102, v. a. S. 96-98.

18 Vgl. Philipp Theisohn, *Plagiat. Eine unoriginelle Literaturgeschichte*, Stuttgart 2009, S. 130.

19 Vgl. exemplarisch und summarisch Hans Ulrich Gumbrecht, *Dimensionen und Grenzen der Begriffsgeschichte*, München/Paderborn 2006, S. 210-230 sowie im Hinblick auf die performative Besonderheit des Schreibakts Sonja Neef, *Abdruck und Spur. Handschrift im Zeitalter ihrer technischen Reproduzierbarkeit*, Berlin 2008, S. 41-58.

20 Jacques Derrida, *Grammatologie*, übers. von Hans-Jörg Rheinberger und Hanns Zischler, Frankfurt a. M. 1974, S. 34.

21 Vgl. Jan Assmann, *Das kulturelle Gedächtnis. Schrift, Erinnerung und politische Identität in frühen Hochkulturen*, München 1997, S. 54, wo als ‚prä-literaler‘ Wissens- und Gedächtnisträger nur der Mensch selbst und kein wie auch immer organisiertes ‚Medium‘ infrage kommt.

22 Vgl. Vilém Flusser, *Die Schrift. Hat Schreiben eine Zukunft?*, Frankfurt a. M. 1992, S. 134.

23 Ebd.

24 Vgl. Friedrich A. Kittler, „Es gibt keine Software“, in: ders., *Draculas Vermächtnis. Technische Schriften*, Leipzig 1993, S. 225-242, hier S. 226 f.

25 Vgl. Neef, *Abdruck und Spur* (Anm. 19), S. 26.

26 Vgl. Heinz Schlaffer, „Einleitung“, in: Jack Goody u. a. (Hrsg.), *Entstehung und Folgen der Schriftkultur*, übers. von Friedrich Herborth, Frankfurt a. M. 1986, S. 7-23, hier S. 17.

27 Marshall McLuhan, *Understanding Media. The extensions of man*, Cambridge, MA u. a. 1996, S. 82.

28 Jack Goody, „Introduction“, in: ders. (Hrsg.), *Literacy in traditional societies*, Cambridge, MA 1968, S. 1.

29 Vgl. dazu Jay David Bolter/David Grusin, *Remediation. Understanding New Media*, Cambridge, MA/London 1999.

30 Vgl. dazu Friedrich A. Kittler, *Grammophon, Film, Typewriter*, Berlin 1986, S. 7-33.

31 Vgl. dazu Friedrich A. Kittler, *Aufschreibesysteme 1800/1900*, München 1995, S. 102-111 und Albrecht Koschorke, *Körperströme und Schriftverkehr. Mediologie des 18. Jahrhunderts*, München 2003, S. 206-262 und S. 305-321.

32 Vgl. Kittler, *Aufschreibesysteme* (Anm. 31), S. 270-274 und weiterführend Giuriato u. a. (Hrsg.), *Schreibszenen im Zeitalter der Typoskripte* (Anm. 3).

33 Vgl. dazu Friedrich A. Kittler, „Protected Mode“, in: ders., *Draculas Vermächtnis* (Anm. 24), S. 208-224 und weiterführend Davide Giuriato u. a. (Hrsg.), *System ohne General. Schreib-szenen im digitalen Zeitalter*, München 2006.

34 Vgl. dazu Michel Foucault, „Subjekt und Macht“, in: ders., *Dits et Ecrits. Schriften 4*, hrsg. von Daniel Defert und François Ewald, Frankfurt a. M. 2005, S. 269-294.

35 Vgl. dazu *Marbacher Magazin* 72 (1995) („Vom Schreiben 3: Stimulanzien oder Wie sich zum Schreiben bringen?“) und 74 (1996) („Vom Schreiben 4: Im Caféhaus oder Wo schreiben?“).

36 Vgl. Michel Polanyi, *The Tacit Dimension*, Chicago, IL 2009.

37 Vgl. dazu *Marbacher Magazin* 69 (1994) („Vom Schreiben 2: Der Gänsekiel oder Womit schreiben?“); Henry Petroski, *The Pencil. A History of Design and Circumstance*, New York 1990; Lothar Müller, *Weiße Magie. Die Epoche des Papiers*, München 2012; Ian Sansom, *Paper. An Elegy*, New York 2012.

38 Vgl. *Marbacher Magazin* 68 (1994) („Vom Schreiben 1: Das weiße Blatt oder Wie anfangen?“); Monika Schmitz-Emans, *Schrift und Abwesenheit. Historische Paradigmen zu einer Poetik der Entzifferung und des Schreibens*, München 1995, S. 41-62; Thomas Macho, „Shining oder: Die weiße Seite“, in: Peter Berz u. a. (Hrsg.), *FAKtisch. FS Friedrich Kittler*, München 2003, S. 55-62; Gundel Mattenklott, „Bleistift, Tinte, Papier. Zur materiellen Imagination der Schrift“, in: Toni Bernhart/Gert Gröning (Hrsg.), *Hand – Schrift – Bild. 1. Beiheft zu Paragrana. Internationale Zeitschrift für Historische Anthropologie*, Berlin 2005, S. 121-142.

eines neuen Mediums, wird von Zanetti zwar erwähnt, steht in den einzelnen Analysen jedoch nicht im Vordergrund, vgl. Zanetti, „Einleitung“ (Anm. 53), S. 14.

57 Ein naheliegender Vorteil ist etwa bis heute, dass das Schreibwerkzeug klein, portabel und jederzeit einsetzbar ist: „Eine Zeitlang war ich ohne festen Wohnsitz. Ich wollte aber nicht ohne Schreiben sein, so fing ich an, mit Bleistift zu schreiben. Seitdem schreibe ich ausschließlich mit der Hand.“ Peter Handke, „Nur im Schreiben fühl' ich mich zu Haus.“, in Herlinde Koelbl, *Im Schreiben zu Haus. Wie Schriftsteller zu Werke gehen. Fotografien und Gespräche*, München 1998, S. 15.

58 Vgl. Band 7 der Reihe: Peter Hughes u. a., „Vorwort“, in: ders. u. a. (Hrsg.), *Schreibprozesse*, München 2008, S. 7-11, hier S. 7: „Gemeinsam ist allen Beiträgen die Voraussetzung dass in der Relation zwischen dem publizierten Text und seinen ebenfalls als Texte zu lesenden Vorstufen der Schreibprozess verfolgt werden kann, dass also zwischen Textkonzeption und Gut zum Druck ein konkret-abstrakter Vorgang sichtbar wird, der nicht nur eine handwerkliche Komponente hat, sondern als dem Text eingeschriebene Textgenese verstanden werden kann. Neben dem besseren Verständnis der schriftlichen Arbeit und der Beleuchtung editorischer Prinzipien resultieren dabei genetische Textinterpretationen (critique génétique).“

59 Almuth Grésillon, *Literarische Handschriften. Einführung in die „critique génétique“*, Bern 1999, S. 10.

60 Programmatisch etwa Louis Hay, „‚Le texte n'éxiste pas‘. Reflections sur la critique génétique“, in: *Poétique* 62 (1985), S. 147-158.

61 Die hermeneutisch geprägte Tradition der Editionsphilologie wird sehr schön dargestellt und abgegrenzt von der *critique génétique* von Klaus Hurlebusch, „Den Autor besser verstehen: aus seiner Arbeitsweise. Prolegomenon zu einer Hermeneutik textgenetischen Schreibens“, in: Hans Zeller/Gunter Martens (Hrsg.), *Textgenetische Edition*, Tübingen 1998, S. 7-51, insb. S. 19-34.

62 Grésillon, *Literarische Handschriften* (Anm. 59), S. 15.

63 „Les certitudes, ou ce qu'on prenait pour telles, deviennent fragiles, ne résistent pas forcément à l'examen génétique. Il en va ainsi de la célèbre ‚mort de l'auteur‘, notion qu'il est impossible de conserver quand le manuscrit exhibe au grand jour les traces d'un sujet qui se débat avec soi-même et avec l'écriture en train de se faire.“ Almuth Grésillon, „Critique génétique 2000“, in: *Oeuvres et Critiques* XXV (2000), H. 1, S. 7-12, hier S. 9.

64 Vgl. weiter ebd.: „La notion de texte elle-même tremble sur son piédestal. Non seulement parce qu'il n'est pas évident de tracer une ligne de partage nette entre ce qui est avant-texte et ce qui est texte, mais aussi parce que certaines productions littéraires […] nous sont transmises sous des formes plus ou moins achevées, plus ou moins fixes.“

65 Die sozialen Funktionen, welche gerade die skriptural-graphische Dimension von Schrift in unseren sozialen Beziehungen erfüllt, betonte jüngst Jürgen Spitzmüller. Dass etwa spezifische ‚Distinktionsgewinne‘ zu erzielen sind, indem im Zeitalter maschinenschriftlichen Schreibens zum Füllfederhalter gegriffen wird, leuchtet ein. Vgl. Jürgen Spitzmüller, *Graphische Variation als soziale Praxis. Eine soziolinguistische Theorie skripturaler ‚Sichtbarkeit‘*, Berlin/Boston 2013 (vgl. zur Handschrift im digitalen Zeitalter insb. S. 401-411). Hauptanliegen seines theoretischen Grundlagenwerks ist dann freilich, die Orientierung an semiotischen Modellen bei der Analyse dieser Funktionen komplett zu verabschieden: „Kommunikativ relevant sind graphische Phänomene dann (und nur dann), wenn sie von den Kommunikationsakteuren aufgrund ihres graphischen Wissens als interpretierbar angesehen werden – […] wenn sie aufgrund des Kontext- bzw. Praxiswissens in einer gegebenen Kommunikationssituation für relevant gehalten werden – wenn ihnen kommunikativer Sinn zugeschrieben wird.“ (Ebd., 206) Ob Spitzmüllers Grundlegung eines sozial- und kommunikationstheoretischen Modells ‚graphischen Wissens‘ mehr als ein ‚Diskussionsbeitrag‘ innerhalb der Linguistik ist, mithin für die Literaturwissenschaft fruchtbar angeeignet werden kann, steht einstweilen noch zur Debatte.

66 Vgl. etwa das Lemma „Schrift“ von Aleida und Jan Assmann in: Georg Braungart u. a. (Hrsg.), *Reallexikon der deutschen Literaturwissenschaft*, Bd. III, Berlin/New York 2003, S. 393-399, insb. S. 398, wo unter Punkt (4), „Schrift und Bild“, nicht die Schriftbildlichkeit abgehandelt wird.

67 Vgl. exemplarisch Ludwig Klages, *Handschrift und Charakter. Gemeinverständlicher Abriss der graphologischen Technik*, Leipzig 1913.

68 Vgl. Sybille Krämer, „‚Schriftbildlichkeit‘ oder: Über eine (fast) vergessene Dimension der Schrift“, in: Sybille Krämer/Horst Bredekamp (Hrsg.), *Bild, Schrift, Zahl*, München 2003, S. 157-176; Sybille Krämer, „‚Operationsraum Schrift‘: Über einen Perspektivenwechsel in der Betrachtung der Schrift“, in: Gernot Grube u. a. (Hrsg.), *Schrift* (Anm. 42), S. 23-60; Sybille Krämer, „Notationen, Schemata und Diagramme: Über ‚Räumlichkeit‘ als Darstellungsprinzip. Sechs kommentierende Thesen“, in: Gabriele Brandstetter u. a. (Hrsg.), *Notationen und choreographisches Denken*, Freiburg i. Br. 2010, S. 29-46. Vgl. als kurze Übersicht zusätzlich Sybille Krämer/Rainer Totzke, „Einleitung. Was bedeutet ‚Schriftbildlichkeit‘?“, in: Krämer u. a. (Hrsg.), *Schriftbildlichkeit* (Anm. 42), S. 13-35.

69 Vgl. Krämer/Totzke, „Einleitung. Was bedeutet ‚Schriftbildlichkeit‘?“ (Anm. 68), S. 23 (erste Hervorh. i. Orig., zweite nachtr.): „Der Begriff ‚Schriftbildlichkeit‘ ruft nicht eine Verbindung zwischen Bild und Schrift auf, in dem Sinne etwa, wie ein phonographisches Schriftkonzept die Verbindung von Sprache und Schrift betont. Es geht vielmehr um eine nahezu [ausgenommen seien Blindenschrift und ‚Stromschrift‘ des Computers] jeder Schrift inhärente ‚Bildlichkeit‘, die wurzelt in dem Umstand, dass Schriften materiale und wahrnehmbare Einschreibungen auf einer Fläche sind, deren zwei Dimensionen sie nutzen und die sich – unabhängig des meist linienförmigen Schreib- und Lesevorganges – *synoptisch und simultan dem Blick darbieten*.“ (Freilich soll der Begriff der Schriftbildlichkeit nicht nur für Handschriften anwendbar sein.)

Urs Büttner / Mario Gotterbarm / Frederik Schneeweiss / Stefanie Seidel / Marc Seiffarth

Einleitung

Handschrift aus mediensystematischer Perspektive

Die mediensystematische Verortung von Handschrift bzw. Handschriftlichkeit ist gegenwärtig umstrittener denn je.[1] Im Alltag der Postmoderne wird das Schreiben von Hand zunehmend durch den maschinengestützten Schreibakt ersetzt. Technische Hilfsmittel aller Art, analoge wie digitale, verlängern, erweitern und modifizieren das menschlich-manuale Ausdrucksvermögen erheblich. Seit Gutenberg dem Menschen die Druckerpresse anheim gab[2] und diese wiederum in Form der durch Henry Mill 1715 patentierten, ersten Schreibmaschine[3] langsam demokratisiert und damit auf den Weg zum Massenmedium gebracht wurde, erscheint das Schreiben von Hand zunehmend historisch und exotisch, sodass es inzwischen einer dezidierten Erforschung des Phänomens ‚Handschrift' bedarf. Der Computer, die Maschine der universalen Verschriftlichung aller denkbaren Medieninhalte in unserer Zeit, bildet die vorläufig letzte Stufe einer Verschiebung des einst selbstverständlich manualen Schreibakts in die Welt des Maschinellen.

Blickt man vor die Zeit des ausgelagerten Schreibens zurück, d. h. in die Epochen abwesender ‚Handentlastung', wird deutlich, dass die vielfältigen Implikationen der Verschriftlichung von Gedanken bzw. Reden bereits kritisiert wurden, als diese noch λόγοι hießen. So betreibt Platon im Dialog *Phaidros* eine Medienkritik sondergleichen, die darin gipfelt, dass der Schriftkultur, jener nach der Legende durch den ägyptischen Gott Theuth überlieferten Kunst, unterstellt wird, sie sei schlecht für das Gedächtnis und fordere Missverständnisse und Widersprüche geradezu heraus.[4] Dem entgegen steht die kulturhistorisch gewachsene Überzeugung der selbstevidenten ‚Kraft' des Schreibakts – in unserem Kulturkreis also die Konservierung sprachlicher Laute im Medium von Lautzeichen, d. h. Buchstaben.[5] In Abgrenzung zu der platonischen Warnung vor der Abträglichkeit skripturaler Betätigung in Bezug auf das menschliche Vorstellungs- und Erinnerungsvermögen betont Walter Ong die ausdrucks- und wissenskonstitutive Funktion der Schrift: „Das Schreiben, das Räumlichwerden des Wortes, vergrößert die Möglichkeiten der Sprache fast unermeßlich, strukturiert das Denken neu […]."[6] Hierbei ist zu berücksichtigen, dass die (wissenschaftliche) Beschäftigung mit ‚verschriftlichten Reden' eigene kulturelle Erzeugnisse gleichermaßen erfordert wie hervorbringt: Der individuelle Schreibakt befasst sich mit bereits Geschriebenem immer schon im Hinblick auf ein erneut schriftlich fixiertes Endprodukt. Der Autor schreibt sich in ein zweifach zu denkendes Kontinuum ein: wörtlich in das vor ihm liegende Material, die Tontafel, das Pergament oder das Tablet und zugleich in den Diskursraum, der immateriell, als sublimes diachrones Zusammenspiel von Skriptoren und Lektoren über viele Jahrhunderte hinweg funktioniert. Doch nur wenn sich die kulturellen Horizonte aufeinander zubewegen bzw. im Idealfall kongruent werden, gelingt die indirekte, schriftliche Kommunikation – nur dann treffen sich die arbeitende Hand des Schreibenden und die sammelnde Hand des Lesers im virtuell-materiellen Ereignisraum von Schriftrolle, Buch oder Bildschirm.[7] Beide Bereiche, der materiell-haptische wie der virtuell-diskursive, konstituieren den Ereignisraum ‚Schrift', doch zumeist wurde nur der letztere Gegenstand literaturwissenschaftlicher und medientheoretischer Arbeiten, sieht man einmal von diversen Studien ab, die sich sogenannten ‚Schreibszenen' und einem dort impliziten Konzept von Zeichenmaterialität widmen.[8]

Ebendiese Materialität und Präsenz, die ‚Fühlbarkeit' der manualen Schreibakte, verweist auf das titelgebende Spannungsverhältnis des vorliegenden Bandes: *Diesseits des Virtuellen* meint mehreres: Zunächst geht es um den Versuch, das Phänomen ‚Handschrift' in seiner Gesamtheit, „seiner Materialität, Positivität und Kontingenz"[9] zu ergründen. Der mehrfältige Begriff des Virtuellen erweist sich hier zum einen als Gegenbegriff einer rein materiellen Lesart, zum anderen aber als Hauptgrund für die Beschäftigung mit Handschrift. Ausgehend von Begriffsetymologie des Virtuellen, der lateinischen *virtus*, einer besonderen, sozial exponierten Tugend eines Menschen, seiner Tapferkeit oder Entschlusskraft, bezeichnet auch die Handschrift eines Verfassers etwas, das als idealisierte Darstellungsform des Individuums, gleichsam abgelöst von dessen Körperlichkeit fortexistiert.[10] Überträgt man einen derartigen, ethisch konnotierten Begriff von Virtualität auf die (Hand-)Schrift, so erweist sich ein simplifizierendes Schriftverständnis, das die ‚Virtuali-

und Instrumentalität (‚Regieführung'). Das zentrale Ergebnis der ersten drei Bände der Reihe, die chronologisch Schreibszenen im Zeitalter der Manuskripte, dann der Typoskripte, schließlich im digitalen Aufschreibesystem untersuchen, lautet in einem kultur- und medienhistorischen Sinne, dass mit zunehmender technischer Vielfalt und damit Medienkonkurrenz die Schreibszenen komplexer werden.[53] Die heutige Schreibszene finde, mit Gilles Deleuze und Félix Guattari gesprochen, innerhalb eines azentrischen Systems ohne General, dem sogenannten ‚Rhizom', statt.[54] Tendenziell bestätigt wird demnach Friedrich Kittlers These, dass ‚instrumentelle Vernunft' und ‚kommunikative' zusammenfallen,[55] oder präziser: dass die Zunahme technisch-materialistischer Vielfalt die Vielfalt kommunikativer Prozesse bedinge. Während hier also der Versuch unternommen wird, eine Kulturgeschichte des Schreibens anhand von einzelnen Schreibszenen aufzuzeigen,[56] geht es im vorliegenden Band um eine multiperspektivische Auffächerung eines kulturellen Phänomens, das die der Kittlerschen Medienphilosophie und wohl auch dem Genealogien-Projekt inhärente Teleologie neu zu akzentuieren vermag: Die Handschrift erfährt, trotz oder vermutlich sogar aufgrund aller technischen Entwicklungen, eine Aufwertung, die es zu erklären gilt. Was die Handschrift an verschiedenen ‚Präsenzversprechen' zu generieren vermag und als epistemische Technik dem Handwerker bietet – Potenziale aus rezeptions- wie produktionstheoretischer Sicht – kann wohl weder durch die Schreibmaschine noch durch den Computer (restlos) substituiert werden.[57] Anders als bei den vorigen Bänden der Reihe finden sich in den Sektionen eins und zwei zahlreiche Beiträge, die sich nicht der Lektüre literarischer Schreibszenen widmen; Literaturgeschichte ist auch Kulturgeschichte, aber Kulturgeschichte, will man den eigenen Textbegriff nicht zu sehr weiten, nicht ausschließlich Literaturgeschichte.

Wo liegen die Kontinuitäten, wo die Diskontinuitäten philologischer Natur, d. h. in der Auslegung von Texten? Im hauptsächlichen Interesse fürs Schreiben als einem stets individuellen ästhetischen Prozess, aus welchem ein einzelner Text entsteht, überschneidet sich das Projekt einer Genealogie des Schreibens derart mit der französischen *critique génétique*, dass jüngere Bände dieser Reihe auf eine Erörterung methodologischer Fragen verzichten – stattdessen wird darauf hingewiesen, man betreibe, so die deutsche Übersetzung, Textgenetik.[58] Die *critique génétique*, die sich zu Beginn der 1970er Jahre in Frankreich formierte und „in blauäugiger Naivität"[59] davon ausging, als Erste die in Manuskripten materialisierten Schreibprozesse von Autoren zu studieren, ist anfänglich voll und ganz ein Kind dieser Zeit – sie richtete sich gegen zentrale Kategorien der Hermeneutik: Sie setzte gegen das definite ‚Werk' einen ‚offenen', ‚dynamischen' Textbegriff und verabschiedete den ‚Autor'.[60] Das Neuartige, das sie gegenüber der älteren Editionsphilologie auszeichnete, war die normative Aufwertung von Notizen, Exzerpten und sämtlichen handschriftlichen Textmaterialien, insofern diese nicht mehr als bloße Vor- und Zwischenstufen einer auf die publizierte Endfassung ausgerichteten Werkgenese begriffen und solcherart eine instrumentell-explikative Funktion verliehen bekamen, sondern nun als einzig habhafte Zeugnisse der *écriture* mindestens gleichrangig wurden.[61] Prägnant resümierend heißt es bei Almuth Grésillon zur *critique génétique*: „Ihre Methode: Untersuchungen zu Form und Verlauf des Schreibens sowie Hypothesen über Schreibprozesse. Ihr Ziel: Literatur als ein Tun, eine Handlung, eine Bewegung."[62] Indem Schreibprozesse untersucht wurden, kehrte für die Textgenetiker in den letzten Jahren der totgesagte Autor zurück, denn welche Instanz sollte schreiben, wenn nicht ein Autorsubjekt, das sich im Akt des Schreibens gleichermaßen konstituiert wie reflektiert?[63] Der Begriff des Textes oder Werkes, verstanden als eine bestimmbare Einheit, bleibt hingegen immer noch aufgehoben, unter anderem daher, da eine Grenze zwischen Vorstufen und ‚endgültigem' Text häufig nur problematisch zu ziehen sei.[64]

Obwohl nun das in der Genealogien-Reihe vorgestellte Modell der ‚Schreibszene' sich dazu eignet, textgenetisch zu verfahren, ist dies nicht zwingend, denn das Modell kann prinzipiell auf zwei verschiedenen Ebenen angewandt werden. Die Schreibszene kann eine genuin literarische oder ästhetische in dem Sinne sein, dass sie eine sprachlich oder anderweitig *ästhetisch repräsentierte* ist; eine literarische oder filmische Figur schreibt (traditionellerweise von Hand, ab dem ausgehenden 19. Jahrhundert auch mit der Schreibmaschine oder noch später mit dem Computer) etwa einen Brief, und vielleicht reflektiert diese Figur sogar sprachliche, technische, körperliche, soziale, politische und noch andere Widerstände und Bedingungen ihres Schreibens, so dass es sich um eine ästhetisch repräsentierte Schreib-Szene handelt. Sodann und basaler lässt sich, wie man präzisierend formulieren könnte, die *primäre Schreibszene* (oder auch Schreib-Szene) analysieren, d. h. diejenige, welcher der publizierte und sodann interpretierte Text seine Entstehung, seine Genese verdankt. Ist die Rede von einer primären Schreibszene bei literarischen Texten sinnfällig, wird dieselbe bei anderen ästhetischen Ver-

plädiert der Band auch, … für eine differenzierte Wahrnehmung der Funktionen und Erscheinungsformen von Handschriftlichkeit in der heutigen Medienlandschaft. Ein Schriftverständnis, das die physische Dimension des Textverkehrs außer Acht lässt und Geschriebenes ausschließleich aus dem zugrunde liegenden Zeichensystem heraus erklärt, es damit unabhängig von der materialen Grundlage zum Gegenstand der Reflexion macht, kann dem Bedeutungsspektrum des Virtuellen nicht gerecht werden. Nähme man diese Position ein, so richtete sich die Textkohärenz vorrangig nach der Syntax des Geschriebenen, dem „Schritt vom Wort zum Satz"[11], der „Sprache aus einem beliebigen Zeichensystem erst zur Sprache macht […]".[12] Von der exakt entgegengesetzten, physisch-haptischen Seite aus betrachtet, konstituiert hingegen erst das Einritzen in ein Schreibmaterial bzw. das Auftragen des Schreibmittels auf eine Oberfläche den Text.[13] Ein zweiter, mindestens ebenso wirkungsmächtiger Aspekt der ‚Virtualität' von Schriftzeichen, den die folgenden Beiträge thematisieren, ereignet sich in der heutigen Medienlandschaft, wo ‚Schrift' zumeist mit ‚Bildschirmschriften', d. h. mit Hypertext, Programmcode oder Schriftarten eines Textverarbeitungssystems identifiziert wird. Sogenannte ‚Cyberspaces' okkupieren und virtualisieren die einstmals gegenständlichen Schreibräume, das Büro bzw. den Schreibtisch: „Cyberspaces such as Internet are closely linked to the spaces and activities of everyday life."[14] Schrift im allgemeinen Sinn, insbesondere aber Handschrift als Emulationsverfahren in der Benutzeroberfläche neuer Medien (etwa die manualen Eingabemethoden eines Touchscreens) ermöglicht die Verbindung von neuen „digitale[n] Datenräume[n] und lebendige[n] Realräume[n]"[15] mit Blick auf neue Formen der Präsenzund Sinnerfahrung. Doch gerade diese Verbindung des technisch avancierten Schreibens mit den ursprünglichsten, direkt an den Körper rückgebundenen Schreibgesten gilt es in ihrer Auswirkung auf die Tätigkeit des Schreibens und den Schreibenden selbst bewusst zu machen. Nur auf diesem Weg wird die Distanz zwischen Mensch und Umwelt als künstlich, weil medial bedingt, erkannt.[16]

Während die ältere Medienforschung den über lange Zeiträume vorherrschenden Dualismus von Oralität und Literalität konstatiert hat, stehen jüngst alternative Dualismen zur Diskussion, wie etwa der Gegensatz zwischen einer (Selbst-)Disziplinierung des Schreibenden und dessen Körperlichkeit als widerspenstiger Kraft,[17] wofür das Geschriebene wiederum mit seiner jeweils eigenen, vom Verfasser letztlich unkontrollierbaren Existenz steht. Die jüngeren Diskussionen um Originalität und geistiges Eigentum zeugen einmal mehr von jener Eigendynamik des schriftlichen Erzeugnisses, das sich – sobald der Stilus, die Feder oder die Tastatur zur Ruhe kommen – der Kontrolle seines Urhebers zu entwinden scheint. Die Vermischung von fremden und eigenen Gedanken, die im konkreten Schreibvollzug schon immer erbracht wurde, ist erst seit dem Spätmittelalter auf ein stark normatives Originalitätsbestreben hin entworfen, das die Ausgabe des Fremden als Eigenes als ‚Regelverstoß' erscheinen lässt.[18]

(Hand-)Schrift als das Phänomen eines menschlichen ‚Ausdrucks' ist außerdem ideen- und begriffsgeschichtlich deutbar, wie dies beispielhaft für das Lemma ‚Abdruck' geleistet wurde.[19] Wie stark sich das Handgeschriebene – gerade auch in der wissenschaftlichen Reflexion – von seinen materialen Ausgangsbedingungen entfernt hat, zeigt sich in der neueren Theoriebildung des vergangenen Jahrhunderts. Jacques Derrida insistiert auf der jedweder Diskussion über Schrift immanenten Dichotomisierung in eine ‚gute' und eine ‚schlechte' Schrift: zum einen die der menschlichen Seele „eingeschriebene göttliche Schrift"[20], zum anderen die ‚profane' Technik zu deren Fixierung, die auf das Äußerliche, Körperliche übertragen und damit vom ‚Eigentlichen' abgegrenzt wird. Das – nach Derridas Begrifflichkeit – logozentrische Denksystem, das seine materiale Seite negiert, kann sich weder seiner Fundamente noch seiner Teleologie vergewissern. Dies wäre aber unabdingbar, wenn die Schrift erhabene Funktionen, etwa die Überlieferung des ‚kulturellen Gedächtnisses', implementieren soll.[21] Zwar sind die avantgardistischen Thesen einer universalen Digitalisierung menschlichen Schrifttums aus den frühen 90er Jahren des vergangenen Jahrhunderts längst im Begriff, Wirklichkeit zu werden,[22] doch geschah und geschieht dies anders, als vermutet: Die prophezeite „Fortsetzung des voralphabetischen Bildermachens und des alphabetischen Textemachens"[23] hat sich in seiner Leistung und Suggestivkraft als nicht überzeugend erwiesen.

Der Skopus dessen, was noch zur handschriftlichen Ausdrucksform gerechnet wird, variiert je nach gewähltem Untersuchungsschwerpunkt. Inzwischen sind damit oft Formen der Wissens- und Textproduktion angesprochen, die nicht nur das Schreiben am Schreibtisch im Code des griechisch-lateinischen Alphabets meinen. So mag man etwa an Friedrich Kittlers These vom letzten historischen Schreibakt vor dem Transit in das digitale Zeitalter denken, der darin besteht, dass Intel-Ingenieure Ende der 1960er Jahre unter der Leitung von Dr. Marcian E. Hoff die Blaupausen zum ersten integrierten Mikroprozessor auf Zeichenpapier in leergeräumten Garagenböden in Santa Clara verfasst[24] und damit das Zeitalter der rekursiven Autopoiesis digitaler Schriftbestände eingeleitet haben. Über Handschrift am Beginn des 21. Jahrhunderts zu handeln, kann lediglich bedeuten, über eine Schreibtechnik unter vielen anderen (vornehmlich digitalen) zu sprechen.[25] Diese Situation rührt daher, dass der Prozess der Ausdifferenzierung medialer Schriftverarbeitungsformen keineswegs als abgeschlossen betrachtet werden kann.

Eine Beschäftigung mit den Modi und Erscheinungsweisen, den Praktiken sowie den Resultaten handschriftlichen Ausdrucks ist somit im Rahmen einer umfassenden Diskussion der Phänomene ‚Schrift' bzw. ‚Schriftkultur' unerlässlich. Ähnlich der an sich verwunderlichen Persistenz oraler Ausdrucksformen und -praktiken im Zeitalter noch undifferenzierter Schriftlichkeit, steht auch dem Schreiben von Hand im ‚digitalen Zeitalter' kein schnelles Ende bevor.[26] Seit den Thesen Marshall McLuhans aus den 1960er Jahren ist man zusehends von einer Verabsolutierung der ‚neuen Medien' abgerückt. Gerade

Schreiben eines filmenden Regisseurs oder malenden Künstlers sprechen können. Besonders aufschlussreich mag eine Kombination beider Ebenen sein – man analysiert etwa zunächst ‚textimmanent' eine repräsentierte Schreibszene und zieht, dann textgenetisch verfahrend, das Manuskript (oder Typoskript) hinzu, um die Befunde schließlich in Beziehung zu setzen. In der dritten Sektion unseres Bandes finden sich Lektüren, die sich weitgehend auf die Ebene der ästhetisch-literarischen Repräsentation konzentrieren (Büttner, Schmitz-Emans und Schneeweiss), aber auch solche, die die primäre Schreibszene einbeziehen (Gotterbarm, Haubenreich, Janicki, Zanetti).

Der Trend zur Herausgabe faksimilierter Handschriften, gerade im Rahmen historisch-kritischer Ausgaben – man denke an die *Innsbrucker Ausgabe* der Werke von Georg Trakl und die *Franz-Kafka-Ausgabe*, beide bei Stroemfeld – fußt auf der plausiblen, auch im vorliegenden Band repräsentierten Annahme, dass dem Schriftbild einer Handschrift ein besonderer Ausdruckswert eignet, der sich vom Schriftbild einer maschinellen, d. h. immer schon mit standardisierten Typen operierenden Schrift unterscheidet.[65] Doch so plausibel diese Annahme ist, die Literaturwissenschaft harrt noch einer konsistenten Methode, diesen interpretativ zu erschließen, womöglich, weil sie sich für den Gegenstand in dieser Dimension nicht zuständig sieht.[66] Umgekehrt ist die Graphologie, die sich traditionell diesem Ausdruckswert widmete und eine Methode zur Bestimmung des Ausdruckswerts besitzt,[67] aufgrund von simplifizierenden Ableitungen des Charakters einer Person aus diesem Ausdruckswert wissenschaftlich zu Recht desavouiert. Sybille Krämers Arbeiten weisen den Weg zu einem tragfähigen Begriff von ‚Schriftbildlichkeit', den sich auch die Philologien aneignen könnten,[68] doch bliebe es in der besonderen Zuständigkeit letzterer, diesen Begriff für die Auslegung von Texten dann auch zu operationalisieren. Dieses Desiderat wird unseres Wissens auch nicht von der *critique génétique* hinreichend beantwortet, sieht man einmal von Vorschlägen zur Unterscheidung von prozess- oder eher ergebnisorientierten Schreibweisen (im Spektrum zwischen ‚Papier'- und ‚Kopfarbeiter') ab. Textgenetische Interpretationen konzentrieren sich doch zumeist auf die Rekonstruktion des Schreib*prozesses*, d. h. die *chronologische* Ordnung verschiedener Prätexte zu einer Genese, und für diese Arbeit wie für die Interpretation der Befunde ist es systematisch nicht notwendig, das Schriftbild als synoptisch und simultan sich zeigendes Bild mit einem jenseits sprachlicher Semantik sich erschließenden ikonischen Sinnpotenzial einzubeziehen.[69]

***

Die Sektion *Systematisierungen* versammelt Beiträge, die das Phänomen Handschrift ganz grundsätzlich in den Blick nehmen und es etwa als Ausdruckspraxis, als Medium zum Wissensdesign oder aber als Ausgangs- und Endpunkt moderner Datenverarbeitung bestimmen. Handschrift zeigt sich dabei als Medium des Übergangs sowohl vom Manuskript hin zur digitalen Datenverarbeitung als auch – entgegengesetzt – als Möglichkeit der Rückkehr von der anonymisierten Textverarbeitung zum ‚persönlichen' Ausdruck an der Benutzeroberfläche bzw. in den Tiefen des Systemcodes. *Mark A. Halawa* und *Klaus Sachs-Hombach* zeigen mit ihrem Beitrag, wie grundsätzlich Handschrift als Lebenspraxis und Ausdrucksform im menschlichen Dasein verankert ist. Sie transzendiert, ausgehend von ihren operationalisierbaren Schriftzeichen, den semantischen Gehalt ihrer Aussagen und formiert eine Einheit von Diskursivität und Ikonizität und damit einen „ästhetischen Eigencharakter", einen Raum der Präsenz, einen Abdruck des Körpers des Schreibers. Die Autoren legen einen besonderen Akzent auf den Performanzcharakter der Handschrift, wie er beispielsweise bei Vertragsunterzeichnungen oder im Schreiben von Briefen auftritt. *Till A. Heilmann* erläutert die intrikate Wechselwirkung von Handschrift und typographischem Textbild im Hinblick auf digitale Abbildungs- und Übertragungsverfahren. Die infinite Reproduktion analoger Schreibgesten im digitalen Medium lässt stets einen unhintergehbaren ‚Zeichenrest' zurück, der nicht in den Prozess der Datenverarbeitung integriert werden kann. Auf diesem Wege gewinnt Handschrift ihre idealtypische Form, die sich von der ursprünglich materialen Wirklichkeit entkoppelt. Beleuchtet wird neben dem systematisch-technischen Aspekt auch die historische Entwicklung jener Perfektibilität des Schreibakts, an deren (vorläufigem) Ende wir heute stehen. *Oliver Ruf* demonstriert anhand der aktuellen Smartphone- bzw. Tablet-Eingabetechnik *Swype* die Persistenz des ‚gestischen' Schreibakts in den modernen Medien. Das Wischen, Drehen und Drücken auf einem LCD-Display ist aufgrund der haptischen Rückkoppelung mit dem Schreiben von Hand aufgrund des direkten Kontakts mit dem Speicher-/Anzeigemedium vergleichbar. Diese ‚Poetizität' der Bildschirmeingaben knüpft medientheoretisch an die etablierte Auffassung an, (Schreib-)Medien seien ‚extension of the man' (Marshall McLuhan). In ihrer Multifunktionalität erweisen sich digitale Schreibgesten dem einstigen Federkiel als ebenbürtig. Der Beitrag von *Marc Seiffarth* erörtert die grundsätzlich bellizistische Logik in Schreibvorgängen digitaler und manualer Art, die bei der Frage nach der Herkunft von Software ihren vorläufigen Endpunkt findet. Das aggressiv-erotische Verhältnis des schreibenden Subjekts zu sich selbst und zum Medium wird in der heutigen Zeit, in der die Sicherheit von Datenbeständen zur Disposition steht, besonders virulent. Während der (Hand-)Schreiber sein Gerät noch direkt steuert, ist die Kompetenz der Computerkontrolle inzwischen an Experten delegiert, die im ‚Text' der Maschinen, im Quellcode der Programme, jeweils ihre eigene ‚Handschrift' dem kundigen Leser offenbaren bzw. verschleiern und damit die Welt des Benutzers maßgeblich bestimmen.

In der Sektion *Praktiken* sind Einzelstudien versammelt, die Handschrift im gesellschaftlich-praxeologischen Kontext verorten und ihren historischen und aktuellen Stellenwert in anderen medialen Kontexten nachzeichnen. So findet sich Handschrift in den verschiedensten, teils historischen Verwendungszusammenhängen, u. a. der Forensik und Graphologie, als Ausgangspunkt für die Entwicklung der Stenographie …

Haltung. Besondere Bedeutung kommt ihr vor allem bei kreativen Prozessen zu. Das Schreiben von Hand kennzeichnet ein gesteigerter Bezug zur eigenen Körperlichkeit im Sinne einer bewussten (Selbst-)Erziehung zu umfassender Körperbeherrschung. Im Verbund mit anderen Formen der Selbstsorge (Diätetik, Stimulanzien, Arbeitsrhythmus, bevorzugter Aufenthalt) rückt das Schreiben damit in eine ‚Ästhetik der Existenz' ein.[35]

Darüber hinaus setzt die Technik der Handschrift ein spezifisches Wissen voraus. Dabei handelt es sich vor allem um ein praktisches Wissen, das nur durch Übung angeeignet werden kann und nicht auf propositionales Wissen (eine ‚Gebrauchsanweisung' für den Stift) reduzierbar ist.[36] So erwirbt, wer regelmäßig schreibt, allmählich ein praktisches Wissen von der richtigen Beschaffenheit des Papiers, einer geeigneten Härte der Bleistiftmine oder einer angenehmen Breite der Füllerspitze. Wer von Hand schreibt, scheint demnach für die materielle Realisierung der Schrift immer schon eine höhere Aufmerksamkeit entwickeln zu müssen.[37]

Die Entscheidung für Handschriftlichkeit ist immer auch eine Entscheidung gegen andere Schreibmedien. Somit stellt die Entscheidung auch immer eine Stellungnahme zu den Machtverhältnissen der herrschenden Mediendispositive dar. Das Arrangement der Schreibsituation eröffnet jeweils einen besonderen operationalen und epistemischen Raum, der die Produktion befördert oder behindert. Die Freiheit, die das weiße Blatt bietet, kann sich dabei als Angst vor der Unauslöschlichkeit der Schrift bis zur Schreibblockade steigern.[38] Sie kann aber auch als Abstand zur publizierten Fassung erfahren werden, der es erlaubt den technischen Vorgaben der Textverarbeitung zu entgehen, den Stift anders zu führen, den Raum des Untergrunds frei zu nutzen und ins Zeichnen überzugehen.[39]

Manche *Werke* sind darauf angelegt, handschriftlich gelesen zu werden, andere nicht. Eine absichtsvolle Inszenierung der Handschrift verweist genauso wie unabsichtliche Spuren auf die Subjektivität ihres Schreibers oder ihrer Schreiberin.[40] Wer bewusst für andere mit der Hand schreibt, setzt sich in Bezug zu Vorstellungen von ‚Geistgemeinschaft'. Diese können, indem der individuelle Ausdruck zurückgenommen wird, dem Eindruck von Sinnpräsenz des Wortes in der Schrift vorarbeiten. Umgekehrt aber kann der spezifische Körperausdruck eines Autors auch auf eine Nähe oder gar die Anwesenheit des Autors in der Materialisation seiner Worte hinzielen. Jedes Manuskript lässt sich aber auch mit einer Hermeneutik des Verdachts untersuchen. Der Leser kann die Inszenierung auf ihre Glaubwürdigkeit prüfen oder nachforschen, was das Schriftstück unbeabsichtigterweise preisgibt. Etwa in Form von Streichungen, anderen Textzeugen am Rand oder auf der Rückseite, dem Wechseln der Papiersorte oder des Schreibgeräts verrät manche Handschrift ihren Entstehungsprozess.[41] Sekundäre Eintragungen oder Flecken geben oft Auskünfte über Verwendungs- und Überlieferungszusammenhänge des Schriftstücks.

Das Wissen eines Manuskripts ist daher in seinem Informationsüberschuss gegenüber dem Druck zu suchen. Das Schriftbild gewinnt seinen Erkenntniswert im Wechselspiel von konventionalisierten Buchstaben und ihrer individueller Gestaltung.[42] Entweder werden diese beiden Dimensionen tendenziell enggeführt oder laufen im Gegenteil auseinander. Im ersten Fall verstärken sich beide Dimensionen wechselseitig zu einer ästhetischen Einheit von Geist und Körper, Inhalt und Form. Im anderen Fall ‚überschreibt' die Handschrift den Buchstabengehalt und gewinnt dabei Qualitäten eines eigenen Zeichensystems, das erst entschlüsselt werden muss.

Im Kampf mit dem Schreibmaterial lassen sich Machtaspekte in Manuskripten suchen. Sicherlich lässt sich der Gegenstand eines Textes nicht allein aus seinen medialen Voraussetzungen ableiten, dennoch arbeitet das Material oft mit. Schlechte Stifte oder die Begrenztheit des Schreibgrundes haben manchem Text ein schnelles Ende beschert. Manchmal haben sie das Schreiben unter widrigen Bedingungen aber auch erst ermöglicht. In einigen Fällen kann auch der ‚Weg' auf dem Papier mit dem Handlungsgang einer Geschichte zusammenspielen. Bei Franz Kafka etwa wird der begrenzte Raum der Manuskriptseiten im *Schloß*-Roman so genutzt, dass bruchlos nach einem voll beschriebenen Blatt auf dem nächsten mit einer neuen Erzählung (*Erstes Leid*) begonnen wird. Der Text drängt sich am Blattende immer dichter zusammen und mit dem Übertritt in die neue Handlung wechselt die Handschrift auf die nächste Seite.[43]

Jeder Schriftzug, der nach Handschrift aussieht, verweist in der *Rezeption* deutlicher auf die Singularität seiner Autorschaft als jede Reproduktion, selbst wenn es sich um ein Faksimile handelt. Von daher kommt Handschriftlichkeit im Rahmen der Inszenierung von Autorschaft, und über die Literatur hinaus als Form der Identitätspolitik, eine wichtige Rolle zu. Dabei lassen sich drei Anwendungsweisen heuristisch trennen, die sich in der Wirklichkeit meist mehr oder weniger verbinden.[44] Handschrift knüpft bestimmte Textzeugen an einen bestimmten Verfasser oder eine bestimmte Verfasserin, da sich die spezifische Subjektivität im schriftlichen Ausdruck niederschlägt. Von daher kommt ihr ein zentraler Stellenwert bei *Authentifizierungs-* und *Beglaubigungspraxen* zu. Hierhin gehören nicht nur das generelle Bestehen auf einer Unterschrift von Hand als standardisiertem Identitätsausweis,[45] sondern auch das Erlernen von Handschrift in der Schule, oder die in unserem kulturellen Verständnis verankerte Vorstellung, dass ein Liebesbrief von Hand geschrieben sein müsse. Weiter kommt Handschrift eine zentrale Rolle bei der Markierung von Besitz und der Konstitution von *Markenidentitäten* zu. So wird technisch gefertigten Massenprodukten oft auf der Verpackung ein handschriftlich wirkender Namenszug des Herstellers aufgedruckt. Der Namenszug soll die Ursprünglichkeit der Fertigung suggerieren und das Produkt als ‚so gut wie hausgemacht' verkaufen. Der Einsatz von Handschrift dient dazu, die Qualität des Produktes sichtbar werden zu lassen, indem sie auf ein einzigartiges Wissen um die originalgetreue Produktion verweist, das der Hersteller für sich allein beansprucht. Zuletzt nimmt Handschriftlichkeit eine zentrale Rolle in Praxen der *Produzenteninszenierung* ein. Es geht dabei um Fragen der Diskursmacht. In gewisser Weise handelt es sich dabei um die Inszenierung der Markenidentität, jedoch richtet sich der Fokus unter diesem Gesichtspunkt nicht auf das Produkt, sondern auf den Produzenten oder die Produzentin.[46] Der indexikalische Charakter von Handschriftlichkeit soll hier als medialer Effekt Formen der Selbstbeschreibung intensivieren. Alltäglich

Schreiben von Hand charakterisierte Darstellung des ‚idealen Schreibaktes' auf deren poetologische Formationskraft für das Oeuvre Gert Jonkes. Ausgehend von der Evokation eines gleichsam in seiner eigenen Medialität und Prozessualität aufgehenden Schreibflusses visiert Jonke anhand aktualisierter Positionen romantischer Musik- und Produktionsästhetik einen im Imaginären angesiedelten Ort der Sprache als utopischen Fluchtpunkt seiner Poetik an, an welchem der instrumentelle Faktor semiotisch-begrifflicher Vermittlung suspendiert ist. Dabei zeigt sich, dass das durch die Korrelation von *Schreib-Szene* und Musikpoetik postulierte Schreibideal zwar einerseits jederzeit in die Dystopie umschlagen kann und zudem im Widerspruch zu Jonkes empirischer Schreibpraxis zu stehen scheint, jedoch andererseits auf der Diskursebene der Texte in einem Akt der musikopoetischen Rekonstruktion wieder hereingeholt wird. *Sandro Zanetti* schließlich zeigt am Beispiel von Heiner Müllers Gedicht *Das Ende der Handschrift*, wie sich die Befindlichkeit des Schreibenden auf das jeweilige Schreibmedium auswirken kann. Anhand manueller Korrekturen, Einklammerungen und Ergänzungen, die das typographische Textbild unterlaufen, zeigt sich gleichermaßen Entfremdung wie Verbundenheit zum Medium. Die Distanz, die der Autor im Typoskript gegenüber seinem eigenen Text einnimmt, die erklärte Absicht dem ‚Schreibzwang' der Hand zu widerstehen, wird gerade durch das Phänomen des handschriftlich redigierten Typoskripts konterkariert. Eine derartige ‚Poetik der Handschrift' definiert sich wesentlich durch das Wechselspiel von Präsenz und Absenz des Autors, das ‚Anwesend-Sein' des eigentlich aus dem Text vertriebenen Schreibsubjekts.

***

Der vorliegende Band versammelt die Ergebnisse einer Tagung, die vom 5. bis 7. Oktober 2012 an der Eberhard Karls Universität Tübingen im Rahmen der Tübinger Graduiertenakademie stattgefunden hat und von ebendieser finanziert wurde. Wir danken der Universität für die großzügige Förderung, ebenso dem Forum Scientiarum und seinem Leiter Dr. Niels Weidtmann für die Möglichkeit, unsere Tagung an einem nicht nur geographisch exponierten Ort veranstalten zu können. Die Firma Lamy stellte für alle Beteiligten großzügig professionelles Schreibgerät zur Verfügung. Erst durch die hilfreichen Hinweise und die organisatorische Unterstützung von Herrn Professor Dr. Georg Braungart konnte unser Projekt zum Erfolg werden. Die Veröffentlichung der Tagungsbeiträge ermöglicht uns die freundliche Zuwendung der Geschwister Boehringer Ingelheim Stiftung für Geisteswissenschaften. Wir freuen uns über die Aufnahme des Bandes in die Reihe ‚Zur Genealogie des Schreibens'. Zu danken ist schließlich Herrn Luigi Serafini für die Erlaubnis, ein Motiv seines *Codex Seraphinianus* als Titelcover dieses Buches zu verwenden.

Tübingen und Hannover, im Sommer 2014 *Die Herausgeber*

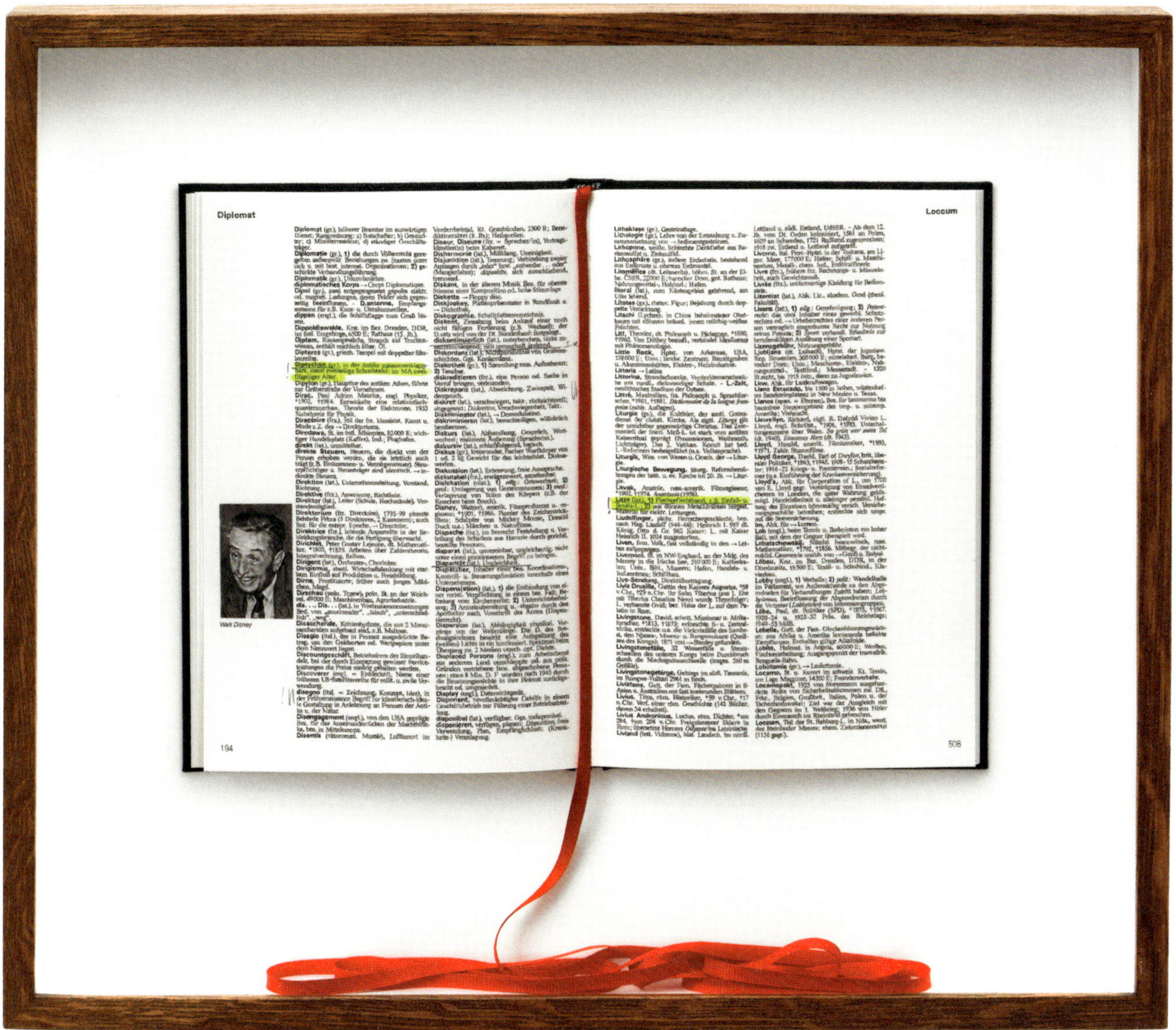

Diptychon (Mona Litza)

2021

Bleistift, Tusche und überlanges Lesezeichenband in Skizzenbuch.
Pencil, China ink and extra long bookmark ribbon on sketchbook,
30 × 21 × 2.5 cm.

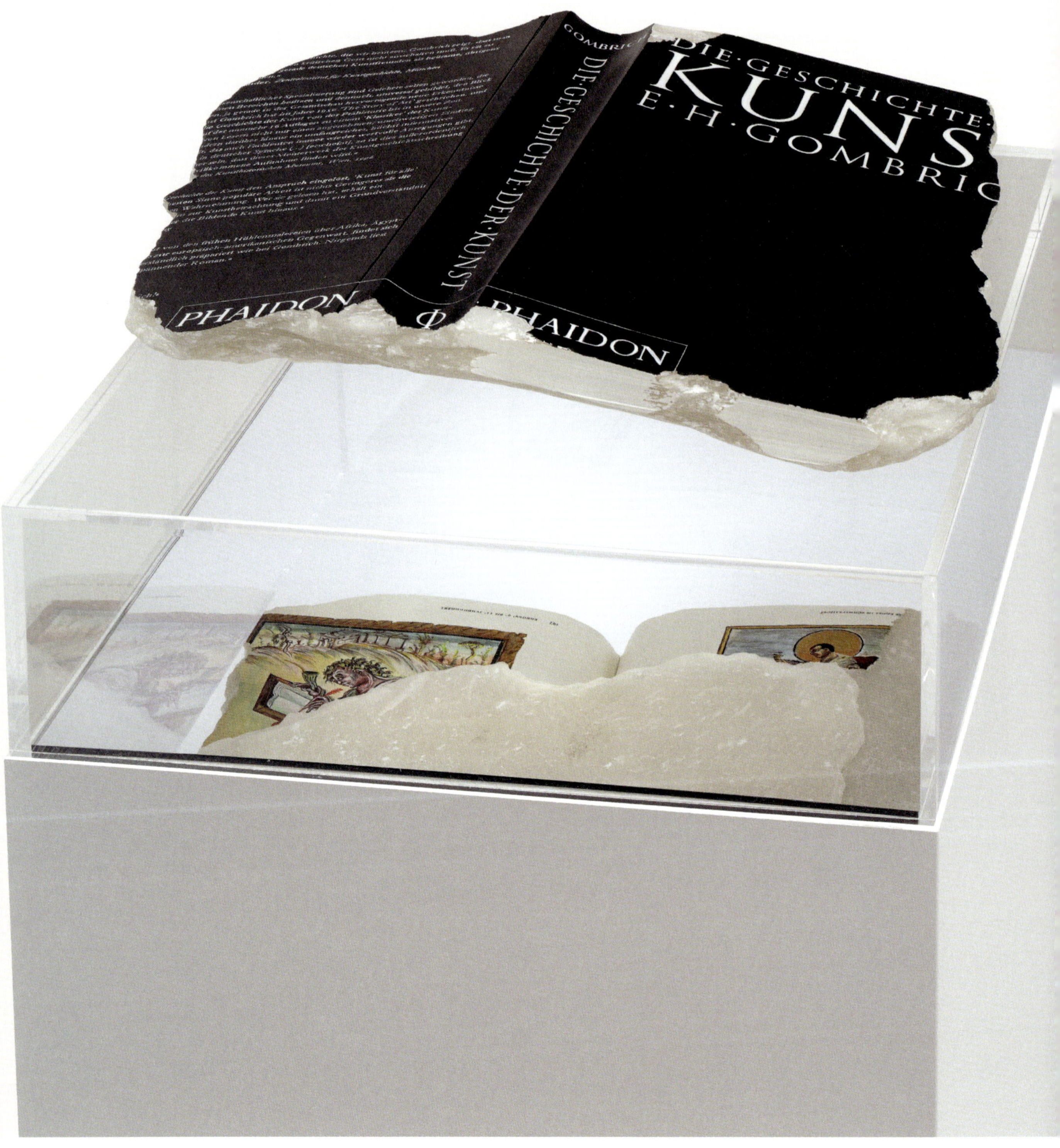

Vermutlich in Berlin gemalt

2018

Tusche, Acryl, Lack auf Speckstein, Acrylglas.
China ink, acrylic and varnish on soapstone, acrylic glass, 32.5 × 24 × 17 cm.

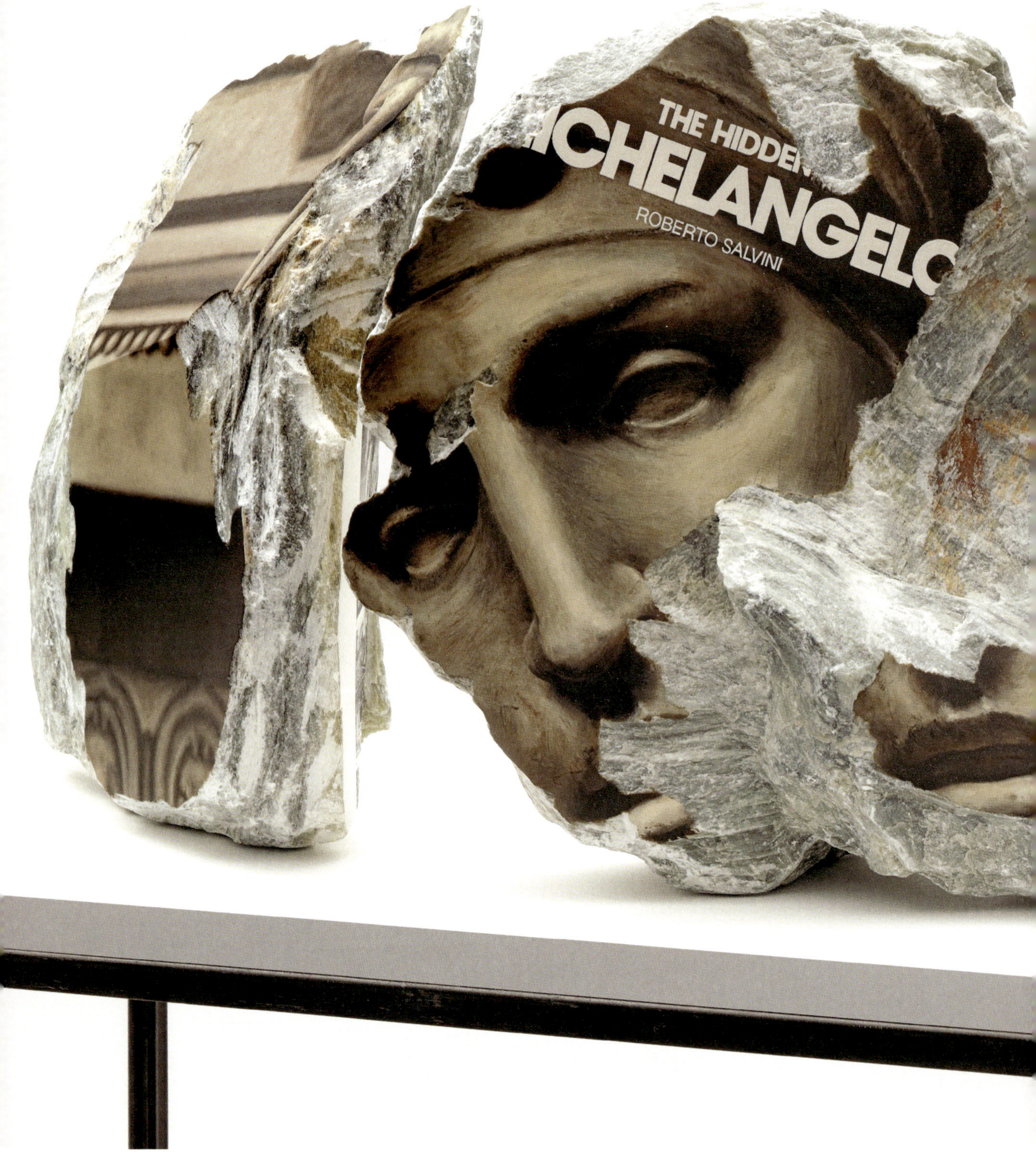
THE HIDDEN
CHELANGELO
ROBERTO SALVINI

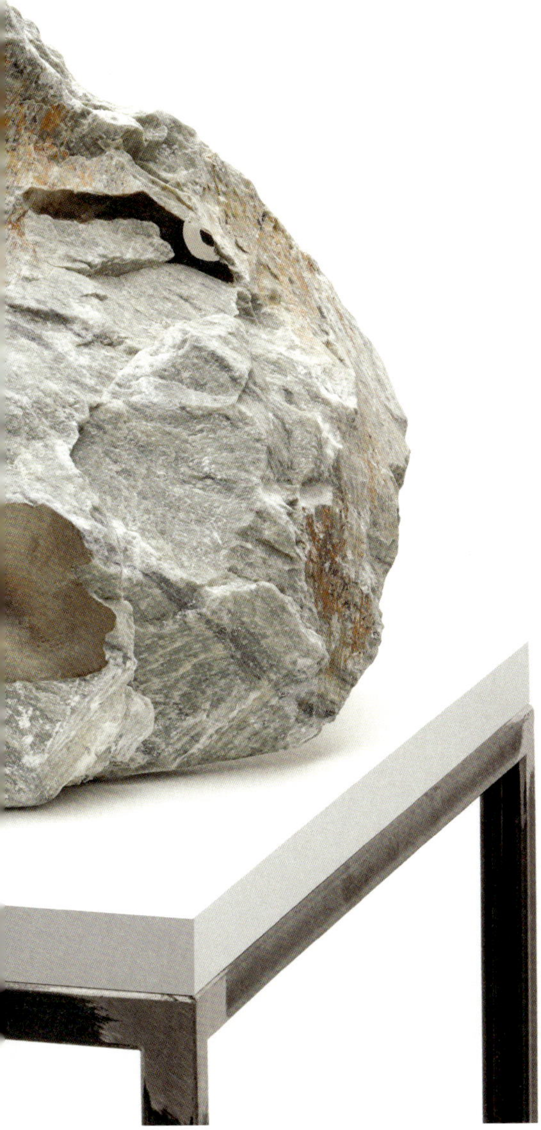

Hidden Michelangelo (Back view pp. 66–67)

2019

Öl, Tusche, Bleistift, Farbstift, Lack auf Speckstein.
Oil, China ink, pencil, crayon and varnish on soapstone, 58 × 33.5 × 37 cm.

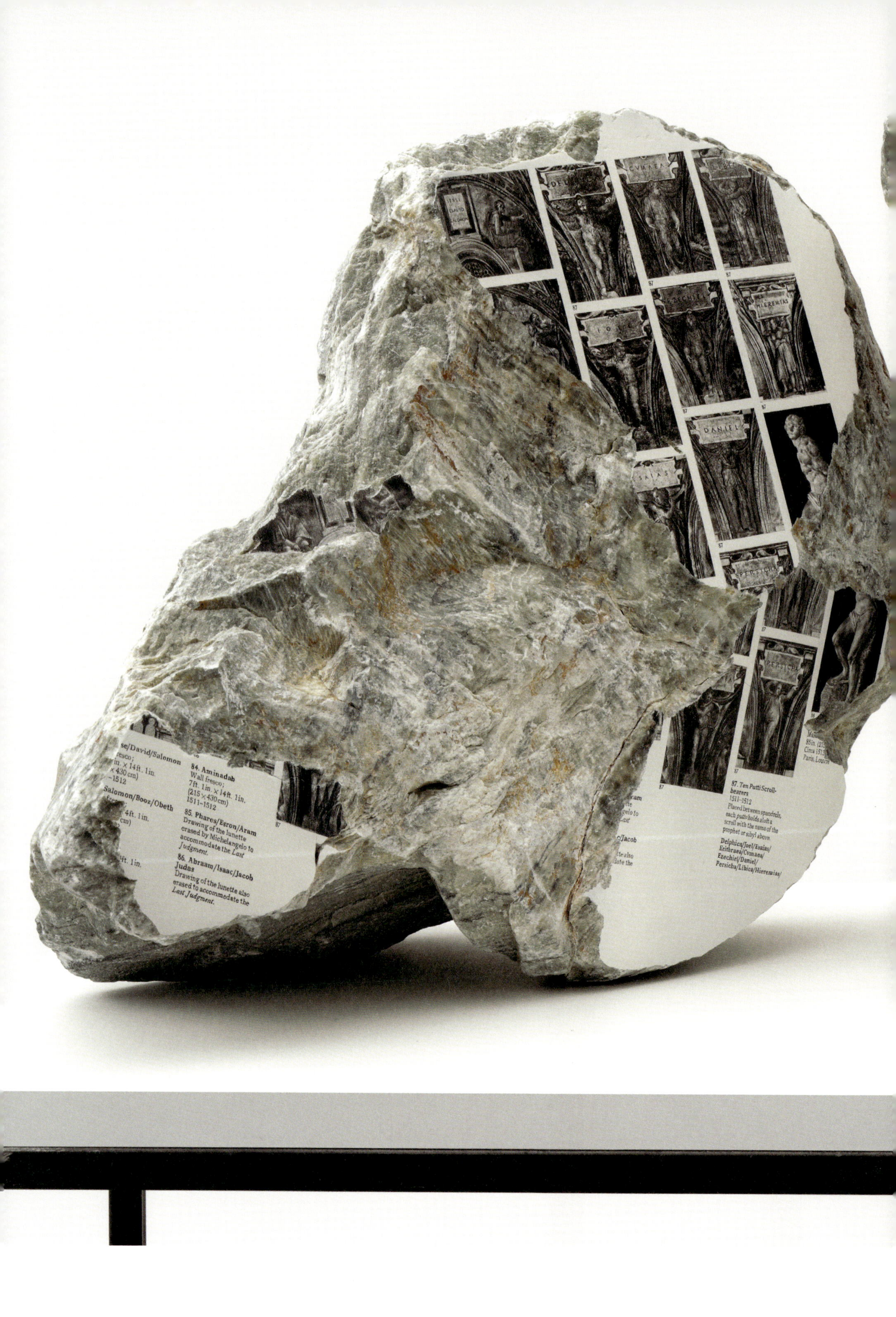

84. Aminadab
Wall fresco;
7ft. 1in. × 14ft. 1in.
(215 × 430 cm)
1511–1512
85. Phares/Esron/Aram
Drawing of the lunette
erased by Michelangelo to
accommodate the Last
Judgment.
86. Abraam/Isaac/Jacob
Judas
Drawing of the lunette also
erased to accommodate the
Last Judgment.
Salomon/Booz/Obeth
87. Ten Putti Scroll-
bearers
1511–1512
Placed between spandrels,
each putti holds aloft a
scroll with the name of the
prophet or sibyl above.
Delphica/Joel/Esaias/
Erithraea/Cvmaea/
Ezechiel/Daniel/
Persicha/Libica/Hieremias/
DANIEL
HIEREMIAS

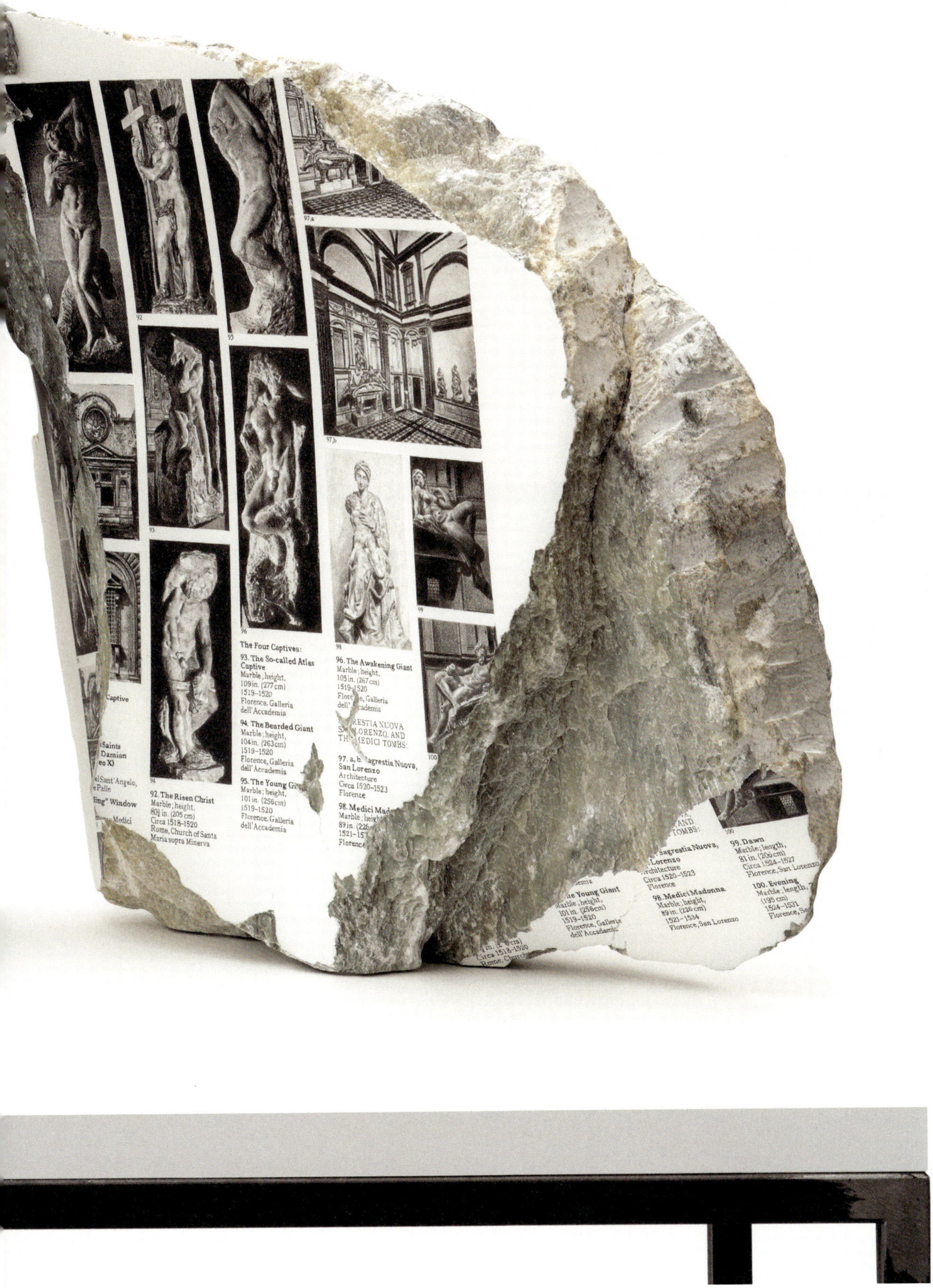
The Four Captives:
93. The So-called Atlas Captive
Marble; height, 109 in. (277 cm)
1519–1520
Florence, Galleria dell'Accademia
94. The Bearded Giant
Marble; height, 104 in. (263 cm)
1519–1520
Florence, Galleria dell'Accademia
92. The Risen Christ
Marble; height, 80½ in. (205 cm)
Circa 1518–1520
Rome, Church of Santa Maria sopra Minerva
96. The Awakening Giant
Marble; height, 105 in. (267 cm)
97. a, b. Sagrestia Nuova, San Lorenzo
Architecture
Circa 1520–1523
Florence
99. Dawn
Marble; length, 81 in. (206 cm)
Circa 1524–1527
Florence, San Lorenzo
98. Medici Madonna
Marble; height, 89 in. (226 cm)
1521–1534
Florence, San Lorenzo

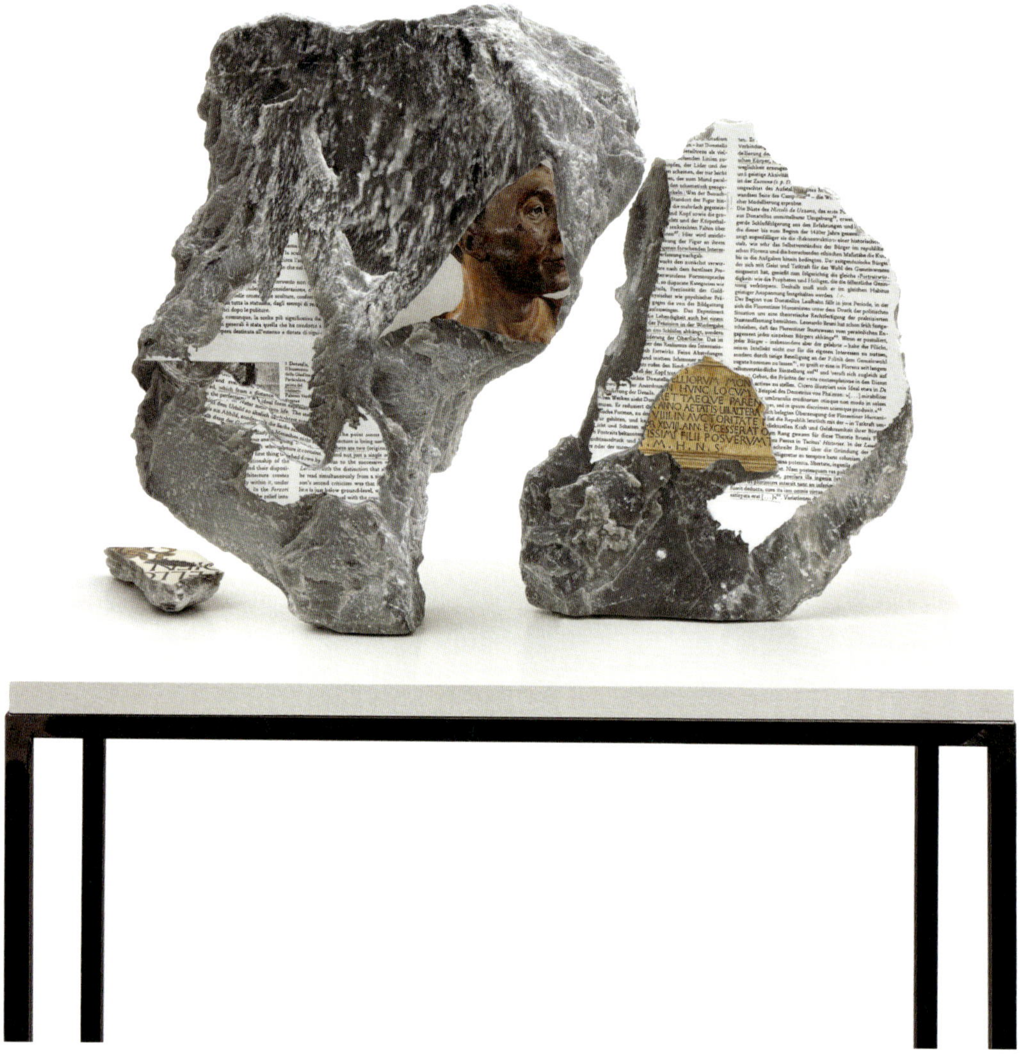

Von Don	Bleistift, Tusche, Acryl, Lack auf Speckstein.
Pencil, China ink, acrylic and varnish on soapstone, 51 × 39.5 × 18 cm.
2020

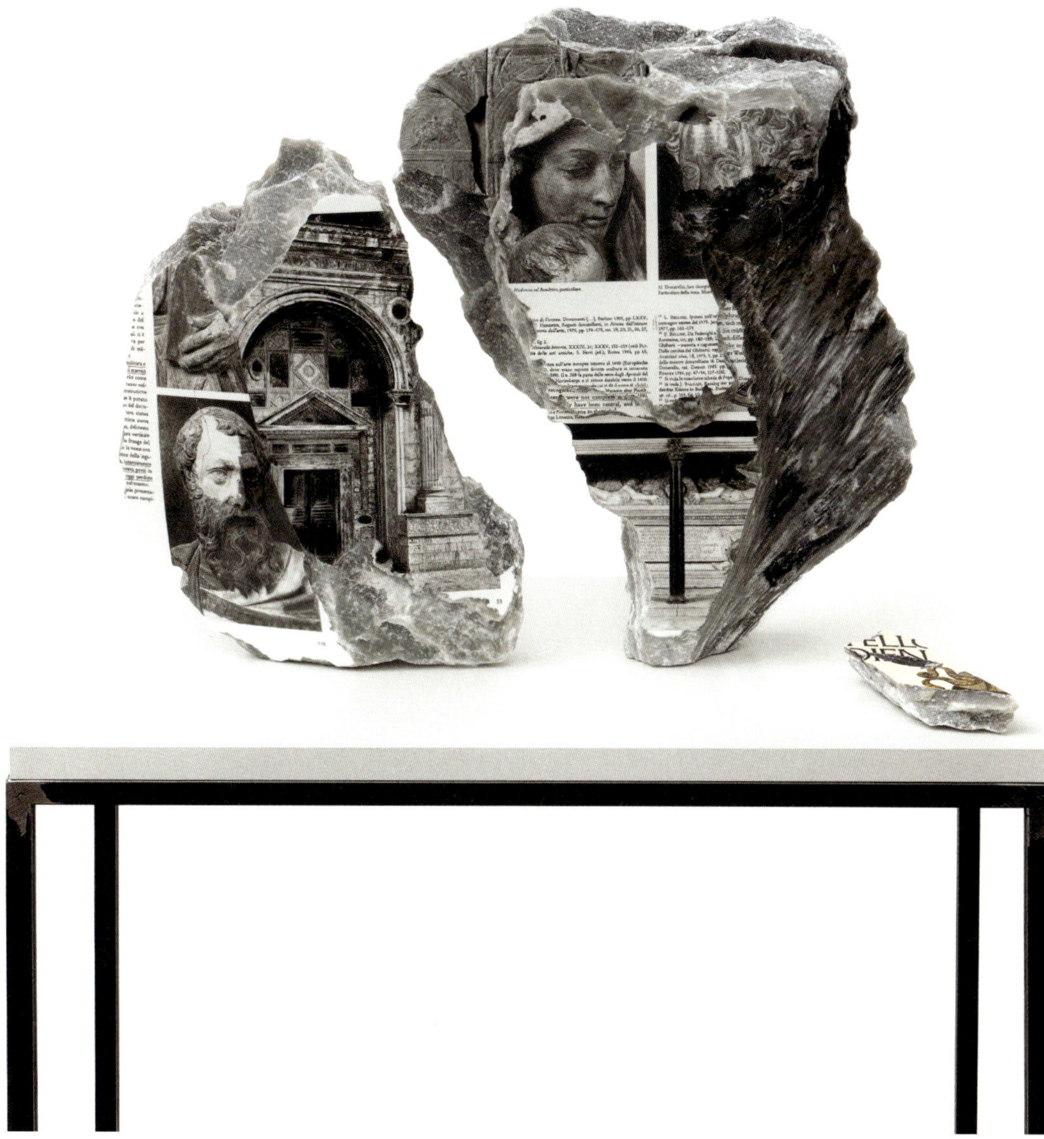

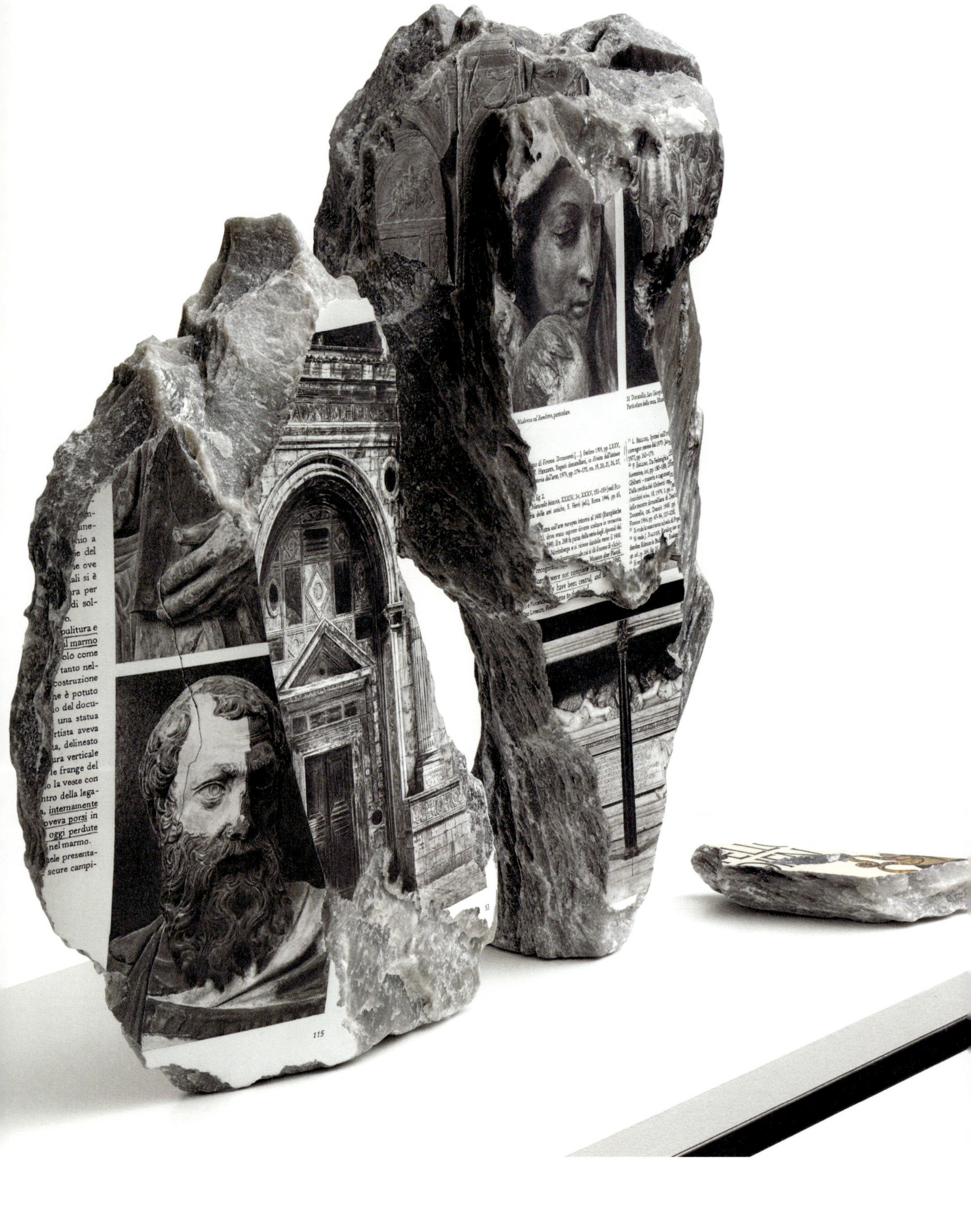

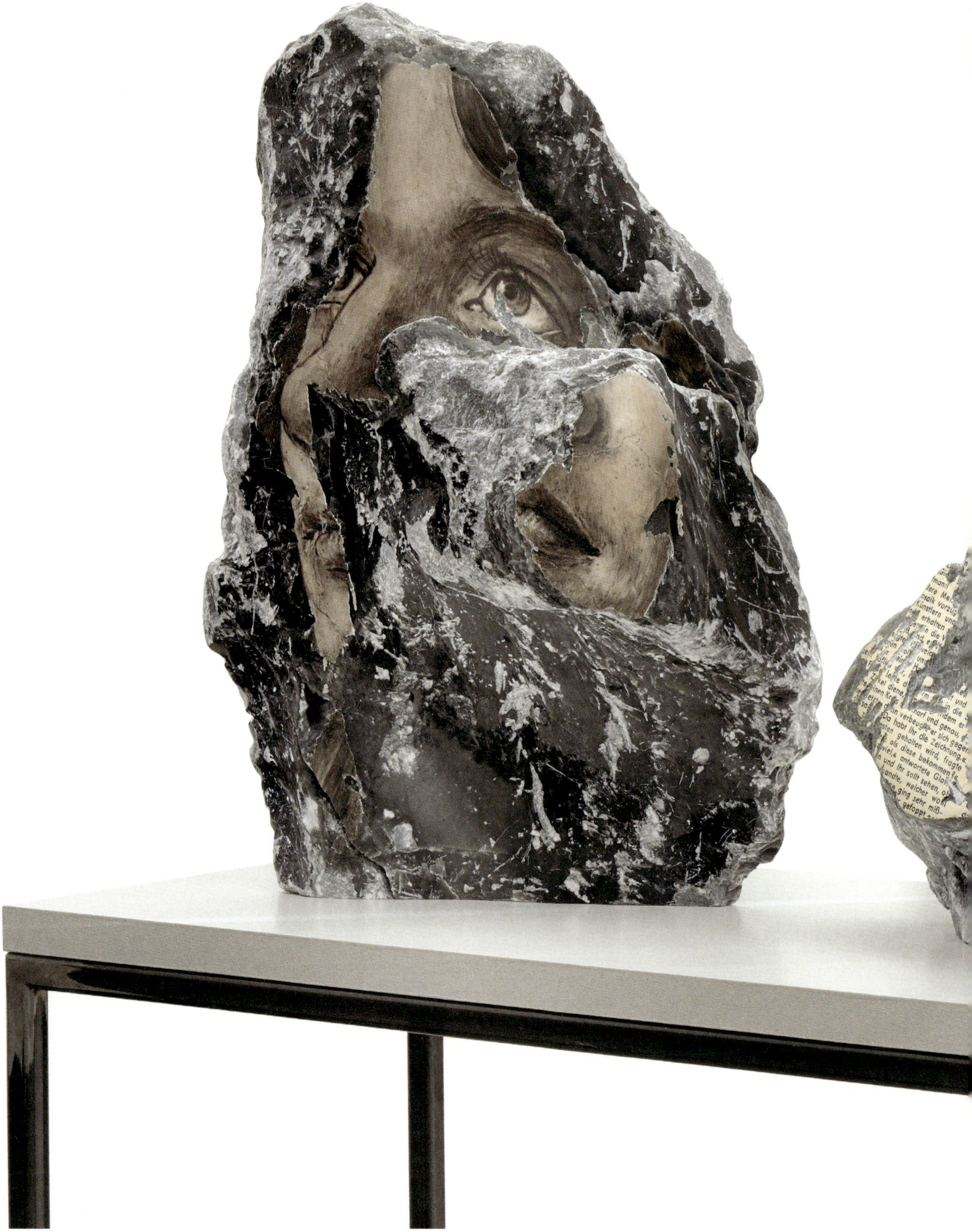

Fruehre

2020

Bleistift, Tusche, Acryl, Lack auf Speckstein.
Pencil, China ink, acrylic and varnish on soapstone, 30 × 50 × 20 cm.

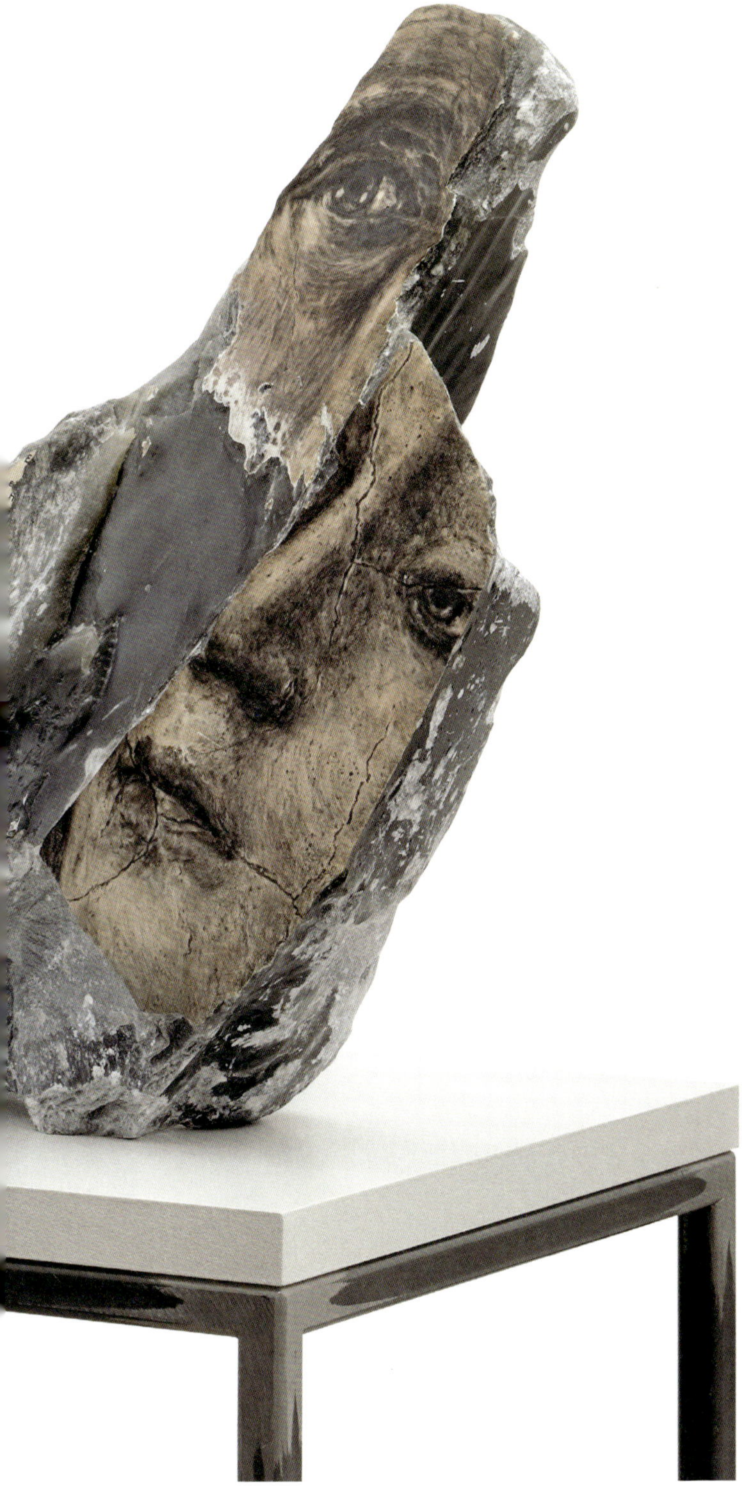

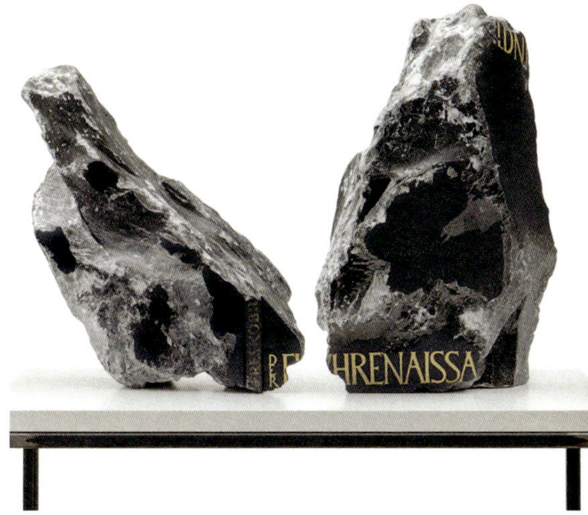

Reclam

Ausgangspunkt dieser Werkserie waren fünf Exemplare der orange editierten zweisprachigen Reclam-Ausgabe.

Es handelt sich jeweils um ein Paar aus einem Reclam-Stein und einer (doppelseitigen) Zeichnung. Die Steine sollen hier auch an archäologische Fundstücke erinnern – was durch die Aktualität der Reclam-Bücher oder auch durch ein scheinbares Post-it in einem der Bücher natürlich ad absurdum geführt wird. Die Splitter steinerner Reclam-Hefte werden ihre papiernen Vorbilder überdauern, sich aber niemals lesen lassen. Die Idee der Texte ist jedoch immanent im Stein anwesend, auch wenn man das Buch nicht mehr aufschlagen kann. Wenn ich also Steine verwende und auf ihrer Oberfläche malerisch und zeichnerisch ein Buchcover simuliere, passiert ein Buch nur noch als denkbar.

Die dazugehörigen Zeichnungen spielen mit der Sichtbarkeit und Unsichtbarkeit von Schrift. Das ausgewählte leicht transparente Zeichenpapier ist beidseitig bezeichnet und zitiert das Cover des jeweiligen Reclam-Buches und dessen Schmutztitel. Es entwickelt sich ein Spiel von Schriftenthüllung und Schrifterscheinung, von Durchscheinen und Durchsicht. Alles ist da und zugleich nicht da. Sichtbarkeit und Lesbarkeit der durchscheinenden Schrift lassen sich nur erahnen.

Die Art der Rahmung und die Positionierung der Zeichnung erinnern an Bücher auf einem Regal. P. L.

The starting point for this series of works were five copies of the orange-edited biligual Reclam edition.

Each pair consists of a Reclam stone and a (double-sided) drawing. The stones here are also intended to evoke archaeological finds—which is, of course, taken ad absurdum by the topicality of the Reclam books or even by an apparent post-it in one of the books. The fragments of stone Reclam booklets will outlast their paper counterparts, but will never be read. However, the idea of the texts is intrinsically present in the stone, even if you can no longer open the book. So when I use stones and simulate a book cover on their surface by painting and drawing, a book is only conceivable.

The accompanying drawings play with the visibility and invisibility of writing. The selected slightly transparent drawing paper is pencilled on both sides and quotes the cover of the respective Reclam book and its half-title. The result is an interplay between the unveiling of writing and the appearance of writing, between translucency and transparency. Everything is there and not there at the same time. The visibility and legibility of the translucent writing can only be intimated.

The type of framing and the positioning of the drawing are reminiscent of books on a shelf. P. L.

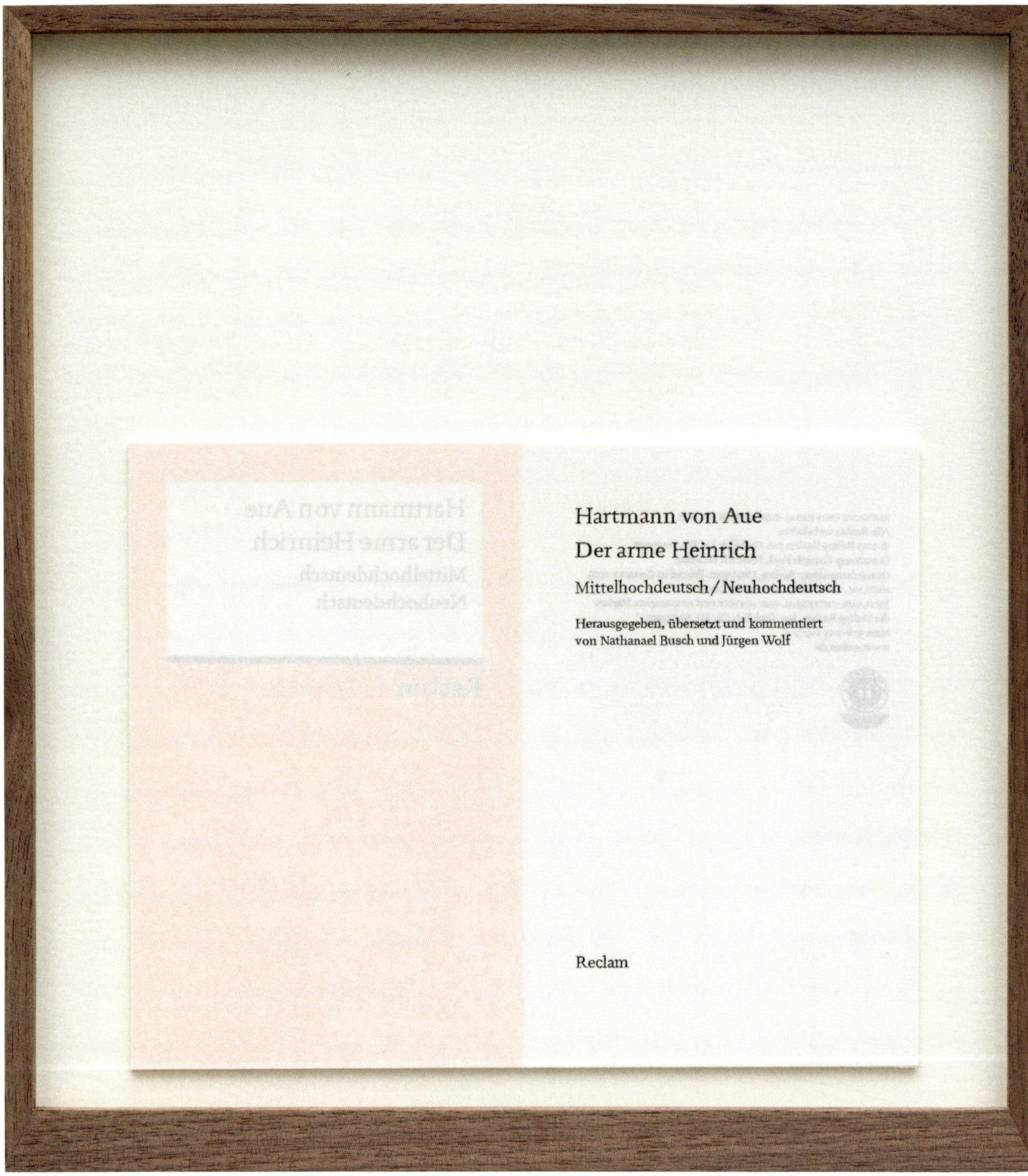

2018

Armer Heinrich (Part 1)

Blei- und Farbstift auf Papier und Papierrückseite.
Pencil and crayon on paper and reverse side of paper, 19 × 14.6 cm.

Armer Heinrich (Part 2)

Tusche, Lack auf Speckstein.
China ink and varnish on soapstone, 9 × 11 × 2 cm.

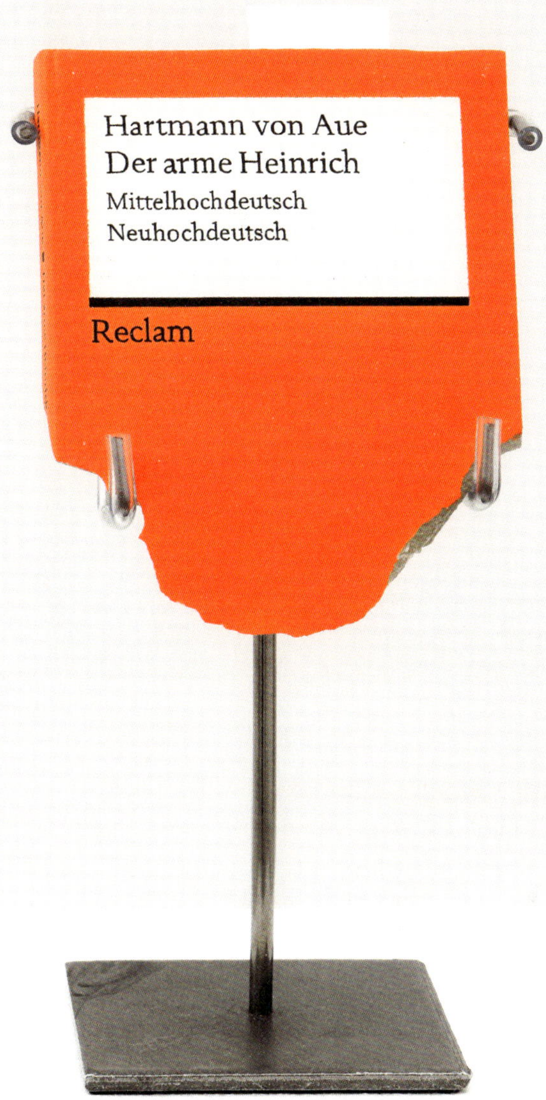
Hartmann von Aue
Der arme Heinrich
Mittelhochdeutsch
Neuhochdeutsch
Reclam

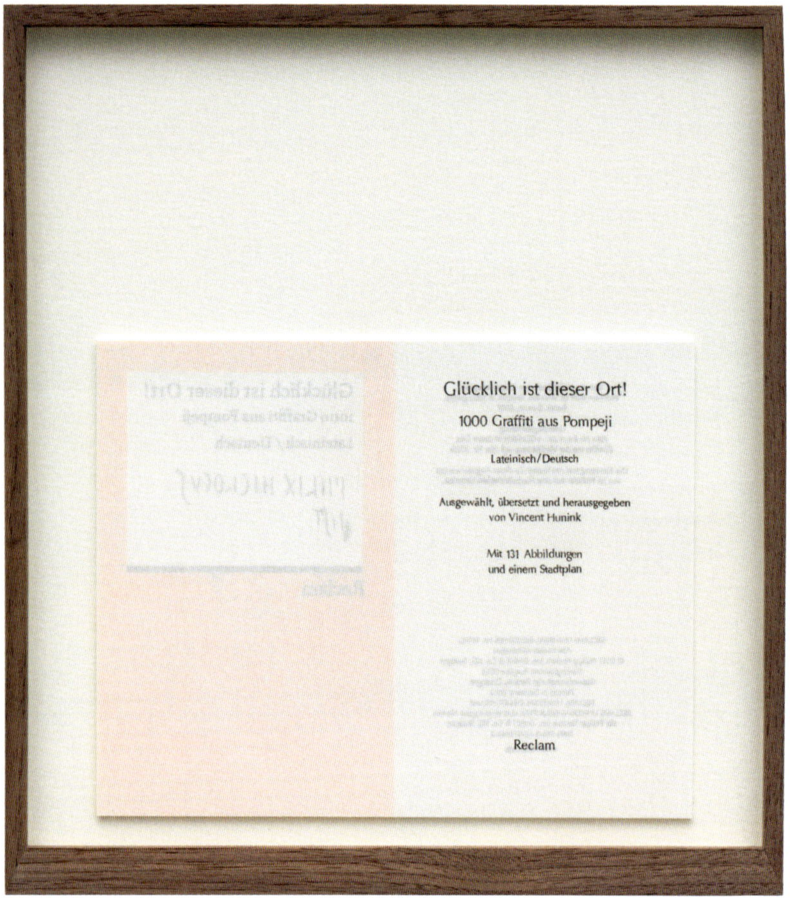

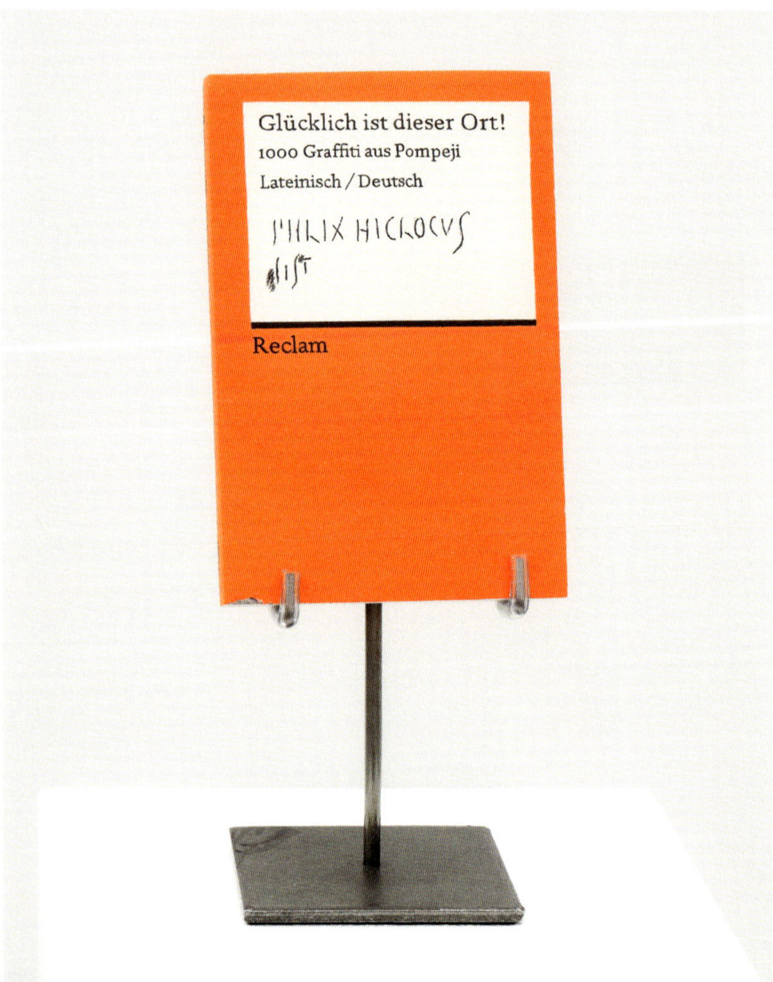

Ich hab Brot gebacken, erfolgreich (Part 1)
Blei- und Farbstift auf Papier
und Papierrückseite.
Pencil and crayon on paper and reverse side of paper, 19 × 14.6 cm.

2018

Ich hab Brot gebacken, erfolgreich (Part 2)
Tusche, Lack auf Speckstein.
China ink and varnish on soapstone, 9 × 14.5 × 2 cm.

→
Der phantastische Teil des Mantels (Part 1)
Blei- und Farbstift auf Papier
und Papierrückseite.
Pencil and crayon on paper and reverse side of paper, 19 × 14.6 cm.

2018

Der phantastische Teil des Mantels (Part 2)
Tusche, Lack auf Speckstein.
China ink and varnish on soapstone, 8 × 14 × 0.8 cm.

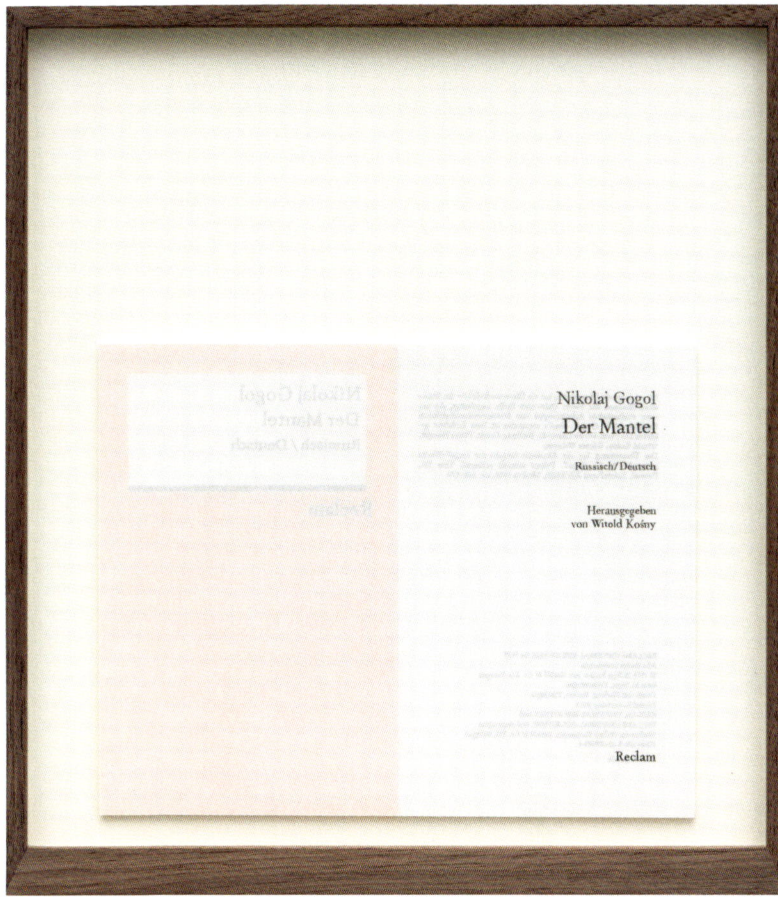
Nikolaj Gogol
Der Mantel
Russisch/Deutsch
Herausgegeben
von Witold Kośny
Reclam

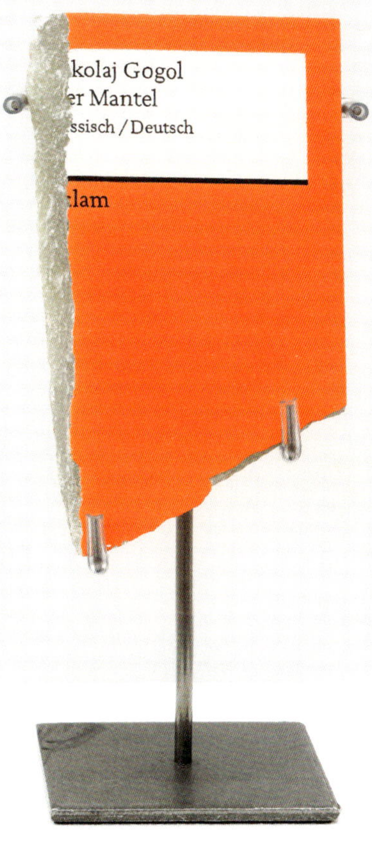
kolaj Gogol
er Mantel
ssisch / Deutsch
clam

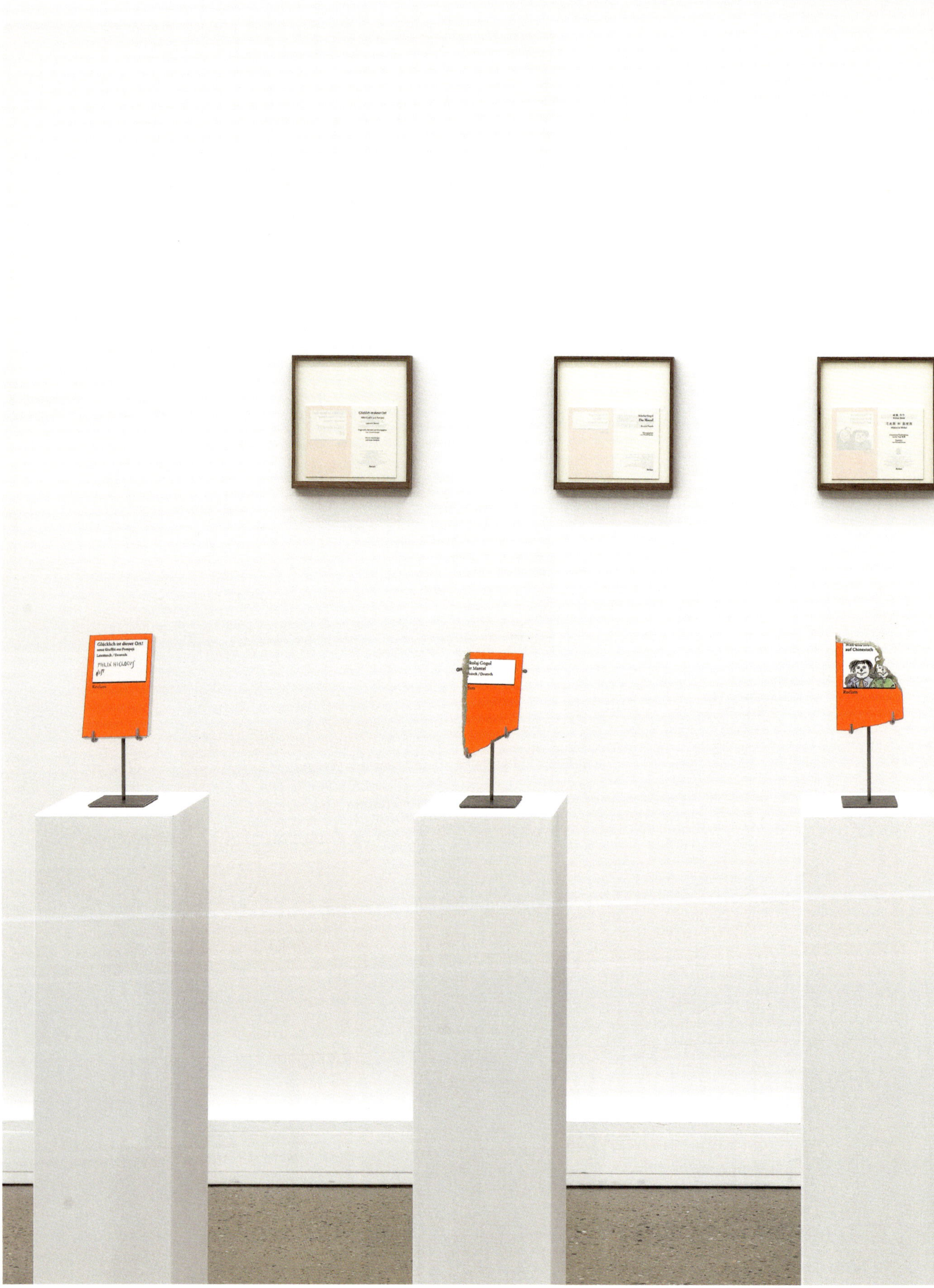
Glücklich ist dieser Ort!
Reclam
auf Chinesisch

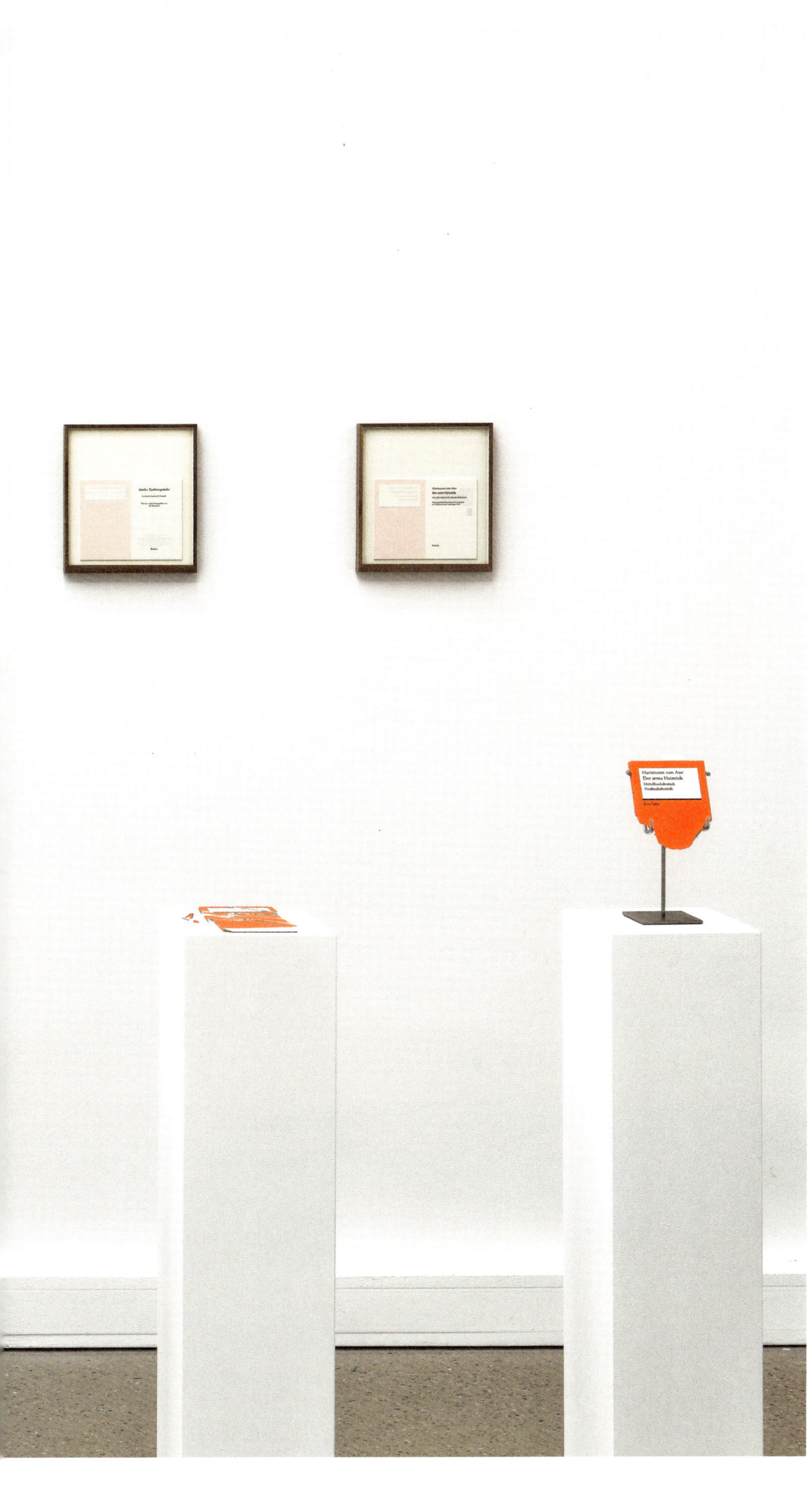

Installationsansicht *Installation view*
FeldbuschWiesnerRudolph, Berlin, 2018

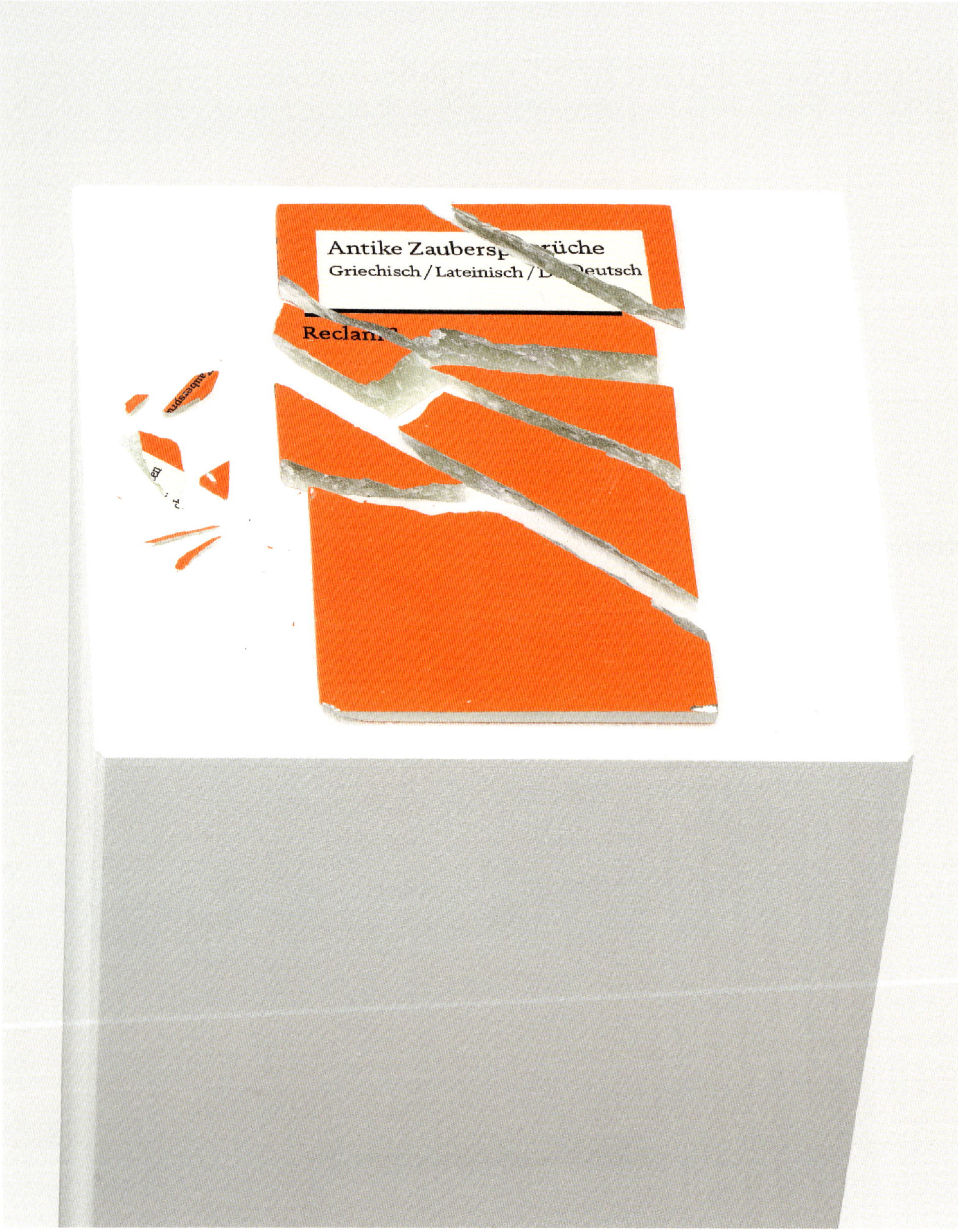

2018

Sollbuchstelle (Part 2)

Tusche, Lack auf Speckstein, Maße variabel.
China ink and varnish on soapstone, dimensions variable.

Sollbuchstelle (Part 1)

Blei- und Farbstift auf Papier und Papierrückseite.
Pencil and crayon on paper and reverse side of paper, 19 × 14.6 cm.

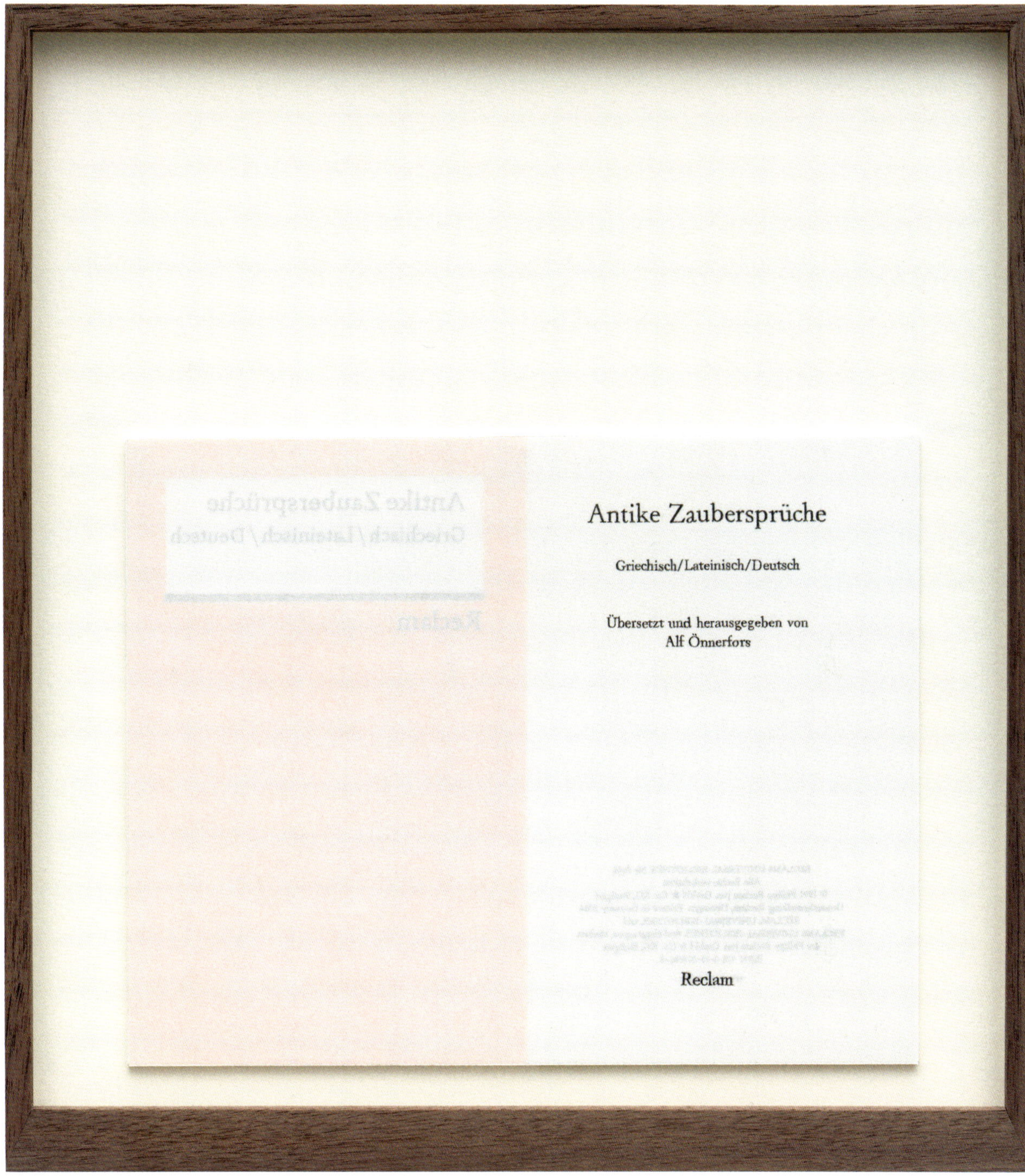
Antike Zaubersprüche
Griechisch/Lateinisch/Deutsch
Übersetzt und herausgegeben von
Alf Önnerfors
Reclam

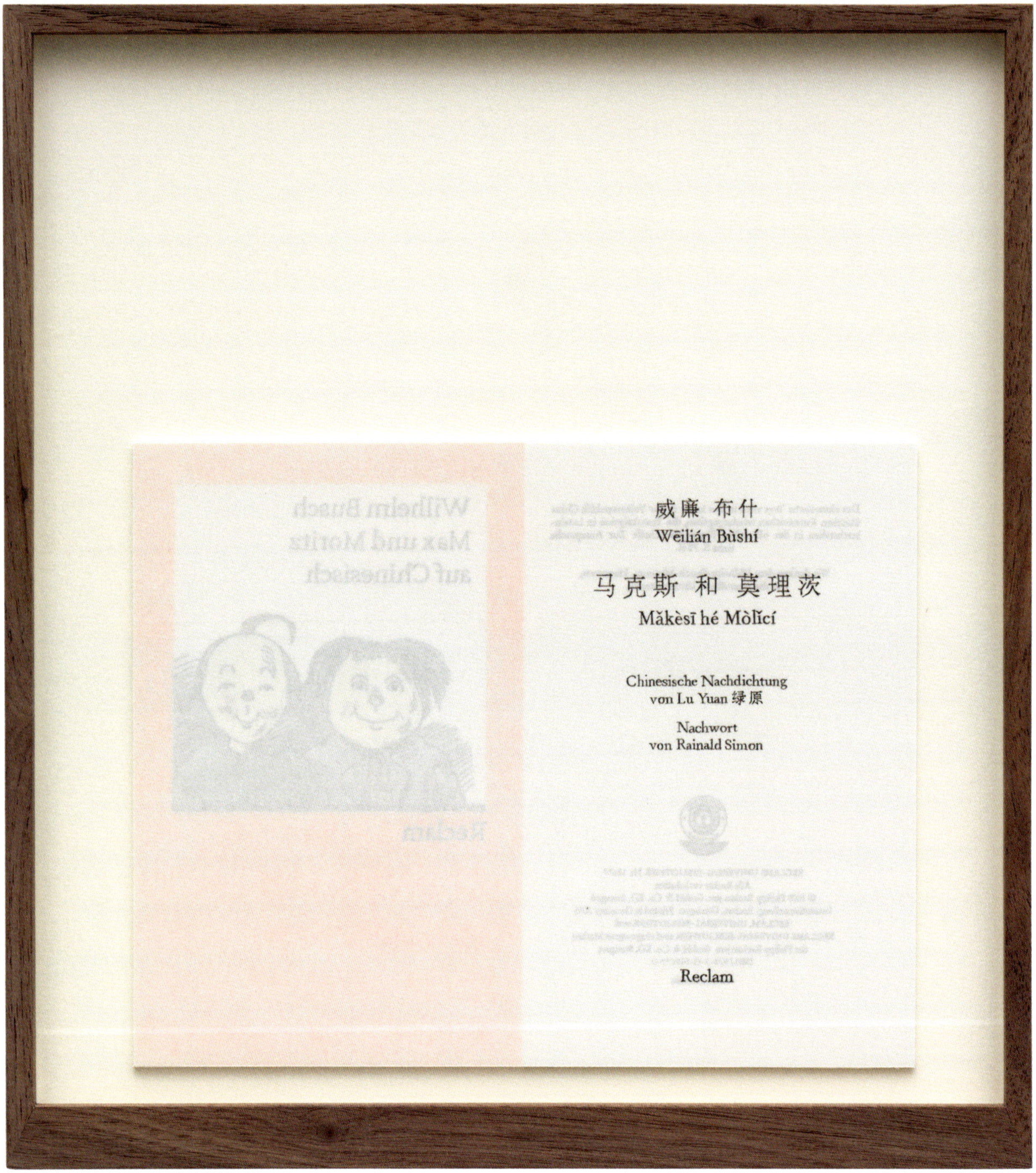

2018

Zuckerlecker (Part 1)

Blei- und Farbstift auf Papier und Papierrückseite.
Pencil and crayon on paper and reverse side of paper, 19 × 14.6 cm.

Zuckerlecker (Part 2)

Tusche, Lack, Farbstift auf Speckstein.
China ink, varnish and crayon on soapstone, 9 × 14 × 0.6 cm.

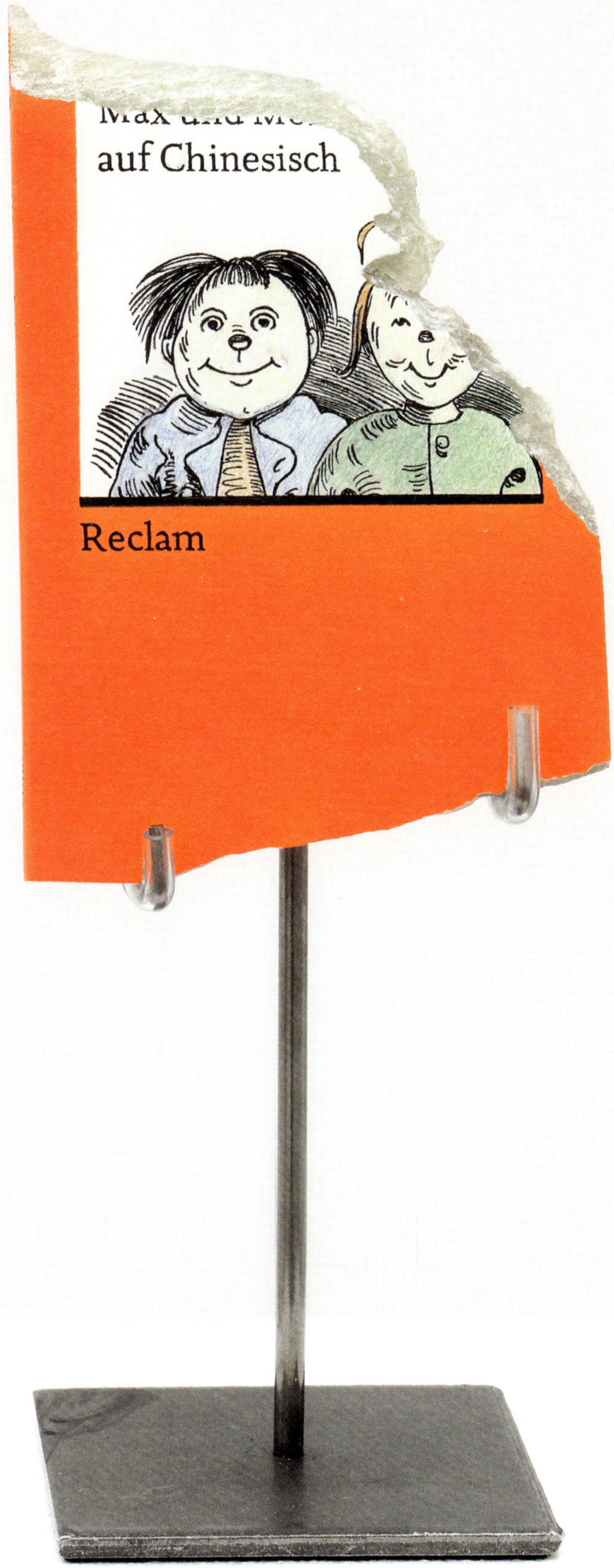
auf Chinesisch
Reclam

Cuneiform

Die Bezeichnung *Cuneiform* bezieht sich auf den englischen Begriff für Keilschrift und keilförmig. So findet sich auf dem Stein ein erläuternder wissenschaftlicher Text in englischer Sprache zur Typologie der Keilschrift. Gleichzeitig zeigt die Gesamtform als Skulptur die formale Nachahmung eines Keils und scheint in ihrer Mehransichtigkeit sogar aus mehreren keilförmigen Elementen zusammengesetzt zu sein.

Der Textinhalt mit den les- und sichtbaren Erläuterungen zur Geschichte der Schrift bis hin zur Entwicklung des Alphabets findet hier auszugsweise in der künstlerisch-handwerklichen Praxis tatsächlich im Stein statt. D. h., ich zeige analog zu den Zeichnungen der originären Artefakte exemplarisch Einritzungen in die Oberfläche zu babylonischen Geometrieproblemen sowie reale Keilschrift. Alle auf dem Stein zitierten Texte entstammen einer Doppelseite des *British Museum Guide* aus dem Kapitel „The Room of Writing". Bei mir wird so der gesamte Stein zu einem „Room of Writing". Alles dreht sich um Schrift: Keilschrift, babylonische Lehmeinschreibungen, die generelle Entwicklung des Schreibens bis hin zu unserem zeitgenössischen Schriftbild gedruckter Typografie. Gleichzeitig basieren alle Arbeiten auf dem Stein auf meiner künstlerischen Handschrift bzw. Handzeichnung.

P. L.

The term ›cuneiform‹ refers to the English expression for wedge writing and wedge-shaped. An explanatory academic text in English on the typology of cuneiform writing can be found on the stone. At the same time, the overall form as a sculpture shows the formal imitation of a wedge and even appears to be composed of several wedge-shaped elements.

The text content with the legible and visible explanations of the history of writing through to the development of the alphabet is actually found here in excerpts in the artistic-craft process in the stone. In other words, analogous to the drawings of the original artefacts, I show examples of carvings into the surface on Babylonian geometry problems as well as real cuneiform writing. All the texts quoted on the stone are taken from a double page of the ›British Museum Guide‹ from the chapter 'The Room of Writing'. For me, the entire stone becomes a 'Room of Writing'. Everything revolves around writing: cuneiform writing, Babylonian clay inscriptions, the general development of writing through to our contemporary typeface of printed typography. At the same time, all work on the stone is based on my artistic handwriting or hand drawing.

P. L.

Cuneiform (Back view p. 91)

2018

Bleistift, Tusche, Lack auf Speckstein.
Pencil, China ink and varnish on soapstone, 32 × 34 × 13.5 cm.

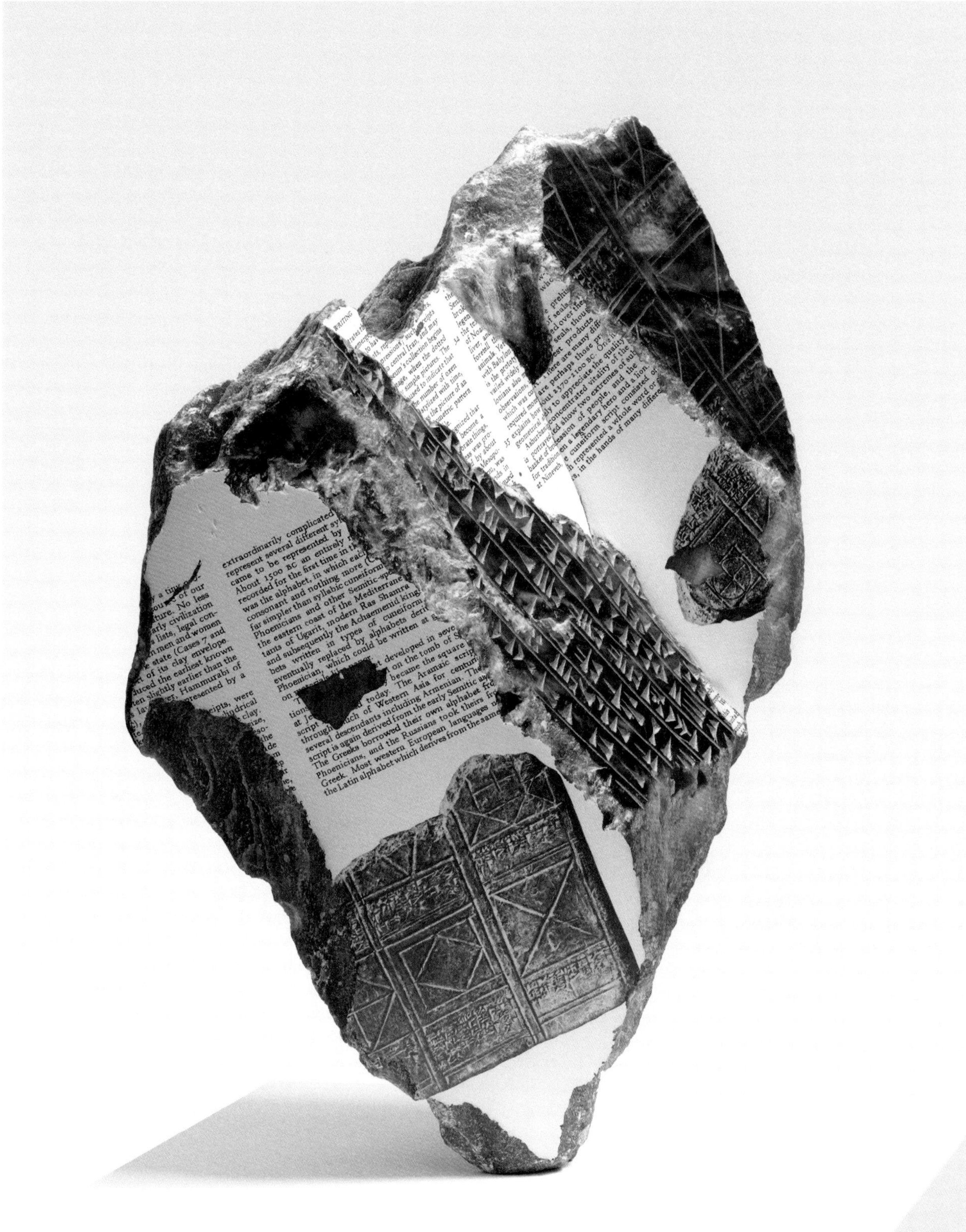

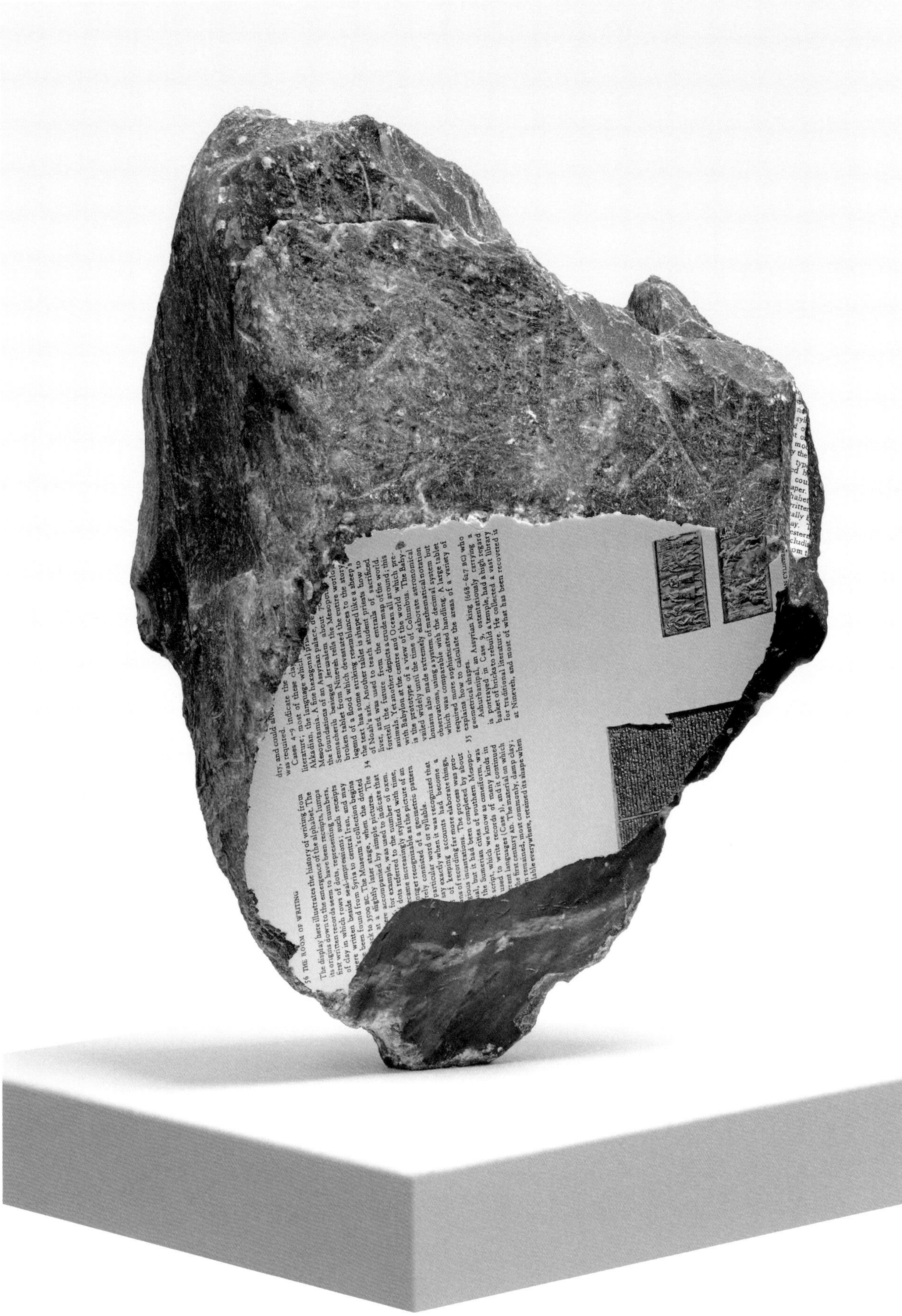

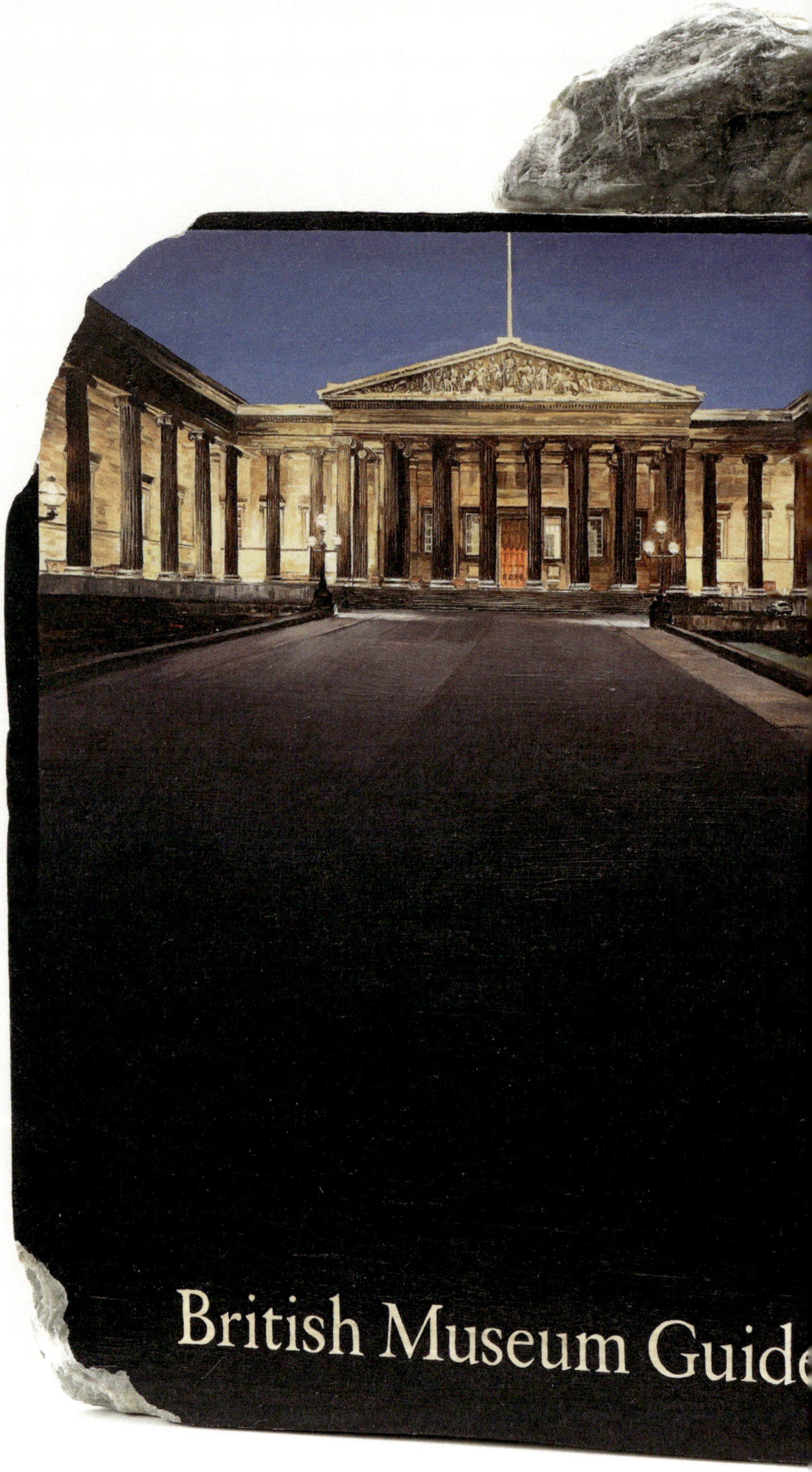

Kritisch Museum Guide Öl, Tusche, Bleistift, Lack auf Speckstein.
Oil, China ink, pencil and varnish on soapstone, 58 × 33.5 × 37 cm. (Back view pp. 94–95)
2019

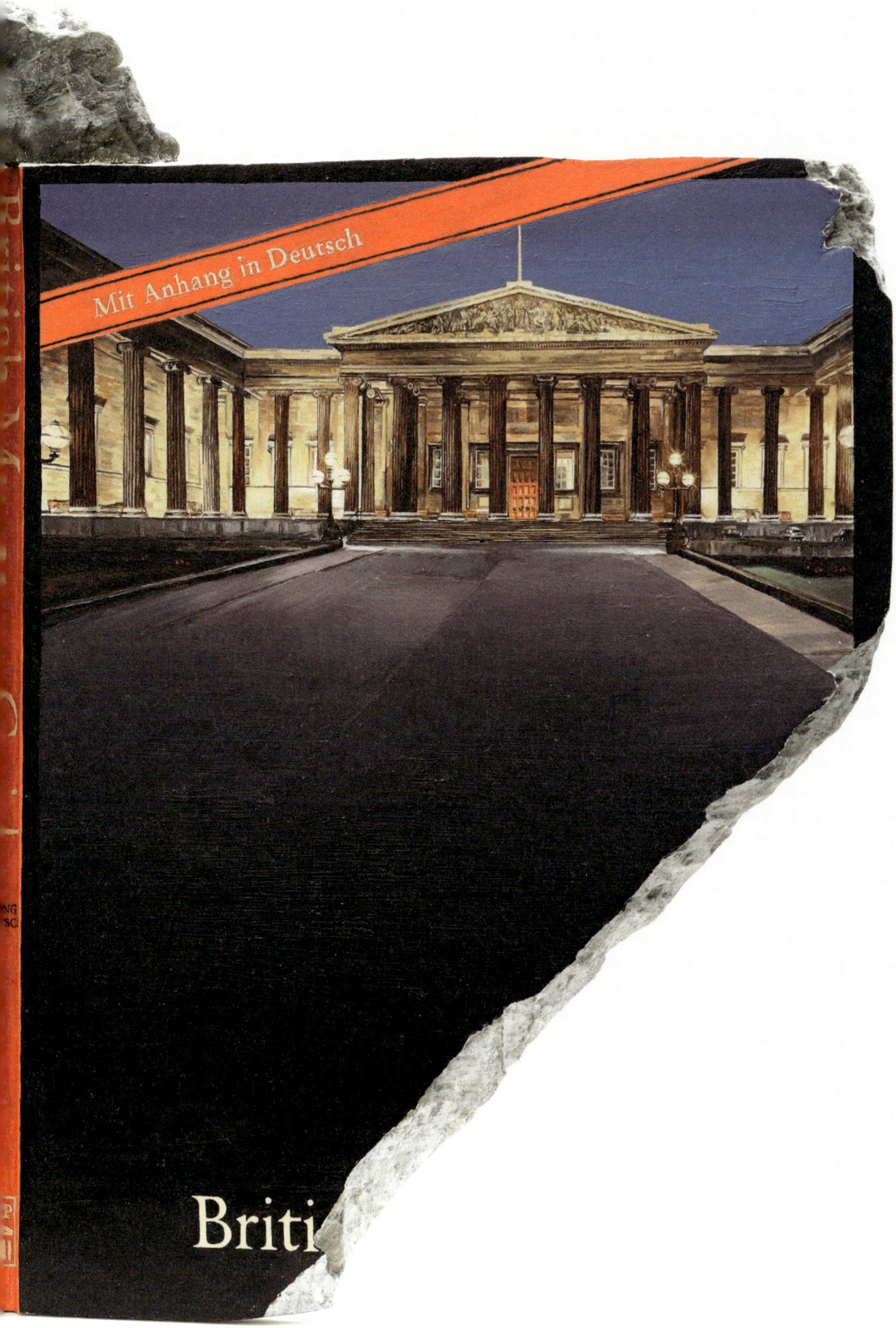
Mit Anhang in Deutsch
Briti

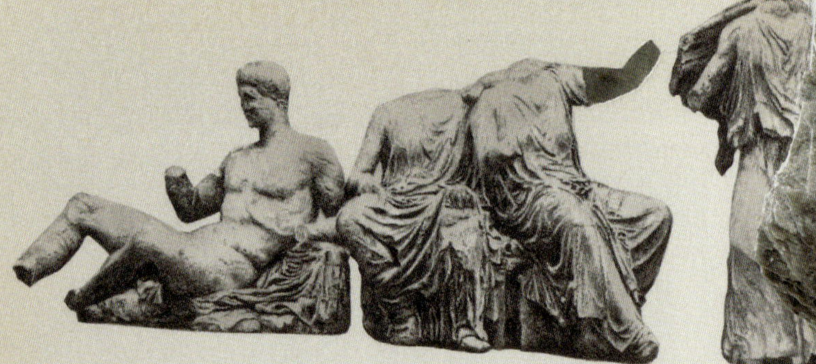

frieze to London, to save them from still gr
damage. The South Slip Room adjacent to Roo
has a model of the Parthenon showing the origi
positions of the pedimental sculptures in the gables o
the temple, that of the sculpted panels or metopes
above the colonnade, and that of the frieze crowning
the outer wall of the temple inside the colonnade, or
peristyle.

The metopes were probably the first part of the programme of sculptural decoration to be finished as they were placed above the columns and framed by the triglyphs, or grooved panels, which were an essential feature of the Doric order. All the metopes in London illustrate the fight between the Lapiths and Centaurs. The Centaurs were savage creatures, part man and part horse who, having drunk too much at the wedding-feast of the Lapith king, attempted to carry off the Lapith women. Some of the metopes, which are carved in extremely bold relief, show the struggle with great vividness (see panel XXVII).

The frieze from the interior of the colonnade represented the Panathenaic procession held to celebrate the birthday of Athene. The famous sculptor Phidias was in charge of the whole building project, and it has therefore been suggested that his workshop produced the frieze, of which 247 feet are now in London. The frieze was designed originally to represent successively each stage of the procession, culminating in the presentation of a specially embroidered dress to Athene in the presence of other deities.

The design of the frieze starts off from the south-west angle, the procession being divided into two streams, one going along the west and north sides, and the other going straight down the south side. The two
parts of the procession converge in the centre of the
t side. Two groups of horsemen are shown pre-
g to set off, one group from each stream of the
ion. One of these groups occupied the whole
st side of the temple, and the final slab from
f the frieze is shown immediately to the
entrance to the Duveen Gallery. The
eloping momentum of the procession

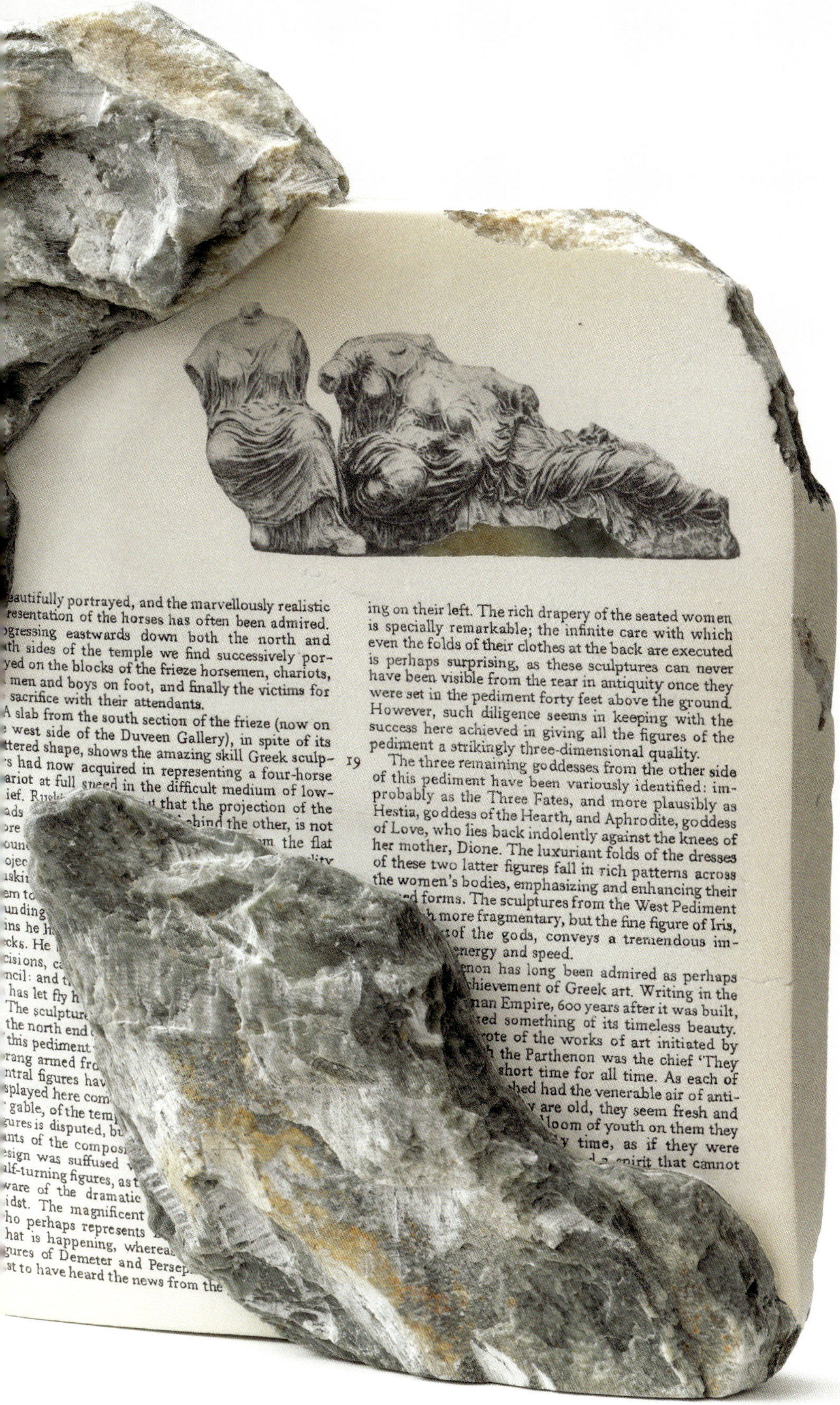
eautifully portrayed, and the marvellously realistic
resentation of the horses has often been admired.
ogressing eastwards down both the north and
th sides of the temple we find successively por-
yed on the blocks of the frieze horsemen, chariots,
men and boys on foot, and finally the victims for
sacrifice with their attendants.
A slab from the south section of the frieze (now on
west side of the Duveen Gallery), in spite of its
ttered shape, shows the amazing skill Greek sculp-
s had now acquired in representing a four-horse
ariot at full speed in the difficult medium of low-
ief.
t that the projection of the
hind the other, is not
m the flat
ins he h
has let fly h
The sculpture
the north end
this pediment
rang armed fro
ntral figures hav
splayed here com
gable, of the tem
gures is disputed, bu
nts of the compos
sign was suffused
lf-turning figures, as t
ware of the dramatic
idst. The magnificent
ho perhaps represents
hat is happening, wherea
gures of Demeter and Persep
st to have heard the news from the
ing on their left. The rich drapery of the seated women
is specially remarkable; the infinite care with which
even the folds of their clothes at the back are executed
is perhaps surprising, as these sculptures can never
have been visible from the rear in antiquity once they
were set in the pediment forty feet above the ground.
However, such diligence seems in keeping with the
success here achieved in giving all the figures of the
pediment a strikingly three-dimensional quality.
19 The three remaining goddesses from the other side
of this pediment have been variously identified: im-
probably as the Three Fates, and more plausibly as
Hestia, goddess of the Hearth, and Aphrodite, goddess
of Love, who lies back indolently against the knees of
her mother, Dione. The luxuriant folds of the dresses
of these two latter figures fall in rich patterns across
the women's bodies, emphasizing and enhancing their
forms. The sculptures from the West Pediment
more fragmentary, but the fine figure of Iris,
of the gods, conveys a tremendous im-
energy and speed.
non has long been admired as perhaps
hievement of Greek art. Writing in the
nan Empire, 600 years after it was built,
red something of its timeless beauty.
rote of the works of art initiated by
the Parthenon was the chief 'They
short time for all time. As each of
hed had the venerable air of anti-
are old, they seem fresh and
loom of youth on them they
time, as if they were
spirit that cannot

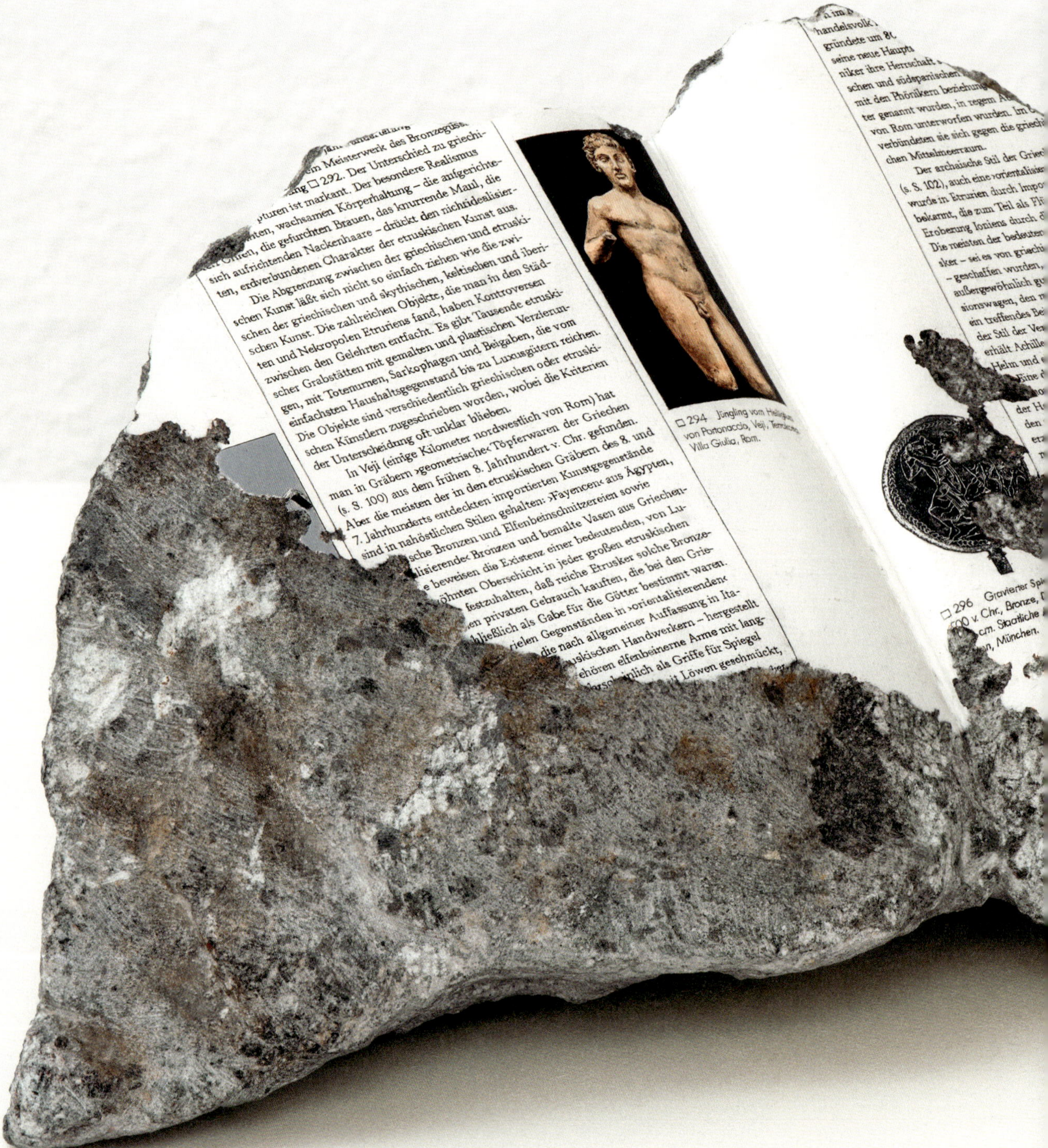

ten und Nekropolen Etruriens fand, haben Kontroversen
zwischen den Gelehrten entfacht. Es gibt Tausende etruski-
scher Grabstätten mit gemalten und plastischen Verzierun-
gen, mit Totenurnen, Sarkophagen und Beigaben, die vom
einfachsten Haushaltsgegenstand bis zu Luxusgütern reichen.
Die Objekte sind verschiedentlich griechischen oder etruski-
schen Künstlern zugeschrieben worden, wobei die Kriterien
der Unterscheidung oft unklar blieben.
In Veji (einige Kilometer nordwestlich von Rom) hat
man in Gräbern ›geometrische‹ Töpferwaren der Griechen
(s. S. 100) aus dem frühen 8. Jahrhundert v. Chr. gefunden.
Aber die meisten der in den etruskischen Gräbern des 8. und
7. Jahrhunderts entdeckten importierten Kunstgegenstände
sind in nahöstlichen Stilen gehalten: ›Fayencen‹ aus Ägypten,
Villa Giulia, Rom.

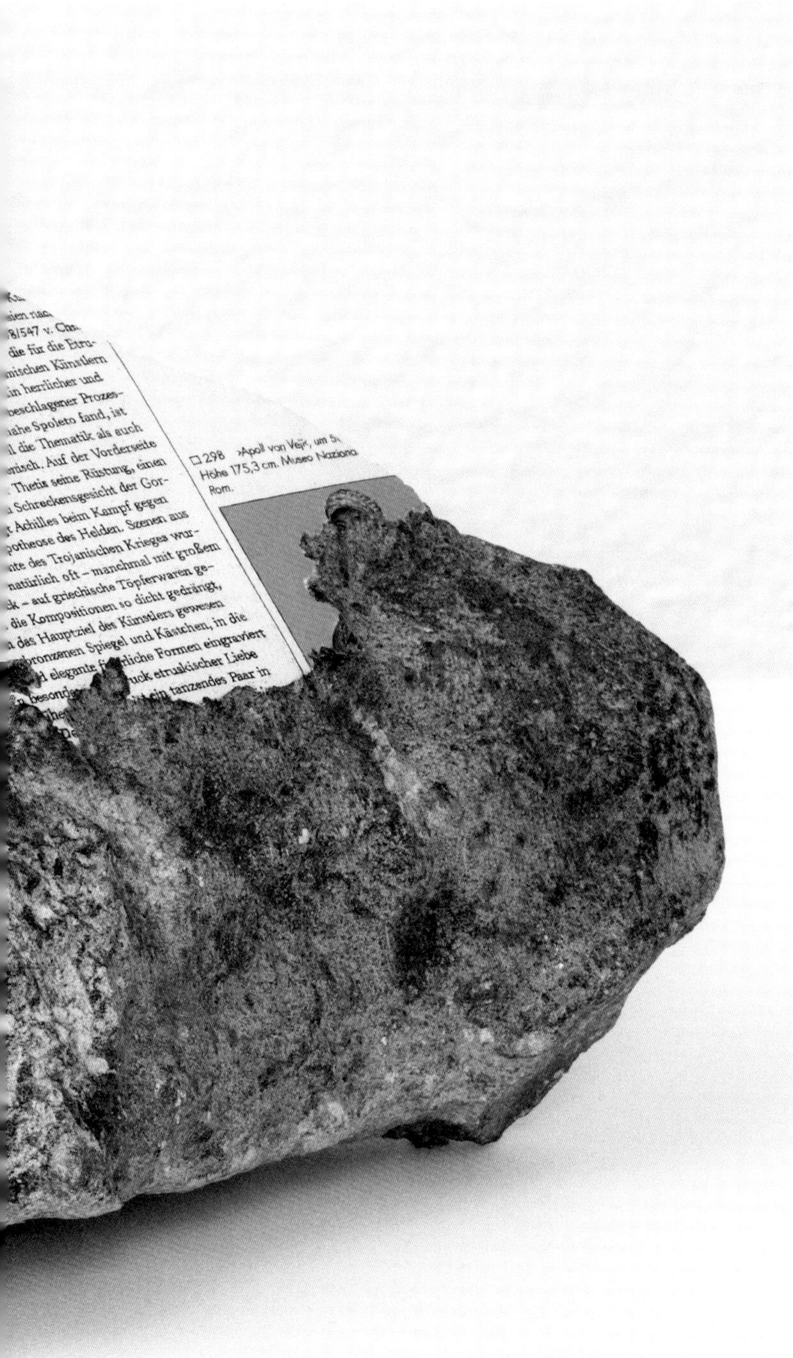

Sich aufrichtende Nackenhaare kartieren

2016

Tusche, Acryl, Lack auf Speckstein.
China ink, acrylic and varnish on soapstone, 48 × 22 × 23 cm.

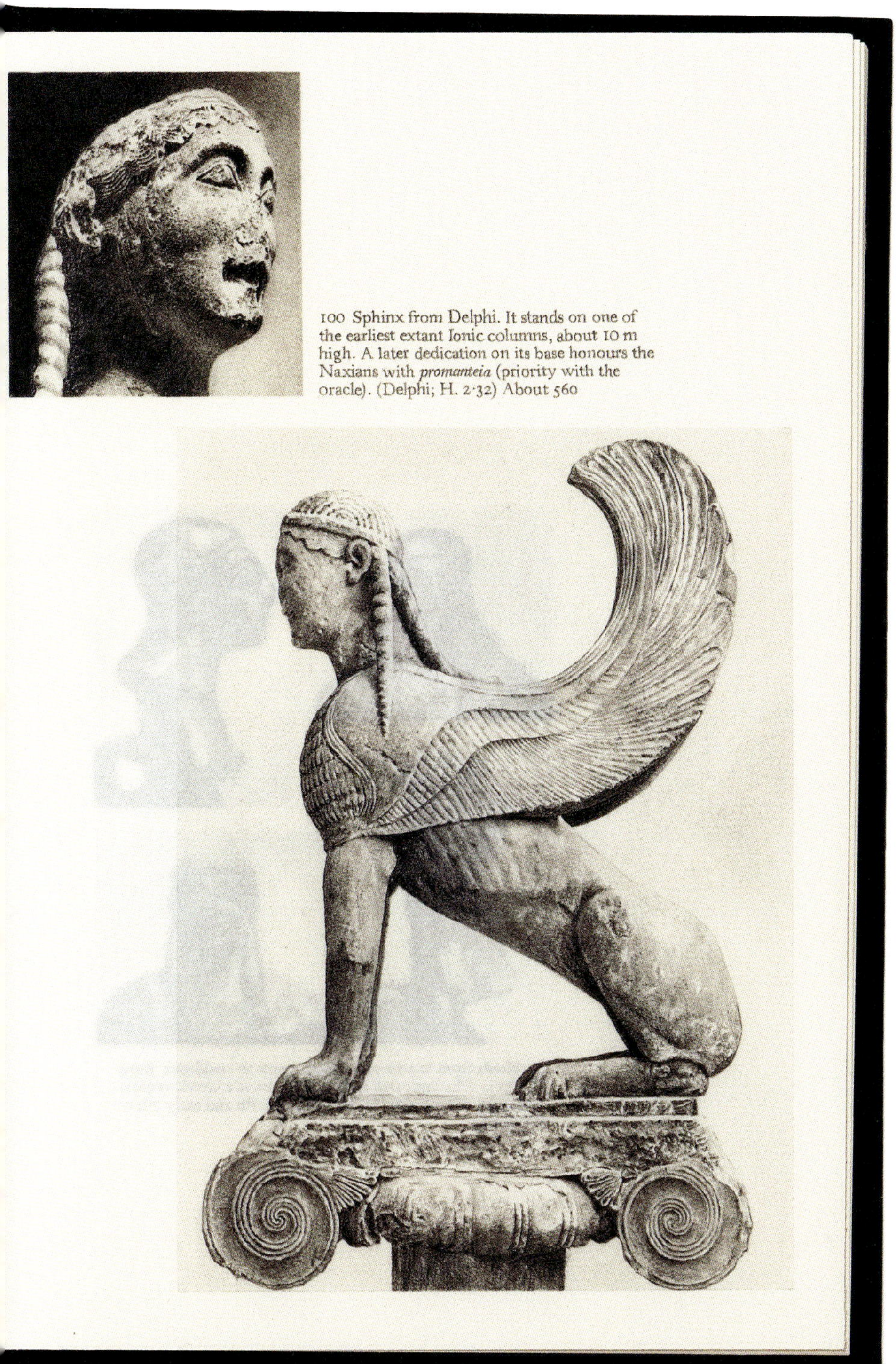

The Secret Kiss

2023

Bleistift in Skizzenbuch und auf Papierrückseite.
Pencil on sketchbook and on reverse side of paper, 30.7 × 21.7 × 2.5 cm.

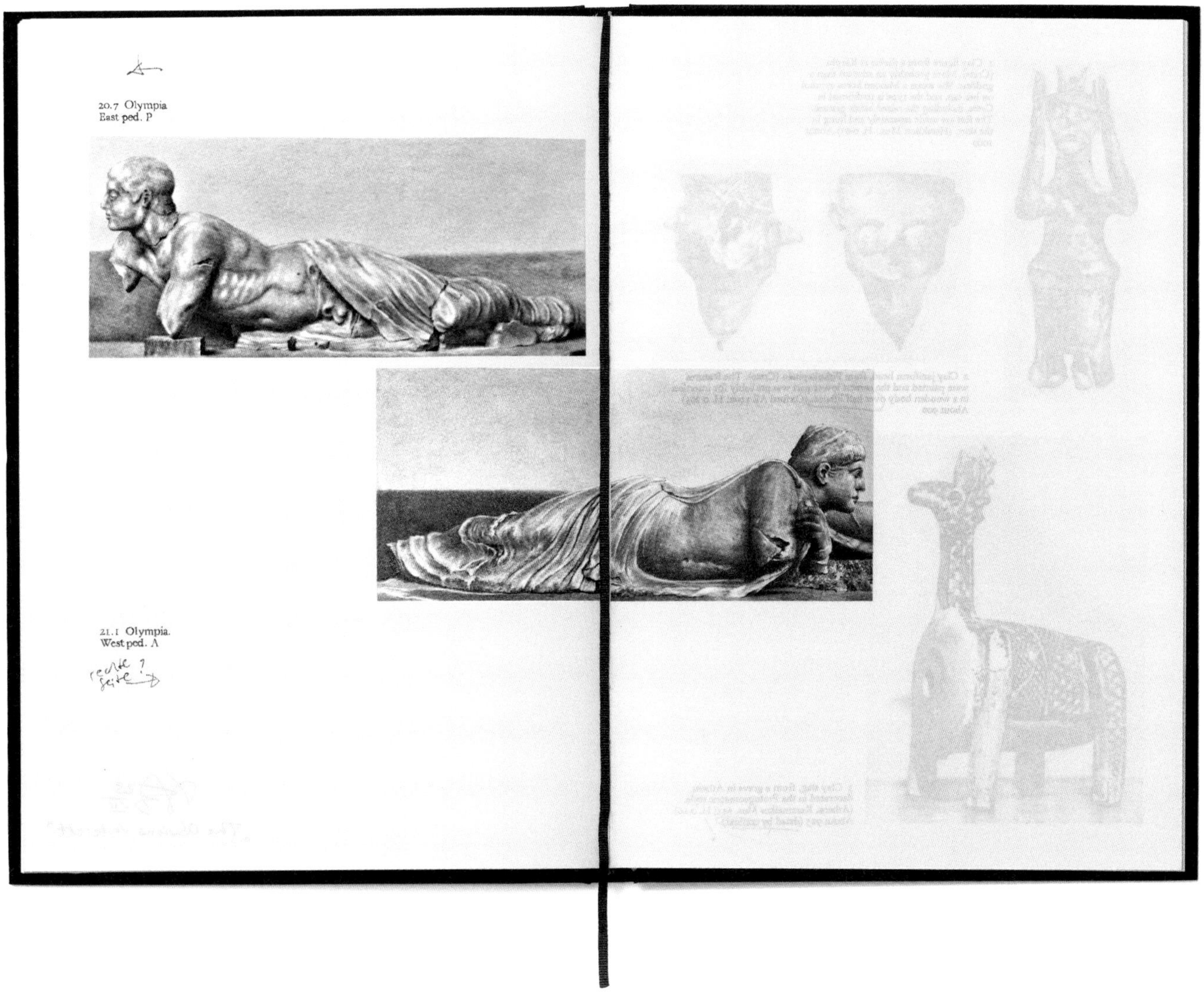

The Obvious Interest

2023

Bleistift in Skizzenbuch und auf Papierrückseite.
Pencil on sketchbook and on reverse side of paper, 43 × 30.5 × 2.6 cm.

Long Archaic Smile

2022/23

Long Archaic Smile

Bleistift und Tusche auf Papier, Lesezeichenband, Heftzwirn, Pappelsperrholz, Einbandgewebe, Gaze, Packpapier, Schnürsenkel, Elefantenhautpapier, doppelseitige Klebefolie, Leim, Bienenwachs.
Pencil and China ink on paper, bookmark ribbon, stitching thread, poplar plywood, binding fabric, gauze, kraft paper, shoelace, elephant skin paper, double-sided mounting film, glue and beeswax.
32.5 × 222.5 × 3 cm.

hollow-cast head gives an idea of the quality of larger works [122]. In stone the surviving work is distinctly cruder, with the primitive and puzzling pyramidal base and its two-figure groups [123], and some other series of reliefs [253–4] There are also, however, scraps of marble relief sculpture which seem Ionian in style or subject, as [124], and we know that the Ionian sculptor Bathykles of Magnesia designed the sculptural setting for the cult image of Apollo at Amyklai, near Sparta. The Spartan sculptor Gitiadas made a bronze Athena for her temple (Athena Chalkioikos – 'of the brazen temple'), its dress also apparently covered with bronze plates carrying panels with myth scenes. Pausanias describes the figure and we may get an idea of it from coins [125].

Coins also tell us something of a cult statue elsewhere in Greece, the Apollo made by Tektatos and Angelion, pupils of Dipoinos and Skyllis, for Delos [126]. It looks like a long-haired kouros flanked by sphinxes (rather than griffins), and we can detect the three Graces and the bow which ancient authors saw in its hands. Later inscriptions suggest it may have been gilt.

By this time there is increasing use made of precious metals in statuary. We learn this mainly from texts, and even in the seventh century the Corinthian tyrant had dedicated a Zeus of beaten gold, 'of good size', at Olympia. But from mid-century Delphi, with debris from a destroyed treasury excavated beneath the Sacred Way, we have pieces of two-thirds life size gold and ivory statues – the flesh parts ivory, gold plates on the dress – of the most refined workmanship, probably Ionian in origin [127], which presage yet more ambitious works in these materials in the following century. From the same find has recently been composed a lifesize silver bull!

Proportions and techniques

Pattern and proportion were of prime importance even in the most fully representational styles of later Greek art. In the Archaic period it is especially the kouros figures that might demonstrate the application of principles of proportion and measurement, as they do the progress in realistic representation of anatomy. The possible debt to the Egyptian grid system of twenty-one units for figure height has already been mentioned. The Greeks came to prefer a statement of proportions in terms of their measuring system, itself appropriately and naturally based on the human body, with a basic unit of a foot. But in the Archaic period Greek mensuration was extremely imprecise. A coherent system could be used for one building or perhaps in one studio but there were as yet no national or city standards. The deduction of a 'long foot' of 32·65 cm and a 'short foot' of 29·4 cm, or of regional variations, over-simplifies the issue, and these rather indicate the range of measures in use, a range properly matched by the variations in the convenient human extremity on which the unit is based. Greater (cubit, fathom) and lesser (palm, finger) units were readily related to the foot, as they were in a far more systematic way in Egypt and the near east. Metrological analysis of kouroi has been hampered by great expectations, while arguments based on careful measurement of minor details projected from the round into two dimensions, never quite persuade. The artist no doubt laid out the figure on the surface of the uncut block but hardly in great detail, and approaching the final worked surface any such guide had long disappeared and even a guiding sketch would be ignored in favour of the artist's own response to his material and the realization in it of his concept of the finished figure. From unfinished statues it seems clear that he worked in systematically from all sides of the block, and that in the final stages it was a matter of reducing from a larger, roughly detailed mass, rather than exact predetermination of details by measure. Egyptians seem to have worked mainly from one side at a time, re-drawing their guide lines as the work progressed. At

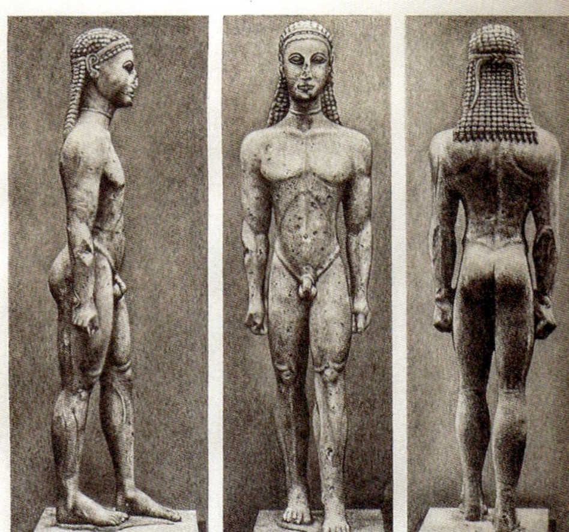

63 Kouros from Attica (?)
(New York 32.11.1; H. 1·84)
About 600–590

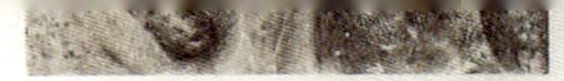

Acropolis. Apparently the blazoned shield of a warrior (there is another fragment with a head blazon), once associated with the later 'Leonidas' marble. The helmet type is east Greek (Sparta) Late 6th c.

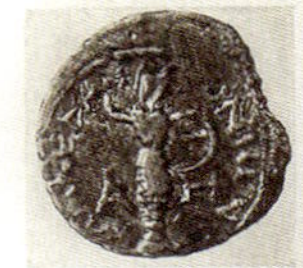

125 Bronze coin of the Emperor Gallienus showing the Athena of Gitiadas. (London)

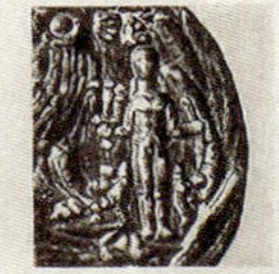

126 Silver 'New Style' Athenian tetradrachm showing the Apollo of Tektaios and Angelion on Delos. (London)

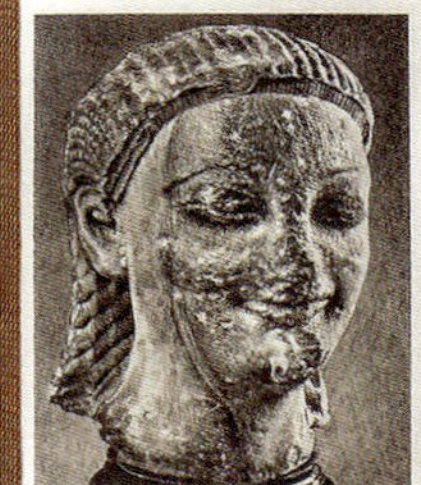

82 Kouros head from Samos, Heraion. The head, in Istanbul, was thought to be from Rhodes but it joins kouros fragments from Samos. The whole figure stood about 3·25 high. (Istanbul 530; H. 0·49) About 550–540

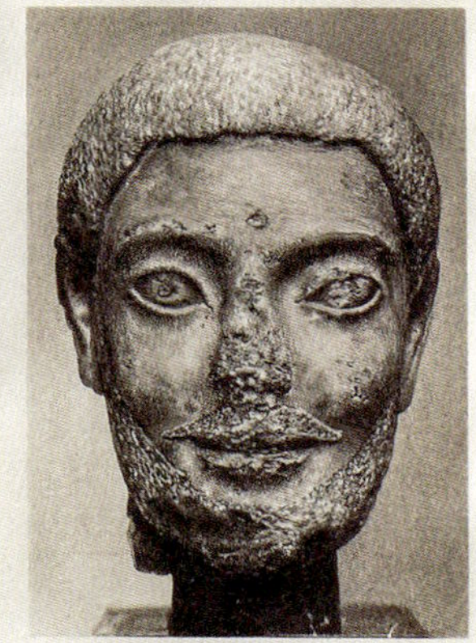

113 Head of a man ('Sabouroff head') from Athens or Aegina.
(Berlin 608; H. 0·23) About 550–540.
See also 133

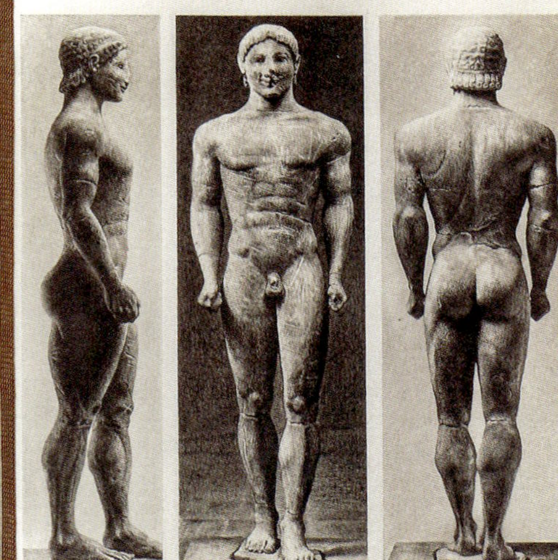

106 Kouros from Attica. (Munich 169; H. 2·08) About 540–530

FEET KOUROI KORAI METRES

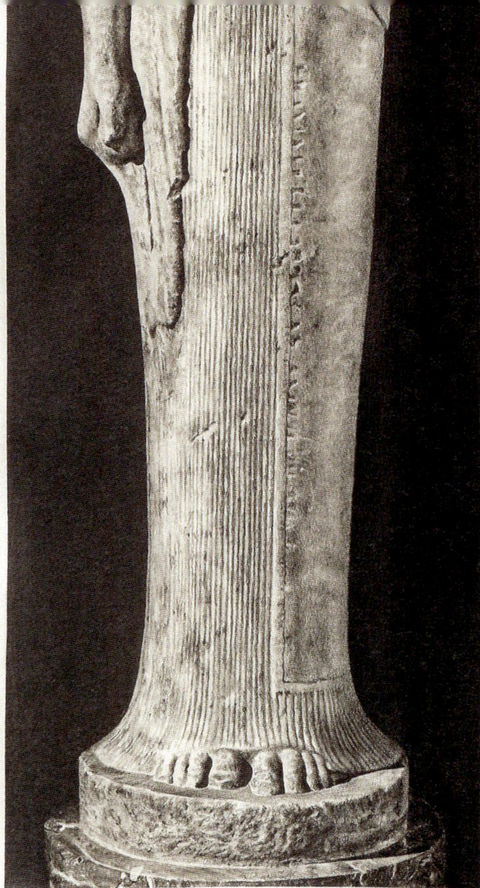

87 Kore ('Cheramyes' Hera') from Samos. She wears epiblema, mantle and chiton. The dedication by Cheramyes is written along the front edge of the epiblema. He dedicated another kore and a kouros at the same site. Both korai have round plinths and it has been suggested that they were mounted on columns with round egg-and-dart capitals (Louvre 686; H. 1·92) About 560

Other areas

At the Ptoon sanctuary in Boeotia the rather inorganic local style, executed in local marble, flourished still [*119*] but there is strong island influence too and intermittent arrivals from Attica, including dedications by rival factions by a son of Alkmaion and later by a son of Peisistratos (the bases only preserved). We may recall the work of Attic vase painters emigrant to Boeotia (*ABFH* 183).

In the Peloponnese there are two important regions yielding sculpture of this period, the north-east and Laconia. Corinth is so far best known for its minor arts in clay [*120*] and bronze, though there are some good stone animals (see Chapter Nine) and the sculpture of Corfu [*187*] is Corinthian in style. The elegant kouros from Tenea [*121*] near by is by the first Archaic sculptor to succeed in creating a lifelike figure within the conventions and patterns of the kouros pose. The understated anatomy, and balance of strength and slimness in this small (five-foot) youth makes it one of the finest of the century.

Nearby Sicyon has, on paper, a more distinguished record. Kleisthenes' tyranny had made the city wealthy and influential. She dedicated treasuries at Olympia and Delphi and we have the sculptures from the latter [*208*]. The Cretan sculptors Dipoinos and Skyllis, 'pupils of Daedalus', worked there in the second quarter of the century, withdrew because of some alleged injustice and returned only after the city had been plagued, and advised by Delphi to bring them back to complete their work – a group which may have shown the struggle between Herakles and Apollo for the tripod, a story which was used to

a subject of independent interest to the artist, and at the same time leaving him freer to consider more effective modelling of the body apart from the dress, or, eventually, as it is revealed and accentuated by the dress. The progress can easily be grasped by looking at the different treatment of the lower parts of the figures [*87–0–1–0*].

The story is a comparatively simple one, in these terms, and the sculptural type is rare in Greece outside the areas named, which is not true of the kouroi. Few korai are demonstrably grave markers, none demonstrably deities, and most can be taken as symbols of unwearying service to the goddesses whose sanctuaries they adorn. Few are now made more than lifesize, and many are only a half or less. They stand with their left foot slightly advanced (early ones with toes in line, and in east Greece with the right foot forward first) gathering their skirts in a natural gesture which the sculptor exploits to display folds at first, then folds and the outlines of the limbs beneath. They are often holding an offering – fruit, fowl, hare – in the free hand. In the Attic series there is a marked tendency to favour either the double-diagonal effect of slung mantle and withdrawn skirt, or verticality, with symmetrical mantle and the skirt's folds undisturbed, even when clasped, rather than any combination (odd exceptions occur). The foot plinths are generally oval, set in blocks or occasionally stepped bases and on the Acropolis there is the clearest evidence for korai mounted on columns, from the mid century on, the columns bearing Ionic or related capitals and at the end of the century hemispherical ones. Dedicatory inscriptions appear on the bases or column shafts, and in east Greece often on the dress of the figures themselves.

The development of the sixth-century korai is expressed more in treatment of drapery than of anatomy, so we must try to understand their dress. This is not always easy since its appeal to a sculptor was the pattern of folds it presented, and pattern was more important than the details of dress-making. There are no fitted garments, only rectangles of cloth, skilfully cut, buttoned or pinned, and the commonest of these for korai (rarely for men in sculpture) is the Ionic *chiton*. Here the cloth is stitched into a cylinder, the top partly closed with two sets of buttons leaving room for head and arms, so that the buttons fall along the upper arm, producing a decorative splay of folds from each. A belt at the waist produces baggy sleeves below the buttons and an overfall (*kolpos*) of material pulled over it and generally obscuring it except on many of the earlier east Greek korai. Sculptors show the upper part of the chiton in rippling creases gathered round shoulders and breasts, the lower part in flat sweeping folds, but it is all one garment. On top may be a small *himation* ('mantle' here), a long rectangle fastened with buttons, not across the short sides but towards the ends of a long edge and then usually worn like a sash, its upper edge rolled, under the left arm and over the right shoulder, so that the buttons overlie the chiton sleeve. Generally it looks as though the sculptor is simply showing the chiton buttons through the mantle, splaying folds and all gradually giving place to the vertical folds of the mantle. Often the distinction in dress is thoroughly confused. Worn thus the longer mantle ends hang from the right arm, with another gathering of folds below the left arm, being caught up at the centre. Occasionally (in the pediment of the Apollo temple at Delphi [*142*]) we see the mantle buttoned at both shoulders and this, if real, must be a two-piece; or there may be simply a pin or button at one shoulder leaving a short 'sleeve' at that side. A larger mantle may lie over all (*epiblema*), in east Greece sometimes carried over the back of the head and generally covering only the back and flanks and virtually foldless [*87*].

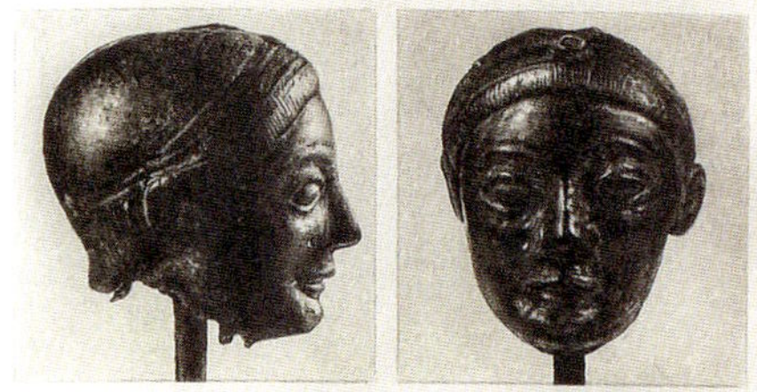

122 Bronze head of a youth from Sparta (?). Hollow cast. (Boston 95.74; H. 0·69) About 540

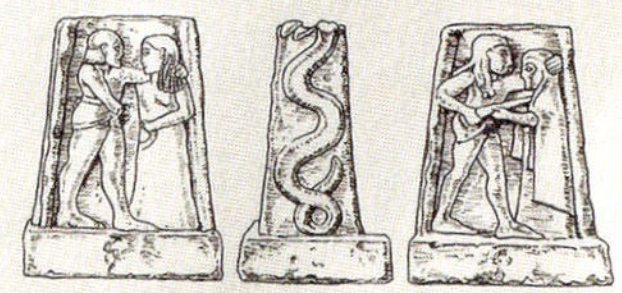

123 Basis from Sparta. A – a man and a woman, his arm round her neck; she holds a wreath. B – as A but no wreath and he threatens her with a sword. On each narrow side a snake. Menelaos with Helen (?), wooing on A and threatening after Troy on B. The snakes suggest a votive for a hero rather than a grave relief; perhaps then from the Menelaion. (Sparta; H. 0·67) Second quarter of the 6th c.

A

B

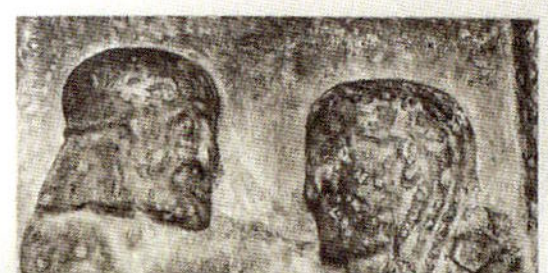

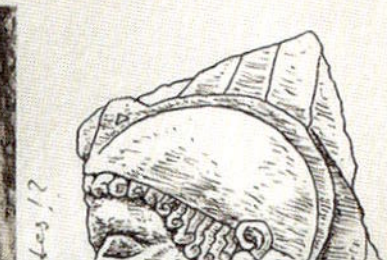

In this chapter we consider first, generically, the two prime figure types, kouros and kore, then the main regional styles. The architectural sculpture and reliefs are reserved for Chapters Seven and Eight.

Kouroi and realism

In the sixth century the kouros type, with no change of pose and little in proportions, proceeds inexorably towards the more realistic though still immobile creations of the end of the century. The parts of the body become more accurately rendered. Ears are no longer volute patterns but begin to look like ears. The unnatural twist which put the forearms facing forward though the fists were turned in is properly adjusted. Patterns of muscle and sinew which had been rendered by groove and ridge are carved in subtler realistic planes and the patterns themselves take forms closer to life: a double division between ribcage and navel, not triple or more, and over the knee-caps a proper asymmetry of muscles. All this accompanies a growing skill at integrating these pattern elements into a more plausible whole, as the sculptor frees himself from the technical limitations which had imprinted on the finished statue the strictly frontal/ofile aspects in which it had been conceived, and as, in other works of sculpture (relief) and art (drawing), he begins to face the problems of relating figures to each other in action or in the ambience of a narrative.

Stated in these terms sculptural progress can be measured through growing anatomical knowledge, as it is in Miss Richter's book, and it is easy to fall in with the assumption that the sculptors were deliberately striving after realistic effects. But you cannot consciously strive for a goal you do not recognize. An artist who wanted to carve or draw an ear or eye realistically had only to look across the room at his fellows and copy what he saw; he could hardly have been inhibited by the consideration that such realism was not due for another fifty years! Wholly representational art was neither understood nor sought by Archaic Greek artists, who, sculptor and painter, were observing still the old Geometric formula for composition of parts, observed individually and frontally, and were presenting images and compositions to be 'read', not compared with life. They went far along the path to achieving realism, however, not by design, not by accident, but by a sort of Natural Selection. An artist draws or carves as he has been taught. He will introduce varieties of rendering in the interests of better realizing his concept of, in this case, man, through the patterns and conventional forms he has been taught. Thanks to the example of foreign arts his work already bears something of the stamp of realism – far removed, in detail at least, from the near-abstraction of the Geometric age. Those innovations which more closely approximated to nature were instinctively judged, rather than positively identified, as more effective realizations of the desired end, and with a better command of technique and appreciation of mass the product was bound to be more realistic. But the figures are still no more than effectively communicated symbols for life or live action, read part by part, figure by figure, as a poem is line by line, and another century must pass before the artist realizes that he can produce replicas of man and

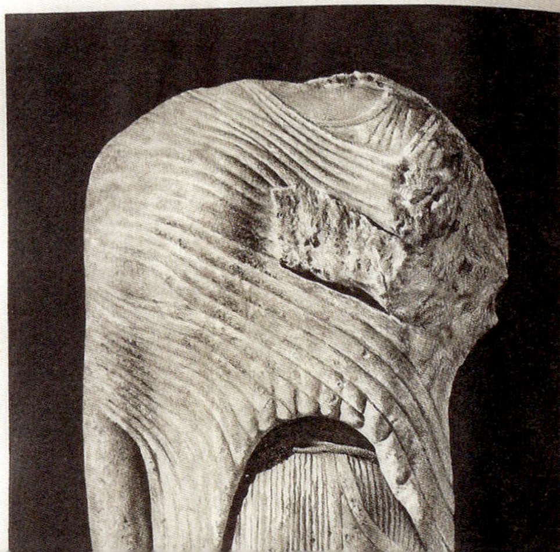

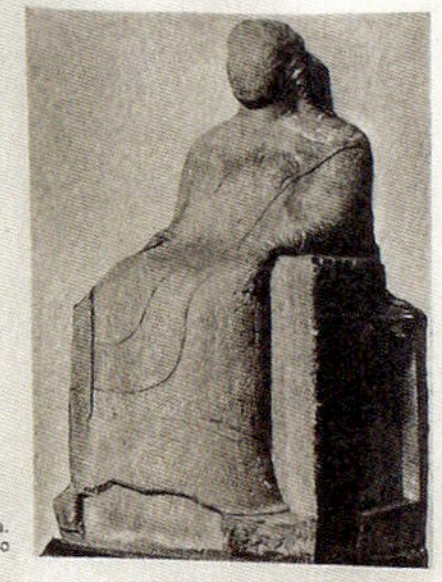

94 Seated figure from near Didyma. (London B 271; H. 1·55) About 560

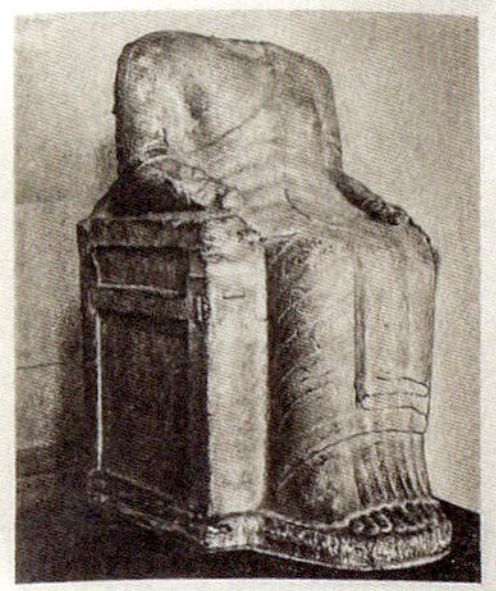

95 Seated figure from near Didyma. Dedication – 'I am Chares, son of Kleisis, ruler of Teichioussa. The statue is for Apollo' (London B 278; H. 1·49) About 550

Χαρης ειμι ο Κλεσιος Τειχιοσης αρχος αγαλμα το Απολλωνος

action, so successful as to deceive the eye into confusing art with nature for the first time in western art.

We observe progress, therefore, only partly in terms of anatomical accuracy. Differentiation of age in the forms of the body is only tentatively expressed and relies generally in differences of dress or pose: this is clearest on the grave stelai. Expression of emotion too relies on complex conventions of gesture, when it comes to the action figures of architectural sculpture or reliefs. In the faces we look for no more than a grimace of lust, pain or terror. The 'Archaic Smile' may have owed something to the difficulties of carving the transition from mouth to cheek (otherwise managed by a straight vertical cut beside the lips) but it was retained not because the expression was recognized as one of good cheer (inappropriate in much funerary art) but because it made the features look more alive, and it was abandoned once technique and observation combined to render the mouth more acceptable – that is, realistic.

If we understand what it was that the artists were trying to achieve, and that realism was almost the accidental by-product of their progress towards the most effective symbols or images of their men and gods, we shall be more patient of their mistakes along the way, and we shall better appreciate the quality of their achievement, especially when it is measured against the record of sculpture in the near east and Egypt, where the break-through from the conceptual to the observed in art never really happened. There was, of course, no particular reason why it should, and we admire it in Greek art for what it enabled the artists to express and what it taught later ages. The Archaic kouroi, many of them dull enough figures in their own right, teach us how the Greek artist made his way to a representational style, based primarily on the male nude, which dominated the visual arts of the western world for nearly two and a half millennia.

Korai

The break with the Daedalic korai and their foldless dress is so complete as to suggest that the sixth-century kore can be regarded as a new sculptural type. An interest in the pattern of drapery we shall see developed first in east Greece, in Chios then Samos and the Cyclades, and the sculptural styles and new modes of dress introduced to Attica to flourish in the great series of Acropolis korai. This too marks the point at which the dress patterning ceases to be mainly surface or

H. of head 0·25, loins 0·34; about three-quarters lifesize) About 490–480

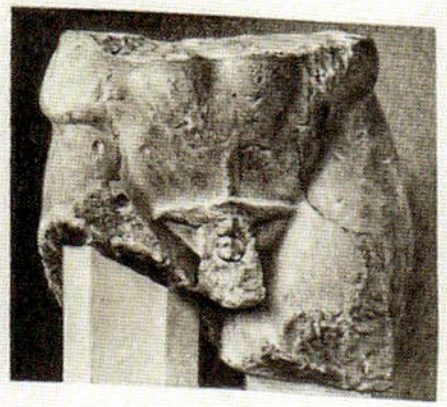

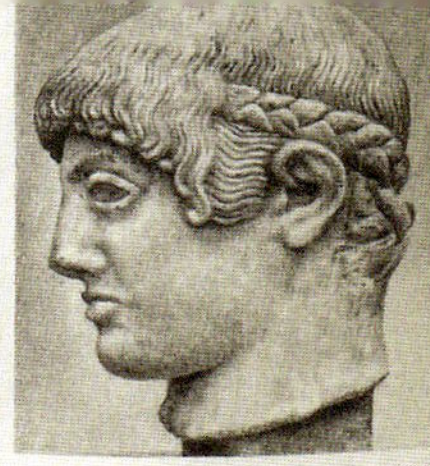

SOUTH

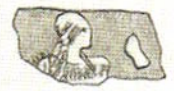

212.3 South frieze of the Siphnian treasury. A woman carried on to a chariot (the Dioskouroi with the Leukippidai?), chariots, a horseman, an altar

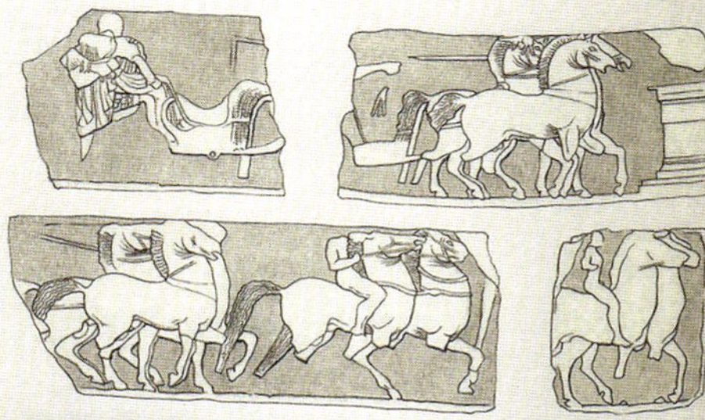

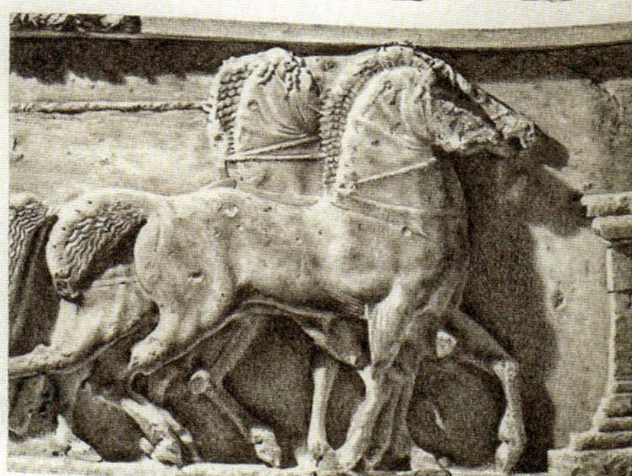

WEST

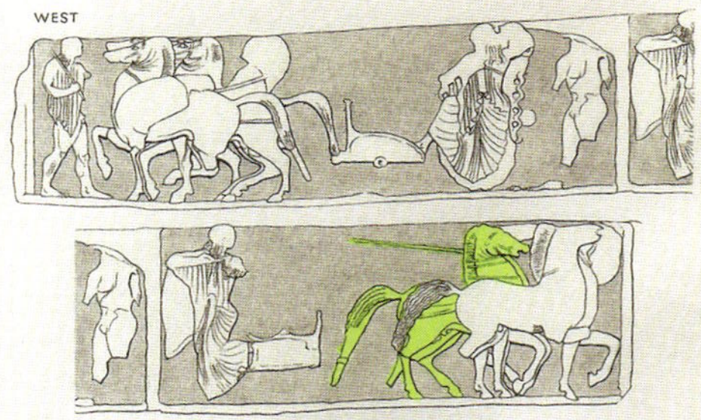

212.4 West frieze of the Siphnian treasury. Hermes before a chariot of winged horses being mounted by a winged Athena (an Ionian conception) with a companion. A woman (Aphrodite) dismounting from a chariot adjusting her necklace; at the right part of a palm tree. Chariot wheels, as elsewhere on the building, were added as separate pieces. The missing third slab must have shown Hera's chariot and Paris, on the occasion of the Judgement

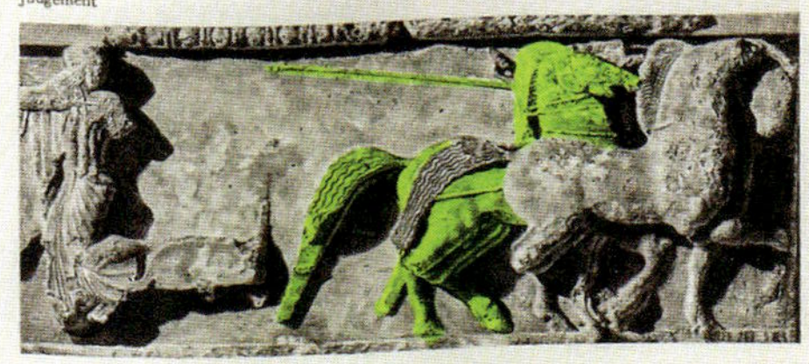

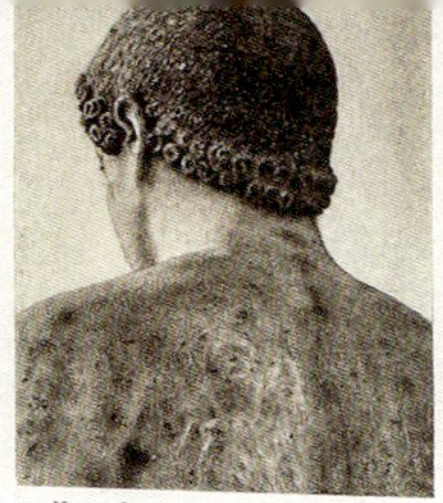

145 Kouros from near Mt Olympus (Attica). The base is inscribed 'of Aristodikos'. (Athens 3938; H. 1·95) About 510–500

Antenor

Several wholly or nearly complete kouroi well demonstrate the range and quality in the last phase of the type. The Keos figure (from the island off Attica) is old-fashioned still in hair and anatomy but already shows the new confidence in handling the body masses [144]. Aristodikos [145] is near perfect. In balance of limbs and detail of modelling of the figure the artist shows fuller understanding of the structure of the body, but he has yet to learn how it moves, and how the movement of one limb may affect the balance and pose of the whole. It remains almost embarrassingly inert. It is at this point that we might reflect how further progress became possible. Aristodikos is a carefully planned and measured figure, the head height apparently serving as a module for other parts of the body. Sculptors who plan their works thus are also draughtsmen, and it is in the drawing – on vases – of years even earlier than Aristodikos, that we see in Athens that artists, and not necessarily other artists, are experimenting with the expression in two dimensions not only of free action poses but of the balance and stance of individual figures, and we meet deliberate study of accurate anatomical detail. Already they are observing what will inevitably take longer to render plausibly in three dimensions (cf. *ARFH* figs 22–53 *passim*, the Pioneers). Intimations in statuary that this relaxation of frontality was due are slight asymmetries in figures, inclined heads like that of the Rampin horseman [114], and early attempts to correct foreshortening of features.

We see the triumphant expression of the Attic sculptor's solution in a statue of some twenty years later than Aristodikos, the 'Kritian boy' from the Acropolis [147]. He is not so much the last of the kouroi as precursor of the Classical athlete statues. We cannot be quite certain that he was standing when the Persians sacked Athens, and the way the break at the neck is chipped has suggested to some that the head is a replacement, but the probability is that he was made little before 480. The contrast with Aristodikos is striking, yet the change was inevitable, given the success the sculptors of the kouros series had achieved in re-phrasing the theme ever close to life. Not only is the proportion and surface treatment correct, but so is the underlying form and comprehension of the architecture of limb and muscle. From now on a statue can bid not merely to symbolize or stand as substitute for man but to imitate him. The decisive physical changes are slight, but enough to break the rigid vertical axis on which all earlier free-standing statuary had been based. The right knee is flexed with the weight of the body mainly on the left leg; as a result the right hip is lowered, the buttock relaxed, the shoulder slackens to this side too and the head inclines

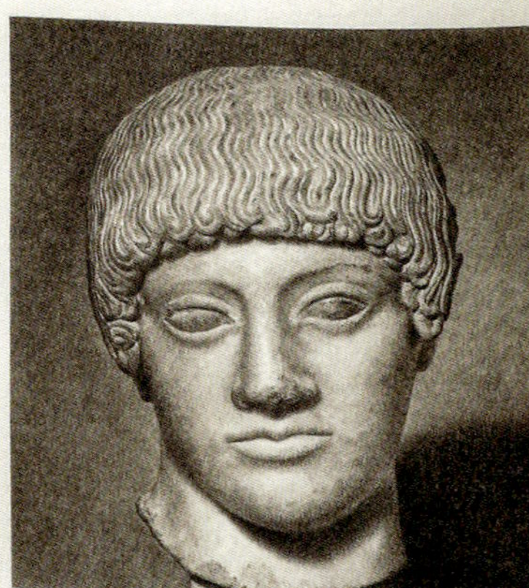

148 Youth from the Acropolis ('Blond boy'). Head and part of loins. Traces of yellow-brown on the hair; ringlets and side

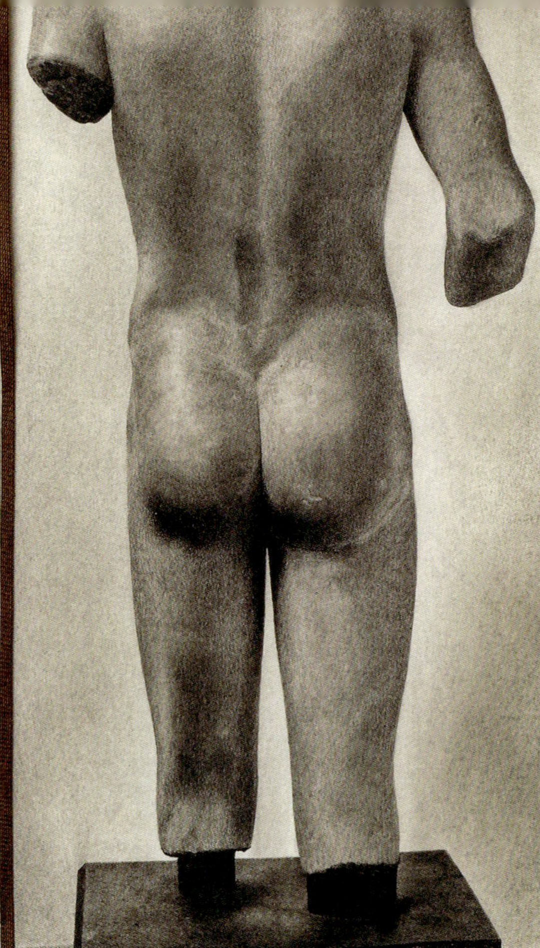

146 Kouros from the Acropolis. (Acr. 692; H. 0·87) About 490

gently in the same direction: like a sigh of relief for the history of western art.

The 'Blond boy' from the Acropolis [148] carries his head even more emphatically tilted and the fragment of his loins displays the tough, muscled patterning of late Archaic art with the new pose, left leg and buttock taut. The pose is similar but the Kritian boy is barely adolescent (like his immediate predecessor [146]), the Blond boy near manhood, and his head and the treatment of hair and plait are even closer to the Classical and the sculptures of Olympia. The head has much in common with that of Euthydikos' kore [160] which is somewhat earlier, and could be by the same artist whom some have thought Peloponnesian by training. This could well be true, given the eclectic character of the Acropolis display. This characterization of different ages in head and body is not entirely new in Archaic art but it is another feature in which the Olympia Master will excel.

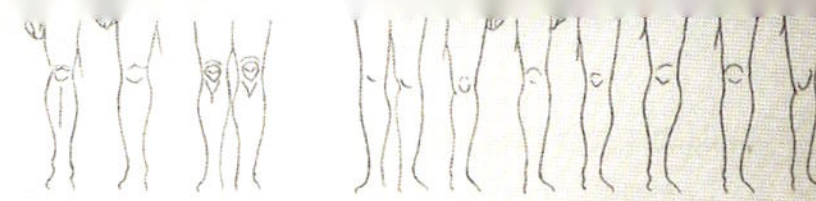

any rate once the larger figures had been roughed out in the quarries it was perhaps too late for detailed grids and the precisely mathematical placing of parts. So we can only glimpse the principles of measure and proportion which lay behind any statue.

A plot of the relative heights of complete or safely completable kouroi, and of the approximate proportions of head to body produces a fairly simple and intelligible plan of development. It shows that the variety in their heights did not depend on the observable variety in life, or provision for the superhuman for monumental or heroizing effect. Apart from the truly colossal all the complete kouroi are six-, five- or seven-footers, in the vague terms of the Greek foot which I have already explained. On a frontal human body the neatest expression of any basic module is not the length of foot but height of head. An 'ideal' man is and was six feet tall. The earliest complete kouros is a six-footer with a big one-foot head [*63*]. But in life a man's head is nearer one-seventh of his height, and as the artist's experiments led him closer to the creation of man-symbols realistic in proportions as in details two solutions were presented: to put the one-foot head in a seven-foot body [*102, 106*]; or to abandon the foot-head for the 1:7 proportion in a six-footer, and it is this solution which naturally won the day for the majority of figures ([*104, 107, 145, 150*] and Merenda). Reduce the complete kouroi (five- to seven-footers) to one height and the rapidly achieved standardization of proportions after the early and the outsize is clearly apparent (see drawing).

Outsize kouroi have eccentric head:body proportions – 1:8 for Thasos [*69*] (12 feet), 1:6·5 for Sounion [*64*] and 1:9 for Samos/Istanbul [*82*, head] (both 10 feet).

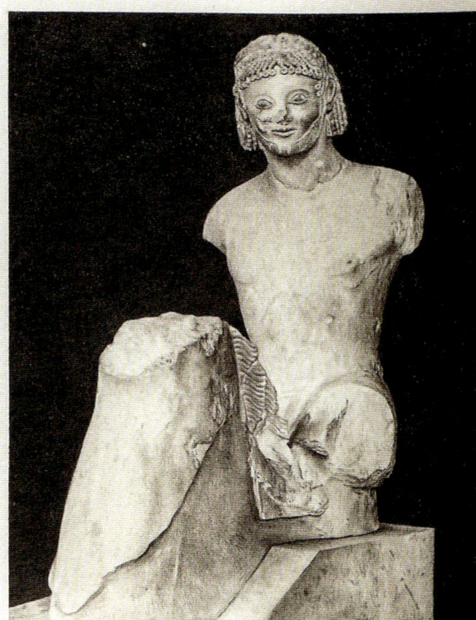

114 Horseman from the Acropolis. The 'Rampin head' is in Paris (see previous page), the rest in Athens. He wears a wreath of wild celery (the prize in the Isthmian and Nemean Games). Other fragments suggest that there was a pair of horsemen set side by side, the horses' heads inclined in, the riders' heads out. The suggestion that they are a dedication of the two 'horsy' (by name and nature) sons of Peisistratos would only be credible if the work is later than 546 (not quite impossible) when the tyrant returned to power. (Would they have survived the fall of the tyranny in 510?) They are too early to be a compliment to anti-tyrant Sparta, as the Dioskouroi, which is another suggestion (Louvre 3104 and Acr. 590; H. of head 0·29) About 550

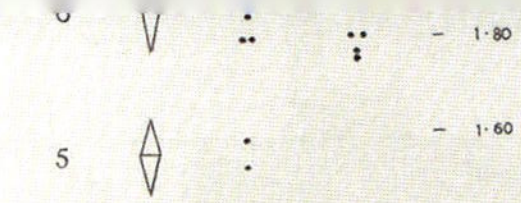

Kleobis and Biton [*70*] are seven-footers with residual outsize heads (1:6·5) if this is not rather a result of seeking a deliberate visual impression of strength in the upper body. The five-foot Tenea kouros [*121*] and the five-and-a-half-foot Calf-bearer have 'normal' heads.

Plausible identification of other significant measurements and proportions is possible, provided that obsession with meaningless or minor measurements is suppressed (there are similar pitfalls in the study of vase shapes). Thus, it seems that in the Aristodikos [*145*] the head height (0·28) was used as a module for the rest of the body and there were other basic proportions to observe such as the crotch at half-height. Gradually the ruler is abandoned in favour of more realistic systems of proportion between parts of the body systems which were to occupy classical sculptors and become subjects for treatises.

Progress in rendering of anatomy and observation of proportions may have gone at a different rate in different cities and studios, but the freedom with which artists travelled, the display of works in the national sanctuaries, and the concentration of expertise in the few sources of marble, mainly the island quarries where the figures were blocked out, probably helped ensure an overall unity of pace; and if they did not, we do not have precise enough dating evidence for individual statues to prove it.

The progress we have considered was accompanied by progress in technique. Woodworking techniques had given place to the use of the point, flat chisel, drill and abrasives for the early marble figures. A heavier broad chisel, the drove, could be used for flat areas. In the second quarter of the century the Greeks invented the claw chisel, usually five-toothed and about 1·5 cm wide, but smaller are known. This could be used at varying angles and its effect was almost to plane away the marble; and held vertically it made a sharp re-entrant edge. The rasp could be used more freely to smooth away the rougher tool marks, and the drill was called on more and more for subtler details of hair and dress or undercutting. The sculptors generally took pains to remove all traces of tool work but it is often apparent in the less accessible or ordinarily invisible parts of many figures.

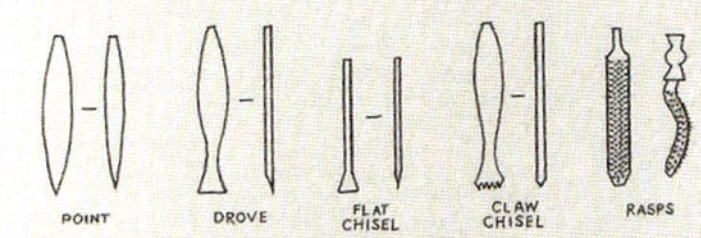

There was no compunction, as was felt in later periods of western art, to complete a figure from a single block. The seated Daedalic figures were often two-piece, and in the sixth century the projecting arms of korai or even minor parts of limbs, could be made separately and dowelled into place, or even glued (the beard tip of [*235*]). Nor was there any absolute avoidance of supports or struts, to safeguard arms held away from the body [*145*] or as pillars below the bellies of horses.

The coarser or shelly limestones were coated with stucco, on which the paint often survives better than on marble, but it is unlikely that parts modelled in stucco were added to marble figures (e.g., hair; see on [*113*]) though this has been suspected. Materials might be mixed and the Lindos temple chronicle refers to an early fifth-century wooden Gorgon with a marble face. The most lavish technique was the chryselephantine, practised already in the Archaic period [*127*]. Spears, swords, even helmets might be added in metal and this was the rule for most jewellery and attachments to diadems, while on reliefs, such as that on the Siphnian Treasury at Delphi [*212*] whole wheels might be made separately and parts receding on to the background were only painted [*150*], though this is an exceptional technique. Inlaid eyes were made of bone, crystal or glass. On the heads of free-standing statues, especially korai, discs on metal spikes (*meniskoi* – 'little moons') were fitted to protect the features from being soiled by birds: cf. [*129*].

The use of colour on Archaic statuary was more general than casual acquaintance with surviving pieces might lead us to believe, more general than we might wish to credit, but the traces left on statues buried soon after completion (as on the Acropolis), the figures of fired clay, and early Archaic vase painting leave us in no doubt. Most clothing was painted though on the later korai we see more often patterns alone added on the pale marble. Male flesh was probably painted red or brown for the earlier figures, including kouroi, and is seen still on the Ephesus column reliefs [*217*] and the Acropolis scribes [*164*]. Female flesh was probably whitened and on the later males there was no doubt still some tinting. All this apart from the obvious painting of hair, eyebrows, eyes, lips, nipples, pubic hair. Relief backgrounds were usually dark blue or red. The colours may not have been intense, and in brilliant sunlight would have been muted, but it is hard to say how easily we could have judged subtleties of carving, let alone texture of finish, on the original fully painted works. Modern restoration with colour never quite convinces and it is probably safer to restore in black and white and let the modern eye, used to this convention in photography, make its own adjustment. The results of both methods, and modern paintings, are offered here [*128–33*].

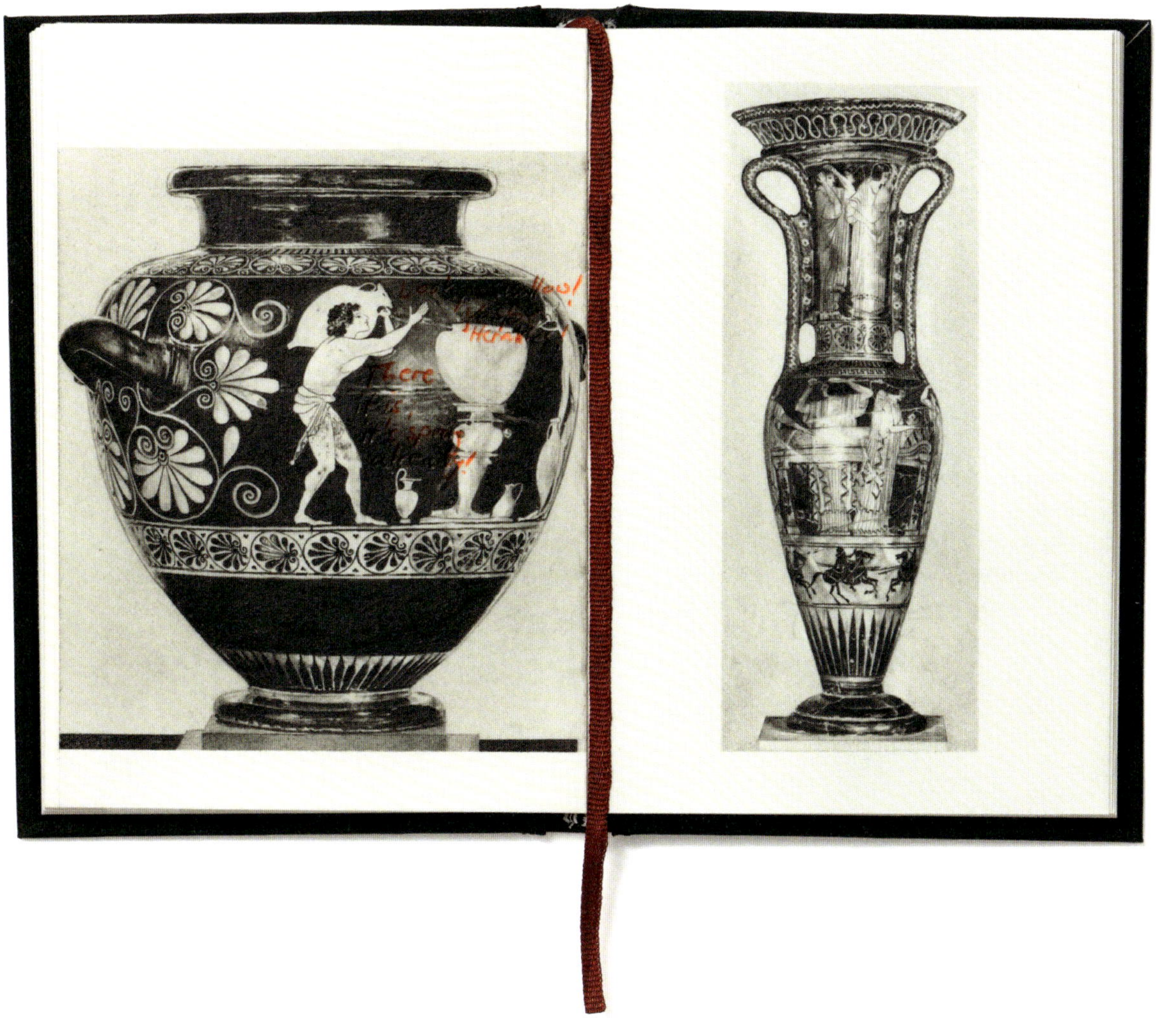

Look, a swallow!

2023

Blei- und Farbstift in Skizzenbuch.
Pencil and crayon on sketchbook, 22.5 × 15.7 × 1.8 cm.

Lieblingsbuchstaben

Im Laufe der Jahre setzte ich mich sehr viel mit meinem künstlerischen Material auseinander: Bleistifte, Zollstöcke, Papier ... – Gegenstände, mit denen ich immer wieder arbeite. Ein weiteres und sehr wichtiges Werkzeug sind meine Hände. Hier geht es ganz konkret um Handschrift und Gesten: wie man mit Händen kommunizieren kann. Wichtig ist mir bei diesen Zeichnungen aber, dass die Gesten eben nicht zugeordnet werden können; der Betrachter hat keine klare Vorstellung davon, ob überhaupt etwas Bestimmtes passiert oder was hier gerade an Kommunikation stattfindet. So finden sich Handhaltungen/-bewegungen, die nicht zuzuordnen oder einfach zu lesen sind.

Eine der Hände ist mit einem Zitat aus Nikolai Gogols Novelle *Der Mantel* beschriftet: „... Dort, in diesem Abschreiben, erschien ihm eine eigene vielfältige und angenehme Welt. Ein genießerischer Ausdruck zeigte sich auf seinem Gesicht. Einige Buchstaben waren seine Lieblinge, und wenn sie an die Reihe kamen, geriet er schier außer sich: Er kicherte in sich hinein, zwinkerte mit den Augen und half mit den Lippen nach, so daß es fast so schien, als könne man von seinem Gesicht jeden Buchstaben ablesen, den seine Feder ausführte."

Die Novelle handelt von Akakij Akakiewitsch, der jeden Tag in einem russischen Ministerium langweilige Akten abschreibt. Er liegt abends im Bett und fragt sich, was Gott ihm wohl morgen für neue Akten senden wird. Also die Idee der von Gott gesandten Schrift.

P. L.

Over the years, I have worked a lot with my artistic materials: pencils, folding rules, paper … —objects that I work with again and again. My hands are another very important tool. This drawing deals very specifically with handwriting and gestures: how you can communicate with your hands. What is important to me in these drawings, however, is that the gestures cannot be attributed; the viewer has no clear idea whether anything specific is happening at all or which kind of communication is taking place. Thus, there are hand positions/movements that cannot be assigned or easily read.

One of the hands is inscribed with a quote from Nikolai Gogol's novel ›The Overcoat‹: '… There, in this copying, a manifold and pleasant world of his own appeared to him. A savoury expression appeared on his face. Some letters were his darlings, and when it came to their turn, he was almost beside himself: he chuckled to himself, blinked his eyes and helped himself with his lips, so that it almost seemed as if one could read from his face every letter that his pen was executing.'

The novel is about Akaky Akakievich, who copies boring files in a Russian ministry every day. He lies in bed at night and wonders what new files God will send him tomorrow. In other words, the idea that writing is sent by God. P. L.

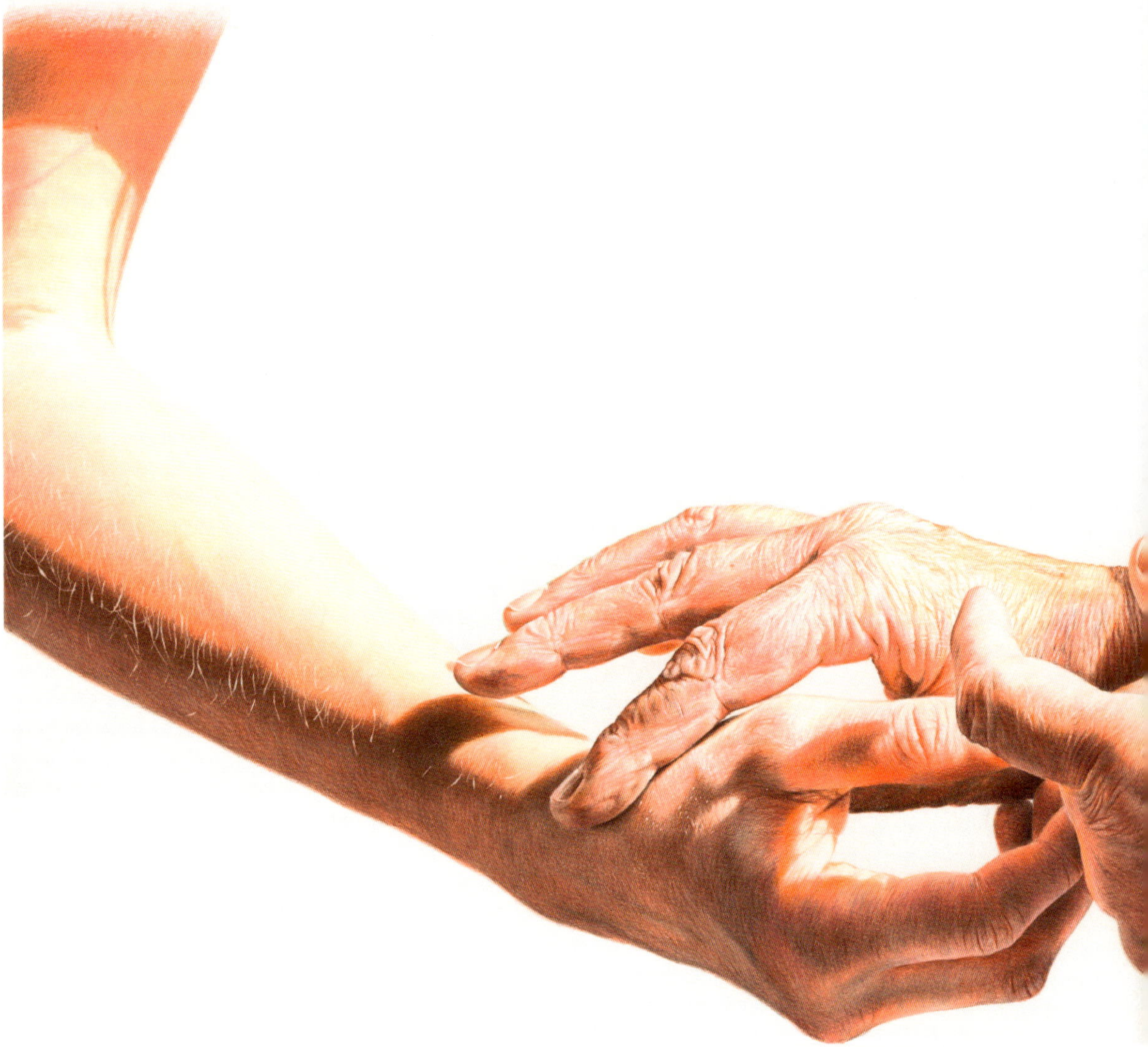

Lieblingsbuchstaben
2018

Blei- und Farbstift auf Papier.
Pencil and crayon on paper, 100 × 70 cm.

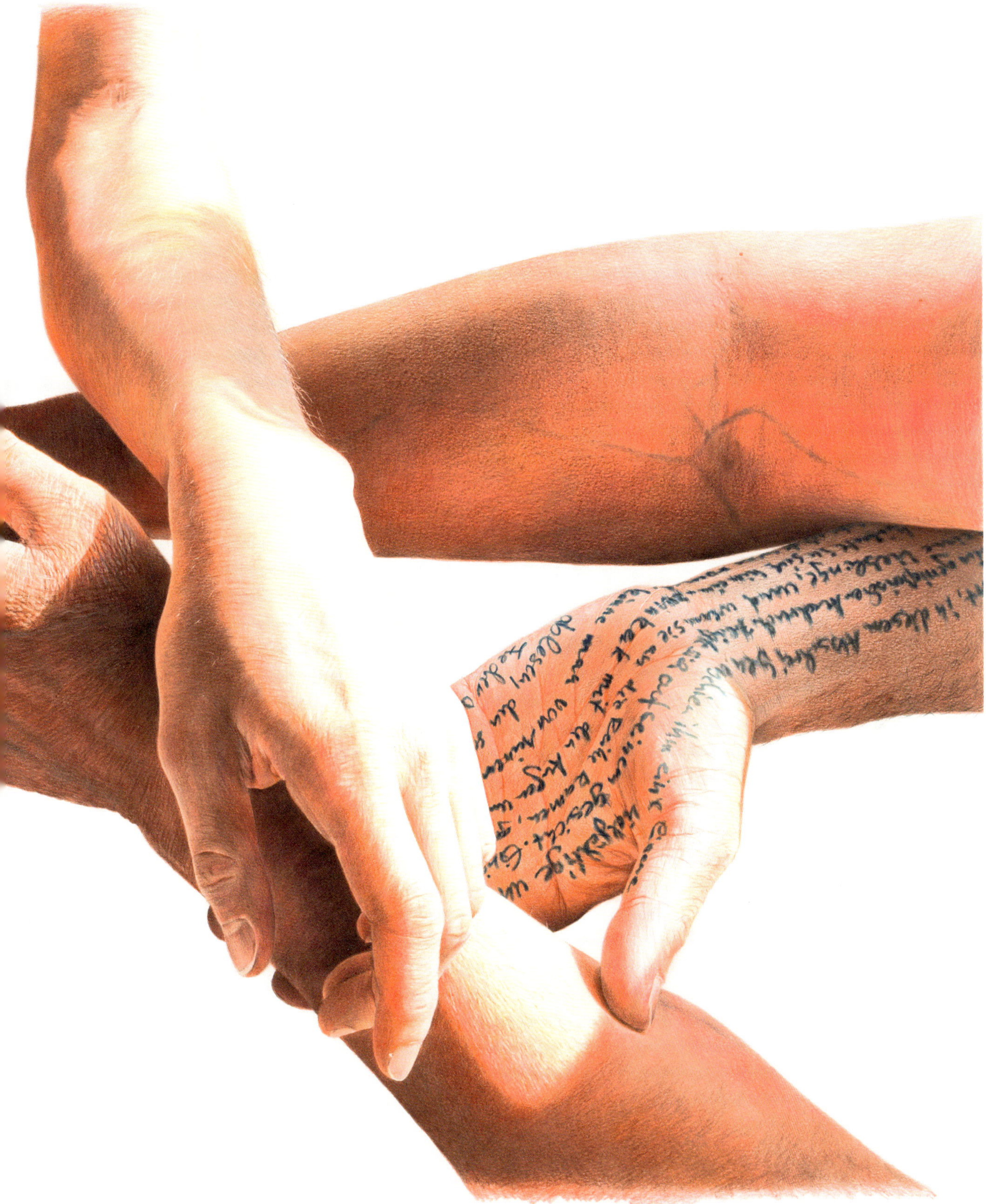

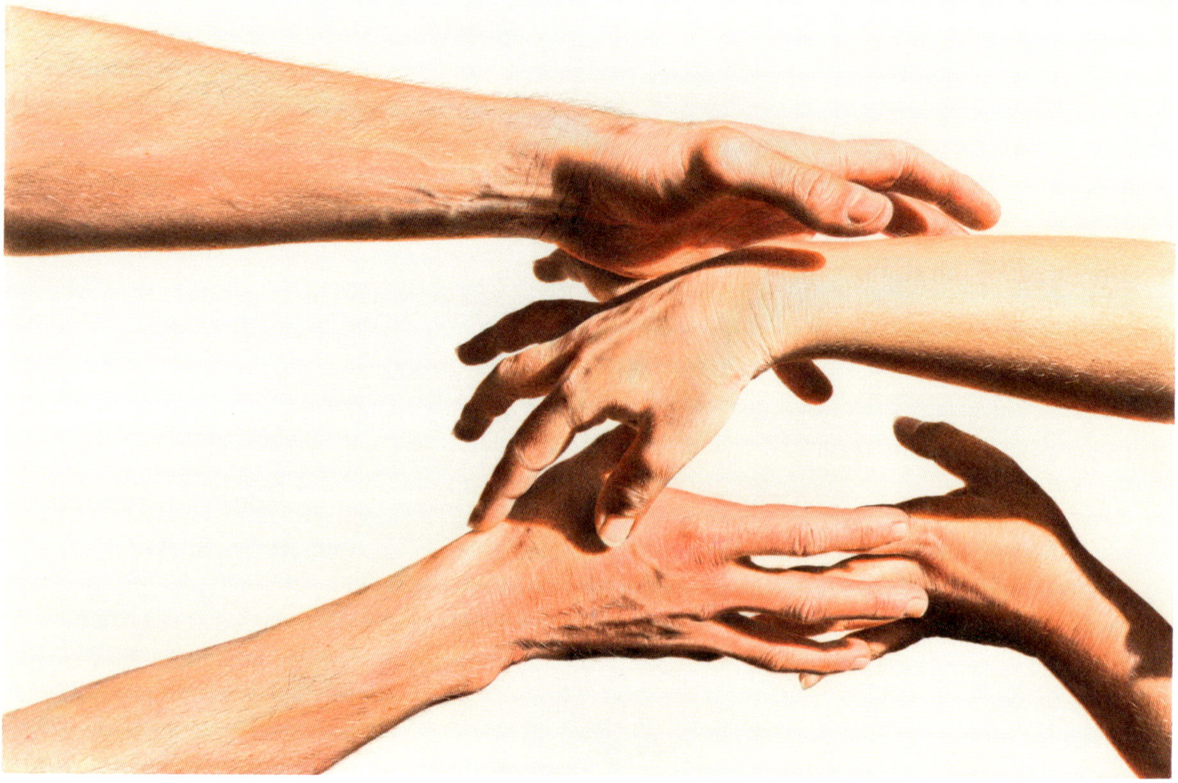

Elfenbein und VfB

2018

Blei- und Farbstift auf Papier.
Pencil and crayon on paper, 60 × 42 cm.

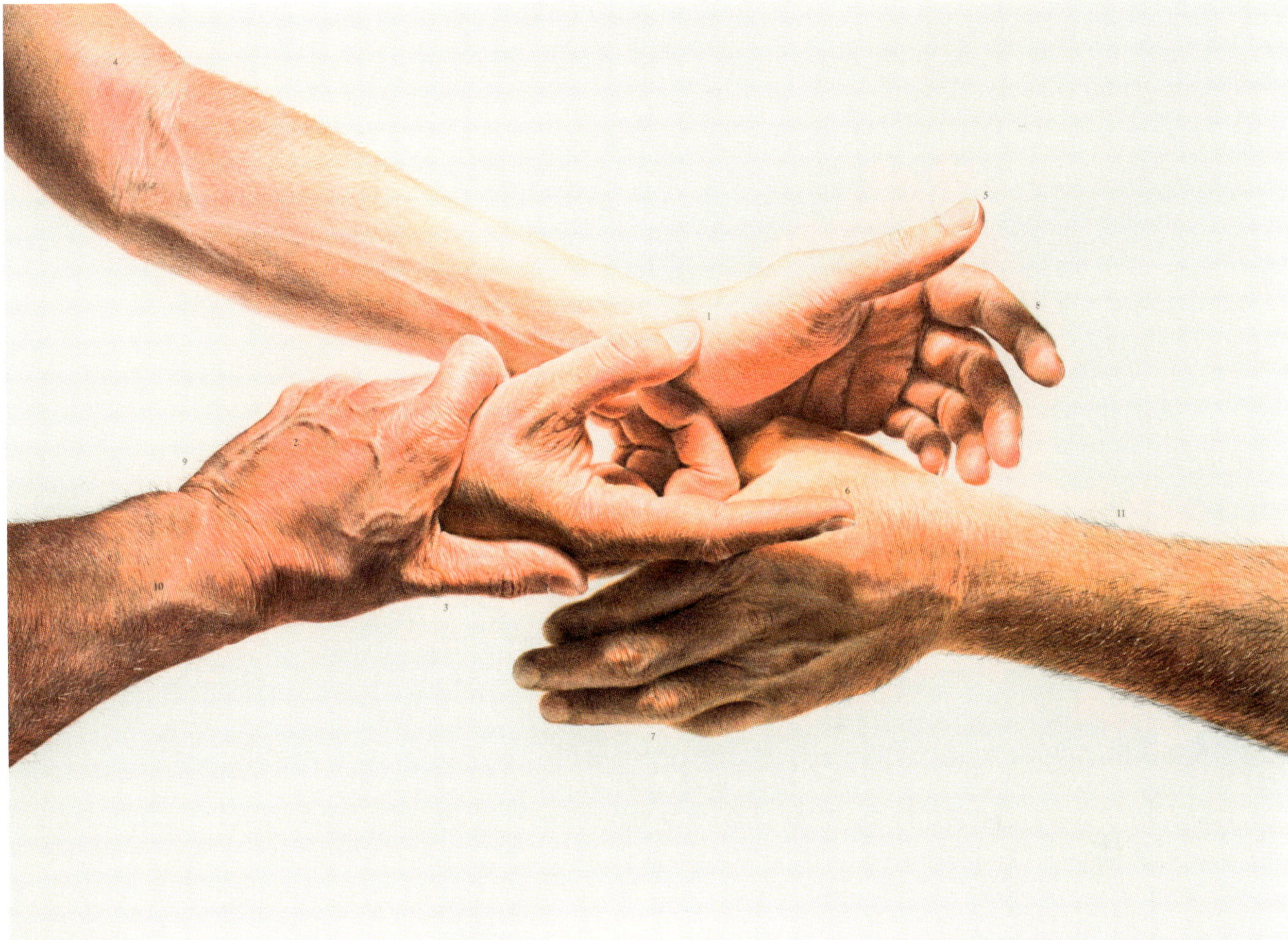

Handnoten

2016

Blei- und Farbstift auf Papier.
Pencil and crayon on paper, 59.4 × 42 cm.

Gespräch zwischen *Jan-Philipp Fruehsorge* (F) und Philip Loersch (L) (Berlin 2023)
Conversation between Jan-Philipp Fruehsorge (F) *and* Philip Loersch (L)

IM STEINBRUCH DER ZEICHNUNG: VON LANGZEITBEOBACHTUNGEN, HANDSCHRIFT

F: *Seit 2009 verfolge ich aktiv und mit Begeisterung deine Arbeit als interdisziplinärer (Hand-) Zeichner. In demselben Jahr warst du von einer Artist Residency in der Schweiz frisch nach Berlin gezogen. Du stelltest in der Groupshow ›CUT OUT – mit dem Messer zeichnen‹ in meiner ehemaligen Galerie aus, und es begann im selben Jahr mit der Soloshow Bedingungen schaffen‹ deine immer noch währende Zusammenarbeit mit Jette Rudolph, heute FeldbuschWiesnerRudolph. Es folgten 2009–2012 Solo- und Groupshows zum Thema „Cut-out" und Scherenschnitte in den Institutionen Overbeck-Gesellschaft Lübeck, Kunstverein Lippe, Hamburger Kunsthalle, MMK Klagenfurt unter anderem. Wie sah dein künstlerisches Werk damals aus?*

L: Zu dieser Zeit beschäftigte ich mich noch viel mit Cut-outs und interessierte mich thematisch für populärwissenschaftliche physikalische Abhandlungen oder sehr grundsätzliche mathematische Dinge wie die Sätze des Euklid. Auch Texte, in denen es zum Beispiel um Strömungsgesetze ging, fanden Eingang in meine Arbeit. Indem ich diese zu meinem Bildmotiv erkor und als Diagramme oder Wellenformationen in Tusche auf Polystyrolfolien zeichnete und entlang ihrer Konturen ausschnitt, konnte ich meine bis zu acht Meter langen Cut-outs an Nylonfäden im Raum installieren und Zeichnung für den Betrachter in neuartiger Dimension erfahrbar machen.

F: *Es hatte also im weitesten Sinne mit Phänomenen zu tun, wie man sie auch von Leonardo kennt, der untersuchte, wie sich Wasser bewegt und wie man dies visuell darstellen kann?*

IN THE QUARRY OF DRAWING: OF LONG-TERM OBSERVATIONS, HANDWRITING

F: *I have been actively and enthusiastically following your work as an interdisciplinary (hand) draughtsman since 2009. In that same year, you had just moved to Berlin from an artist residency in Switzerland. You exhibited in the group show ›CUT OUT—mit dem Messer zeichnen‹ in my former gallery, and your ongoing collaboration with Jette Rudolph, now FeldbuschWiesnerRudolph, began in the same year with the solo show ›Bedingungen schaffen‹. This was followed from 2009–2012 by solo and group shows on the subject of 'cut-outs' and silhouettes at the Overbeck-Gesellschaft Lübeck, Kunstverein Lippe, Hamburger Kunsthalle, MMK Klagenfurt and other institutions. What did your artistic work look like back then?*

L: At that time, I was still working a lot with cut-outs and was thematically interested in the subject of popular scientific physical treatises and very basic mathematical topics like Euclid's theorems. Texts dealing with the rules of flow, for example, also found their way into my work. By choosing these as my motif and drawing them as diagrams or wave formations in ink on polystyrene foils and cutting them out along their contours, I was able to install my up to eight-metre-long cut-outs on nylon threads in the room and make drawing tangible for the viewer in a new dimension.

F: *So it had to do with phenomena, in the broadest sense, as we know them from Leonardo, who investigated how water moves and how this can be represented visually?*

L: Richtig, Leonardo unternahm dazu viele Untersuchungen. In meinem jugendlichen Eifer sagte ich mir: Ich möchte in dieser Art und Weise zeichnen, meinen Stift übers Papier gleiten lassen, wie er es in unserer tatsächlichen physikalischen Welt auch tun würde.
Das heißt, wenn eine Linie auf eine andere Linie oder auf ein motivisches Gegenstück trifft, dann verhält und bewegt sie sich analog zum Verhalten realer physikalischer Strömungen. Neben dieser Beobachtung (natur-) wissenschaftlicher Phänomene geht meinem bildnerischen Schaffen stets die intensive Beschäftigung mit Texten voraus. Im Jahr 2012 entstand schließlich meine erste Textzeichnung. Ich sagte mir: Wenn dieser Text mein Ausgangspunkt ist, warum zeichne ich nicht exakt diesen? Damals entstanden Zeichnungen oft in Kombination mit Diagrammen. Eine der ersten Textzeichnungen entsprang einem Satz von Euklid und wurde einer naturalistischen Zeichnung gegenübergestellt, in der eine stark angeschnittene Figur mit einem Ast ein Diagramm in den Waldboden hineinschreibt und so für mich diesen wegweisenden mathematischen Lehrsatz visualisiert.

F: *Deine Textzeichnungen entsprechen also der originalen Übernahme beispielsweise einer Zeile aus einem Buch. Du „übersetzt" diese Motivvorlage aber nicht etwa in deine persönliche Handschrift respektive „schreibst sie ab". Faktisch zeichnest du Buchstabe für Buchstabe eine Kopie der dir vorliegenden Typografie.*

L: Das ist korrekt. Wobei der Begriff „Handschrift" natürlich schon speziell ist. Du meinst natürlich meine schnelle Einkaufszettelhandschrift.
Nein, die habe ich so gut wie nie als bestimmendes Werkzeug benutzt. Es gibt auch ein, zwei Arbeiten, in denen ich sie ausschließlich benutze, aber wenn ich sie nutze, hat das einen bestimmten Grund, und vor allem haben auch schon sehr viele Leute vor mir und in viel besserer Art und Weise ihre Handschrift genutzt.

L: Correct, Leonardo did a lot of research on this. In my youthful zeal, I said to myself: I want to draw in this way, to let my pencil glide across the paper as it would in our actual physical world. In other words, when a line meets another line or a motivic counterpart, it behaves and moves analogously to the behaviour of real physical flows. In addition to this observation of (natural) scientific phenomena, my artistic work is always preceded by an intensive study of texts. In 2012, I finally created my first text drawing. I said to myself: if this text is my starting point, why don't I draw it exactly? At that time, drawings were often created in combination with diagrams. One of the first text drawings was based on a theorem by Euclid and was juxtaposed with a naturalistic drawing in which a heavily cropped figure with a branch writes a diagram on the forest floor, thus visualising this groundbreaking mathematical theorem for me.

F: *So your text drawings correspond to the original copy of a line from a book, for example. However, you are not 'translating' this motif template into your personal handwriting or 'copying' it. In fact, you draw, letter by letter, a copy of the typography available to you.*

L: That's correct. Although the term 'handwriting' is of course quite special. You mean my quick shopping-list handwriting, of course.
No, I've hardly ever used it as a decisive resource. There are one or two works in which I use it exclusively, but I'm not really interested in it, and above all, a lot of people have used their handwriting before me and in a much better way.

F: *In diese Zeit deines verstärkten künstlerischen wie medialen Dialogs zwischen Schrift und Zeichnung fiel auch deine Ausstellung mit Hanne Darboven im Poolhaus Blankenese (Hamburg 2015).*

L: Ja, Hanne Darboven ist natürlich eine Künstlerin, die mit ihrer Handschrift tolle serielle Arbeiten gemacht hat, die ganze Räume füllen. Ich benutzte aber eben nicht diese Handschriftlichkeit, sondern eine andere Art von Typografie. Erst letztens habe ich darüber nachgedacht, dass ich Typografie als *Motiv* benutze. Ich mache explizit keine Art von Kalligrafie oder Schönschreiben und versuche gar nicht, die Buchstaben völlig exakt nachzuzeichnen. Vielmehr habe ich die gesamte Buchseite als meine Motivvorlage im Blick, und diese möchte ich abzeichnen. Als ob ein Text eine zu porträtierende Person wäre. Ich porträtiere Buchstabenansammlungen.

F: *Your exhibition with Hanne Darboven at Poolhaus Blankenese (Hamburg 2015) also coincided with this period of increased artistic and media dialogue between writing and drawing.*

L: Yes, Hanne Darboven is of course an artist who made great serial works with her handwriting that fill entire rooms. But I didn't use this handwriting, I used a different kind of typography. Only recently have I thought about using typography as a *motif*. I explicitly don't do any kind of calligraphy or beautiful writing and I don't even try to trace the letters exactly. Rather, I have the entire book page in mind as my motif template, and this is what I want to trace. As if a text were a person to be portrayed. I portray collections of letters.

F: *Das Stichwort „Porträt" finde ich sehr interessant: das Porträt einer Buchseite, das Porträt eines Buchstabens oder das Porträt der Schriftlichkeit. Weil das gewissermaßen ein Gegenüber voraussetzt. Dabei stammt das Wort Porträt vom lateinischen ›protrahere‹ ab und bedeutet ›hervorziehen‹. Das ist interessant, weil es den Bezug zum Zeichnen herstellt. Dem vergleichbar, steckt im Englischen ›drawing‹ auch das Wort für ›ziehen‹. Das Zeichnen – in Dürer'schen Zeiten mittelhochdeutsch als „Reißen" benannt – wie das Porträtieren wurden etymologisch also als ein „Herausziehen" verstanden. So ziehen das Zeichnen beziehungsweise das Porträtieren etwas aus der Motivvorlage heraus – womöglich eine darin verborgene Charaktereigenschaft?*

L: Tatsächlich kann man sagen, dass ich in den Jahren zwischen 2012 und 2015 stärker motivisch gearbeitet habe. Und es traten Eigenschaften in dem Sinne hervor, dass ich als Vorlage Fotos von Buchseiten machte, in denen auch Schatten oder fotografische Unschärfen vorkamen. Ich thematisierte Unschärfen, die bereits mein Interesse an der Lesbarkeit, Sichtbar- oder Unsichtbarkeit von Buchstaben beziehungsweise Zeichen zeigten. Heute thematisiere ich das, wenn ich auf Rückseiten der Blätter zeichne und vieles überhaupt nur durchscheinen lasse. Aber diese Beschäftigung mit der Text-/Buchseite als Motiv wurde immer konzeptueller. Es entstanden Zeichnungen, in denen ich explizit die pure Seite imitierte. 2015 gab es die bereits erwähnte Ausstellung mit Hanne Darboven, was wirklich ein Glücksfall war und sich zu einer spannenden Geschichte entwickelte. Überhaupt kam es zu dieser Ausstellung, als ein Sammler gewisse Beziehungen gesehen hatte. Auch oder vor allem in einer seriellen Arbeit, die am Ende in die Sammlung SHK der Hamburger Kunsthalle einging: die 16-teilige Faber-Castell-Reihe über die unterschiedlichen Bleistifthärten. Verschiedene Leute hatten mich diesbezüglich angesprochen und auf verwandte Ideen hingewiesen. Ich machte mir damals Gedanken zur Logik und zum Verständnis, ob es ästhetische Unterschiede in einer *richtigen* und einer *falschen* Zeichnung geben könne. Mathematisch richtig, also ob eins plus eins gleich zwei ästhetischer ist, als wenn ich schreibe, eins plus eins gleich drei.

F: *I find the keyword 'portrait' very interesting: the portrait of a book page, the portrait of a letter or the portrait of writing. Because that presupposes a counterpart, so to speak. The word portrait comes from the Latin ›protrahere‹ and means to ›draw out‹. This is interesting because it establishes a link to drawing. Similarly, the English word ›drawing‹ also means to ›draw‹. Drawing—known in Dürer's time as 'tearing' in Middle High German—and portraiture were thus etymologically understood as 'drawing out'. So drawing or portraying draws something out of the subject—possibly a hidden character trait?*

L: You could actually say that I worked more strongly with motifs between 2012 and 2015. And characteristics emerged in the sense that I used photos of book pages as models, in which shadows or photographic blurs were also present. I thematised blurriness, which already showed my interest in the legibility, visibility or invisibility of letters or signs. Today, I thematise this when I draw on the backs of sheets of paper and allow a lot to only shine through. But this preoccupation with the text/book page as a motif became more and more conceptual. I created drawings in which I explicitly imitated the pure page. In 2015, there was the aforementioned exhibition with Hanne Darboven, which was a real stroke of luck and developed into an exciting story. In general, this exhibition came about when a collector saw certain relationships. Also, or above all, in a serial work that ended up in the SHK collection of the Hamburger Kunsthalle: the 16-part Faber-Castell series on different pencil hardnesses. Various people had approached me about this and pointed out related ideas. At the time, I was thinking about the logic and understanding of whether there could be aesthetic differences in a *correct* and an *incorrect* drawing. Mathematically correct, i.e. whether one plus one equals two is more aesthetic than if I write one plus one equals three.

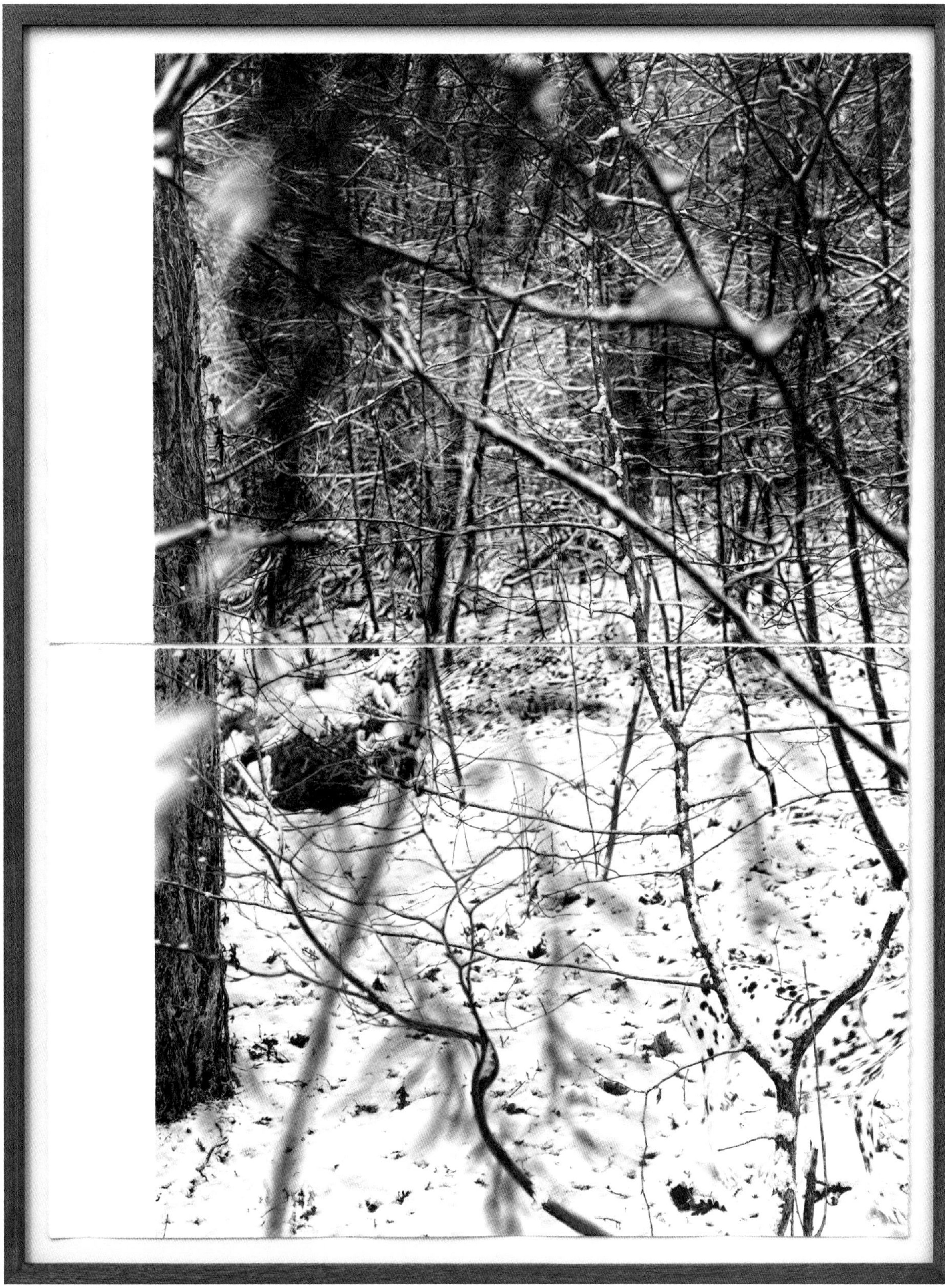

2016

Medaille 3 (Diskretheit)

Bleistift auf Papier. *Pencil on paper,* 120 × 161 cm.

F: *Du hast dich ab einem gewissen Zeitpunkt als konzeptueller Zeichner verstanden?*

L: Ja, zu einem großen Teil. Ohne Konzept beginnt keine Zeichnung. Doch es muss auch immer etwas fürs Auge passieren! Ich landete deshalb nie in der Concept oder Minimal Art, wie es sie schon gab, sondern der Ausgangspunkt ist trotz allem zuerst das Auge als visuell wahrnehmendes Organ. Und dass ästhetisch etwas mit dem Betrachter passiert, wenn er vor der Arbeit steht. Danach kann er sehr gerne tiefer einsteigen und das Konzept dahinter erfahren.

F: *Du bewegst dich somit immer im Bereich des mimetischen, gegenständlichen Zeichnens. Oder gab es auch einen Moment, der nicht weiterverfolgt wurde, als du abstrakt gezeichnet hast?*

L: Doch, den gab es. 2005 bis 2012. Als ich mich mit physikalischen und mathematischen Sachverhalten beschäftigte, da war sehr viel „nur" Linie und abstrakte Form. Wobei du insofern recht hast, wenn ich jetzt darüber nachdenke, dass ich das nie als tatsächlich abstrakte Form von Zeichnung angesehen habe, sondern hier war eben die Linie mein Motiv. Zum Ende dieser Phase beschäftigte ich mich ja schlagartig wieder mit ganz naturalistischen Bleistiftzeichnungen. Nach jahrelanger Beschäftigung mit Installationen im Raum hatte ich ein Bedürfnis, im Ergebnis wieder gerahmte Zeichnungen zu haben.

F: *Kannst du mir sagen, was die ersten wieder realistischen Motive waren? War das damals schon, was sich als gewisses Thema bis heute durchzieht, das Abbilden deiner ›Renteninformation‹, oder kam das erst später?*

L: Es ging in zwei Richtungen weiter. Auf der einen Seite die Text-, Buchseitenzeichnungen und gleichzeitig Natur-, meistens Waldzeichnungen: oftmals ein verquerer anonymer Wissenschaftler, der sich scheinbar im Wald bewegt und bestimmte Diagramme in den Waldboden zeichnet. Er hat sich auch oft im Wald auf die Suche nach Geometrie begeben, sie zum Beispiel in der zufälligen Formation von Ästen gefunden, die dann wiederum für mich auch Linien analog zu den Buchstaben waren. Am Ende sind es alles einfach nur gerade und gebogene Linien.

F: *Du hast dich aber nie auf die Pfade eines Neuromantikers begeben, der im Wald einen schönen Baum sieht und zeichnet um seiner selbst willen?*

F: *At a certain point you saw yourself as a conceptual draughtsman?*

L: Yes, to a large extent. No drawing starts without a concept. But there always has to be something for the eye! That's why I never ended up in Concept or Minimal Art as they already existed, but the starting point is still first and foremost the eye as a visually perceiving organ. And that something happens to the viewer aesthetically when he stands in front of the work. After that, he is very welcome to delve deeper and experience the concept behind it.

F: *So you always move in the area of mimetic, representational drawing. Or was there a moment, which was not pursued, when you drew in an abstract manner?*

L: Yes, there was. From 2005 to 2012, when I was dealing with physical and mathematical issues, it was very much 'just' line and abstract form. Although you're right in that respect, when I think about it now, I never saw that as an actual abstract form of drawing, but rather the line was my motif. Towards the end of this phase, I suddenly returned to completely naturalistic pencil drawings. After years of working with installations in space, I felt the need to have framed drawings again as a result.

F: *Can you tell me what the first realistic motifs were? Was it the depiction of your ›pension information‹ back then, which is still a topic today, or did that come later?*

L: It went on in two directions. On the one hand, the text and book page drawings and at the same time nature drawings, mostly forest drawings: often a strange anonymous scientist who seems to move around in the forest and draws certain diagrams in the forest floor. He also often went in search of geometry in the forest, finding it, for example, in the random formation of branches, which in turn were also lines analogous to letters for me. In the end, it's all just straight and curved lines.

F: *But you've never gone down the path of a New Romantic who sees a beautiful tree in the forest and draws it for its own sake?*

L: Das hatte ich natürlich alles schon hinter mir als Jugendlicher. Ich habe eine gewisse anmaßende Haltung, dass ich in meinem Leben schon nahezu alles Gegenständliche gezeichnet habe. Ich habe einfach so viel gezeichnet! Alles, was ich sah, wollte ich zeichnen. Natürlich nicht jedes einzelne Buch auf der Welt, aber wir sitzen hier zum Beispiel auf einem Sofa mit Kissen. Ich kann dir recht genau sagen, dass ich ungefähr im Alter von 15 Jahren sehr viele Kissen gezeichnet habe.

F: *Warst du als Jugendlicher eher am Objekt selbst interessiert oder schon am Metadiskurs, also an dem Blick durch die Kunstgeschichte? Wenn du sagst „Kissen", denke ich als Kunsthistoriker zum Beispiel an die Kissenzeichnungen von Dürer. Theoretisch ist jedes Objekt, das man direkt zeichnen kann, auch schon mal gezeichnet worden. Und Künstler sind eben die Instanzen, die stets neu interpretieren müssen, was vor ihnen auch andere schon interpretiert haben. Dieser Logik kann man sich nicht entziehen.*

Wenn du Text zeichnest, gibt es eine tiefer liegende vorherige Ebene, nämlich die des Buches. Oder wenn du ein Objekt zeichnest, gibt es zehn oder hundert Künstler, die dieses ähnliche Objekt auch schon gezeichnet haben. Es gibt also immer Referenz- und Metaebenen. Man zeichnet nie ›die‹ Wirklichkeit, sondern eine Wirklichkeit, die wir durch Medien erfahren und durch andere Augen bereits gesehen haben. Dieser rein naive erste Blick auf etwas ist ja quasi unmöglich.

L: Da bin ich tatsächlich an einem gewissen Punkt wieder auf der Suche nach etwas, einem Thema gewesen. Du hattest bereits angesprochen, dass 2016 die Serie der Zeichnungen meiner Renteninformationen begann. Das war eine relativ simple Überlegung, als ich die Renteninformation in der Hand hatte, diesen unliebsamen Amtsbrief: Ich glaube, den hat noch keiner gezeichnet. Natürlich gibt es auch dazu Referenzen. Aber das war für mich auf jeden Fall neu und hatte auch etwas Romantisches. Dabei zeichne ich das Dokument nicht stupide ab, sondern zelebriere meine handzeichnerische Arbeit mit einer Huldigung in Buntstift über drei Monate hinweg, in denen ich mich nur damit beschäftige. Wobei ich anlässlich meiner ersten Renteninformation zwischenzeitlich dringend eine Pause benötigte und daraufhin nebenher eine andere Zeichnung fertigte. Und das ist ein wichtiges Ereignis, denn es entstand eine der ersten durchscheinenden Zeichnungen: das Frontispiz eines Baudelaire-Buches, der sich ja viel mit Langeweile, dem *ennui*, beschäftigt hat. Das fand ich wiederum sehr spannend, weil ich selbst zu dieser Zeit vom Zeichnen sehr gelangweilt war. Denn sobald das Konzept steht,

L: Of course, I had already done all that as a teenager. I have a certain presumptuous attitude that I've drawn almost everything figurative in my life. I just drew so much! Everything I saw, I wanted to draw. Not every single book in the world, of course, but we're sitting here on a sofa with cushions, for example. I can tell you quite accurately that I drew a lot of cushions around the age of 15.

F: *As a teenager, were you more interested in the object itself or already in the meta-discourse, i.e. the view through art history? When you say 'cushions', as an art historian I think of Dürer's cushion drawings, for example. Theoretically, every object that can be drawn directly has been drawn before. And artists are the ones who always have to reinterpret what others have already interpreted before them. You can't escape this logic.*

When you draw text, there is a deeper, previous level, namely that of the book. Or if you draw an object, there are ten or a hundred artists who have already drawn this similar object. So there are always reference and meta levels. You never draw reality, but a reality that we experience through the media and have already seen through other eyes. This purely naive first glance at something is virtually impossible.

L: At a certain point, I was actually looking again for something, a topic. You had already mentioned that the series of drawings of my pension information began in 2016. It was a relatively simple idea when I had the pension information in my hand, this unpleasant official letter: I don't think anyone had ever drawn it before. Of course, there are also references. But it was definitely new to me and also had something romantic about it. I don't just mindlessly sketch the document, but celebrate my handdrawn work with an homage in coloured pencil over the course of three months, during which I only deal with it. In the meantime, I urgently needed a break for my first pension information, so I made another drawing on the side. And this is an important event, because it was one of the first translucent drawings: the frontispiece of a Baudelaire book, which dealt a lot with boredom, with *ennui*. I found that very exciting, because I was very bored with drawing at that time. Because as soon as the concept stands, the manual execution almost resembles an office job. And I have to force myself to spend eight hours a day drawing blades of grass, for example.

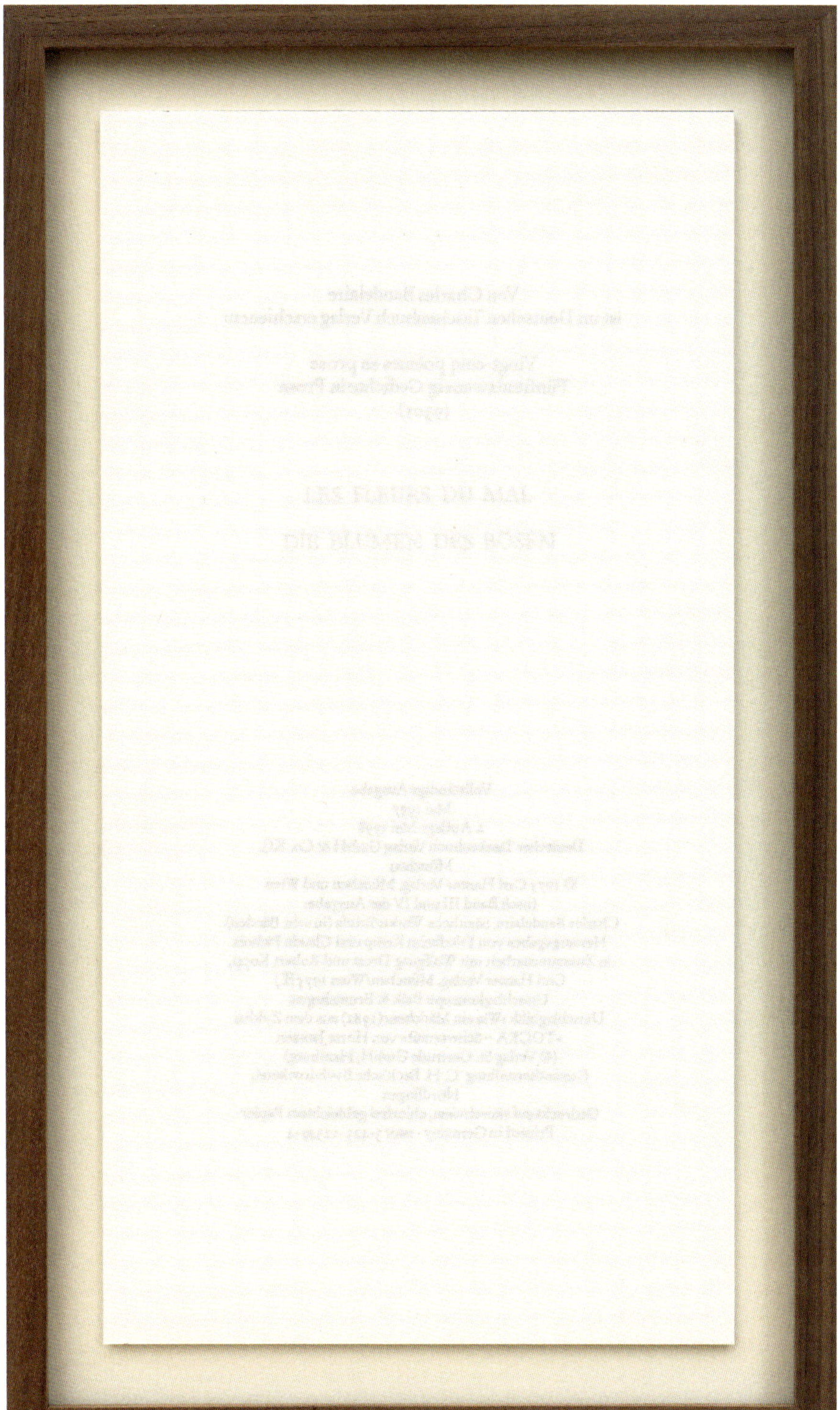

Böse Blumen

2016

Bleistift auf Papierrückseite. *Pencil on reverse side of paper,* 11.5 × 21.5 cm. 130 – 131

ähnelt die handwerkliche Ausführung fast einer Bürotätigkeit. Und ich muss mich durchringen, acht Stunden am Tag zum Beispiel Grashalme zu zeichnen.

F: *Bei deinen Renteninformationszeichnungen denke ich vor allem an zwei Arbeiten: ›Der alte Garten‹ und ›Deutsche Rentenversicherung Bunt‹. Könnte das am Ende eine Art versteckte Vier-Jahreszeiten-Serie ergeben? Sommer, Herbst ... jetzt warte ich nur noch auf das Papier im Schnee. Aber das ist nicht konzeptionell geplant, oder etwa doch?*

L: Witzigerweise kommt es genau so, wie du sagst. Es soll Versionen zu allen Jahreszeiten geben. Außerdem existiert noch eine Steinarbeit zu diesem Thema. Celina Basra, die mich vor ein paar Jahren interviewte, sprach vom „langweiligen Amtsbrief, der Kulturschaffende regelmäßig zum Lachen oder zum Weinen bringt". Das finde ich immer noch einen schönen Satz. Als nächste Zeichnung dieser Art wird es die *Rente auf Eis* geben. Also nicht „on the rocks", sondern auf zugefrorenem See. Und das birgt natürlich auch wieder allerlei Assoziationen.

F: *Ja, da denke ich sofort an Caspar David Friedrich: ›Das Eismeer‹ in der Hamburger Kunsthalle ...*

L: Genau! Und das ist total schön. Weil ich auch an all das denke, wenn ich diese Zeichnungen mache. Dass ich diesem absurden Brief die Ehrwürdigkeit eines beispielsweise geliebten zu porträtierenden Menschen, eines Kaisers oder Königs gebe. Oder, um bei Friedrich zu bleiben: einer romantischen Landschaft, die der Künstler monatelang malte. Vergleichbares zelebriere ich mit diesem Brief.

F: *Das könnte ja auch eine Form des Selbstporträts sein. Dieses Schreiben an dich als Abbild dessen, was du als Entgelt für deine Lebensleistung vom Staat bekommen wirst. Es handelt sich natürlich nur um einen Aspekt deiner Persönlichkeit, aber um einen von den Behörden attestierten Status deiner Produktivität. In gewisser Weise ein fortschreitendes Bildnis des Künstlers durch das Prisma der Bürokratie.*

L: Auf jeden Fall! Ich möchte es ja zehn Jahre lang durchhalten, auch um die Veränderung zu beobachten. Ein wenig denke ich hier auch an Eltern, die ihre Kinder in einer gewissen Regelmäßigkeit fotografieren, um Veränderungen abzuspeichern.

F: *When I think of your pension information drawings, I think of two works in particular: ›Der alte Garten‹ [The Old Garden] and ›Deutsche Rentenversicherung Bunt‹ [German Pension Insurance Coloured]. Could this end up being a kind of hidden four-seasons series? Summer, autumn ... now I'm just waiting for the paper in the snow. But that's not conceptually planned, is it?*

L: Funnily enough, it comes out exactly as you say. There are supposed to be versions for all seasons. There is also a stonework on this topic. Celina Basra, who interviewed me a few years ago, spoke of the 'boring official letter that regularly makes cultural workers laugh or cry'. I still think that's a nice phrase. The next drawing of this kind will be the *Rente auf Eis* [pension on ice]. So not 'on the rocks', but on a frozen lake. And that, of course, has all kinds of associations.

F: *Yes, I immediately think of Caspar David Friedrich: ›Das Eismeer‹ [The Sea of Ice] in the Hamburger Kunsthalle ...*

L: Exactly! And that's really nice. Because I also think of all that when I make these drawings. That I give this absurd letter the respectability of, for example, a loved one to be portrayed, an emperor or a king. Or, to stay with Friedrich: a romantic landscape that the artist painted for months. I celebrate something similar with this letter.

F: *That could also be a form of self-portrait. This letter to you as a reflection of what you will receive from the state as payment for your life's work. It is, of course, only one aspect of your personality, but a status of your productivity certified by the authorities. In a sense, a progressive portrait of the artist through the prism of bureaucracy.*

L: Definitely! I want to keep it up for ten years, also to observe the changes. I'm also thinking a bit about parents who take photos of their children on a regular basis to record changes.

GESCHWINDIGKEIT DER ZEICHNUNG

F: *Beobachtest du Veränderungen in deinem Zeichenstil oder im Duktus?*

L: Das ist eine gute Frage. Ich werde immer langsamer, fürchte ich. Und das steht im völligen Gegensatz zu meiner Intention. Als Künstler lernt man im Laufe seiner Karriere, dass

THE SPEED OF THE DRAWING

F: *Do you notice any changes in your drawing style or style?*

L: That's a good question. I'm getting slower and slower, I'm afraid. And that is completely contrary to my intention. As an artist, you learn over the course of your career that it's

es auch um Produktionsgeschwindigkeiten und -prozesse geht, wenn man sich im globalen Kunstmarkt etablieren möchte. Und natürlich ist ein Künstler, der drei Monate für eine Zeichnung braucht, die am Ende 70 mal 100 Zentimeter misst, für den Kunstmarkt vergleichsweise nicht so attraktiv wie ein Künstler, der alle zwei Tage eine Zeichnung schafft und damit eine breitere Kundennachfrage bedient. Mir war das immer bewusst, und ich habe oft versucht, meine Arbeit anders zu gestalten. Nur ist es mir leider nie gelungen. Ich beneide unglaublich David Shrigley oder Dan Perjovschi und alle Zeichner, die in einer anderen Geschwindigkeit zeichnen und hierin eine ungeheure Intensität transportieren. Das würde ich auch so gerne können!

F: *Aber vielleicht beneiden umgekehrt jene Kollegen auch dich? Sie sehen jemanden, der sich die Zeit nimmt, monatelang an einem Blatt zu arbeiten. Das ist ja gewissermaßen auch ein ungehöriger Luxus.*

L: Und dieses Sich-die-Zeit-Nehmen ist auch ein wichtiger Punkt. Sie gilt für mich als den Produzenten wie für den Rezipienten meiner Zeichnungen. Die Zeit und diese Aufmerksamkeit für jedes kleinste Detail.

F: *Ich finde es gut, wenn Dinge eine innere Logik haben. Dass eine bestimmte Arbeit eine bestimmte Zeit braucht. Und ich habe immer die abstruse Fantasie, dass man ein Publikum dazu bringen sollte, genau die gleiche Zeit vor einer Arbeit zu verbringen, um sie zu betrachten, wie sie der Künstler oder die Künstlerin für die Produktion gebraucht hat.*

L: Das wäre ja teilweise ein sehr qualvoller Ansatz. Aber ich hatte einen ähnlichen Gedanken, wenn ich manches Mal beim Betrachten von Videokunst nach zehn Sekunden kein Interesse mehr hatte, der oder die Videokünstler:in mir aber vorwarf, dass ich die volle Länge des Videos anschauen müsse. Da steht dann zum Beispiel: 7 min 23 sec. Dann sage ich: Okay, ich gebe dir auch bei meiner Zeichnung vor, wie lange du sie betrachten musst. Nicht in Bezug auf die Produktion, sondern eine vorbestimmte Zeit des Schauens.

F: *Seit 2015 entstehen parallel zu deinen Zeichnungen auf Papier auch Zeichnungen auf Stein, die in ihrer Form die Assoziation an ein Buch wecken. Was war der Anlass für diese außergewöhnliche mediale Verknüpfung von Zeichnung, Skulptur und Buch?*

L: Der Anlass war meine Vorbereitung auf die anfangs bereits erwähnte Duo-Show mit Hanne Darboven im Poolhaus Blankenese. Ich beschäftigte mich zu jener Zeit viel mit Logik. Der eine oder andere Gesprächspartner brachte zu diesem Thema den deutschen Mathematiker und Philosophen Gottfried Wilhelm Leibniz und dessen Abhandlungen zur Logik und zu seinen „eingeborenen Ideen" ins Spiel. Schließlich las ich selbst einiges von Leibniz und verstand, dass er auch für Hanne Darboven unglaublich faszinierend

also about production speeds and processes if you want to establish yourself in the global art market. And of course, an artist who takes three months to create a drawing that ultimately measures 70 by 100 centimetres is not as attractive to the art market as an artist who creates a drawing every two days and thus serves a broader customer demand. I've always been aware of this and I've often tried to organise my work differently. Unfortunately, I have never succeeded. I'm incredibly envious of David Shrigley and Dan Perjovschi and all artists who draw at a different speed and convey a tremendous intensity. I would love to be able to do that too!

F: *But maybe those colleagues also envy you? They see someone who takes the time to work on one drawing for months. In a way, that's also an unseemly luxury.*

L: And taking your time is also an important point. It applies to me as the producer as well as to the recipient of my drawings. The time and this attention to every little detail.

F: *I think it's good when things have an inner logic. That a certain work needs a certain amount of time. And I always have the abstruse fantasy that an audience should be made to spend the same time in front of a work to look at it as the artist needed to produce it.*

L: That would sometimes be a very agonising approach. But I had a similar thought when I sometimes lost interest after ten seconds when watching video art, but the video artist(s) reproached me for having to watch the full length of the video. For example, it says: 7 min 23 sec. Then I say: Okay, I'll tell you how long you have to watch my drawing too. Not in relation to the production, but a predetermined time of watching.

F: *Since 2015, in parallel to your drawings on paper, you have also been creating drawings on stone whose form evokes associations with a book. What was the reason for this unusual media combination of drawing, sculpture and book?*

L: This happened during my preparation for the aforementioned combined show with Hanne Darboven at Poolhaus Blankenese. At that time, I was concerned with thinking about logic. One or two of the people I was talking to brought up the German mathematician and philosopher Gottfried Wilhelm Leibniz and his treatises on logic and his 'innate ideas'. Eventually I read a lot of Leibniz myself and realised that he must have been incredibly fascinating for Hanne Darboven too. I was also kindly invited to visit Darboven's birthplace. It is definitely an experience! Everything in the house is full of work, the tables are overloaded with sheets, papers, texts and drawings, as are all the walls and ceilings. Exuberant. And finally I saw a pile of Leibniz Reclam books there, which I photographed and used as a template for my first stone work. Leibniz, who doesn't compare

gewesen sein muss. Netterweise wurde ich auch eingeladen, Darbovens Geburtshaus zu besuchen. Es ist auf jeden Fall ein Erlebnis! Alles im Haus ist voller Arbeiten, die Tische überladen mit Blättern, Papieren, Texten und Zeichnungen, auch alle Wände und Decken. Überbordend. Und schließlich sah ich dort einen Stapel Leibniz-Reclam-Bücher, den ich fotografierte und als Vorlage für meine erste Steinarbeit benutzte. Leibniz, der ja den Menschen eben nicht mit einem leeren Wachstäfelchen vergleicht, sondern die Analogie zum geäderten Marmor zieht. Das war der Initiationsmoment für meine Steinarbeiten.

VON BÜCHERN UND GÄRTEN

L: In diese Zeichnungen spielt wiederum die Tradition der Steintafeln mit hinein; also dass Steine früher geglättet und beschriftet wurden. Bei mir erscheinen die Steine wie quasiarchäologische Fundstücke. Gleichzeitig sollen sie in einem guten Sinne auch nicht funktionieren. Es soll gestolpert werden, wenn wir merken, dass sie gar kein archäologisches Fundstück sein können, da ja zeitgenössische Buch- oder Textvorlagen zu sehen sind.

F: *Du hast von Leibniz gesprochen, vom Interesse an Logik und naturwissenschaftlichem Denken. Aber es gibt natürlich auch noch den anderen Bereich, den der Literatur, literarischer Figuren oder Texte, die in die Arbeit mit hineinreichen. Es gibt unter anderem den Bezug zu Gogol und seiner berühmten Novelle ›Der Mantel‹. Da ist die Figur des Kopisten, des Mannes, der sein Leben damit verbringt, Texte anderer zu kopieren und sich zu fragen, welche Texte Gott ihm als Nächstes senden wird, die er zu kopieren hat. Bei dir geht es immer wieder auch um diese Tätigkeit des Kopierens, reflektiert in literarischer Form. Und ich sehe, bewusst oder unbewusst, dieses Universum an aufgeladener Literatur, das nicht nur strikt wissenschaftlich, logisch rational ist, sondern da gibt es auch Momente des Irrationalen oder Poetischen. Du machst und schaffst Begegnungen. Du kombinierst in deinen geschriebenen Steinbüchern Dinge, die so in den Büchern nicht vorkommen, sondern du kompilierst. Du schaffst Zusammenhänge, oder du nimmst Dinge weg. Es gibt eine Arbeit, in der ›Maikäfer‹ und ›Mailand‹ nebeneinanderstehen, aber das ›M‹ fehlt, und der Buchstabe ist auf die andere Bildseite gewandert. Also gibt es Eingriffe, die plötzlich Chaos und Poesie stiften. Und das ist es, was neben der wissenschaftlichen Analyse der textreflexiven Arbeiten mit philosophischen Ideen auch immer wieder eine andere Art von Energie schafft, die deine Arbeiten ausstrahlen.*

L: Ja, ich begegne geschriebener Sprache, Texten und suche Assoziationen.

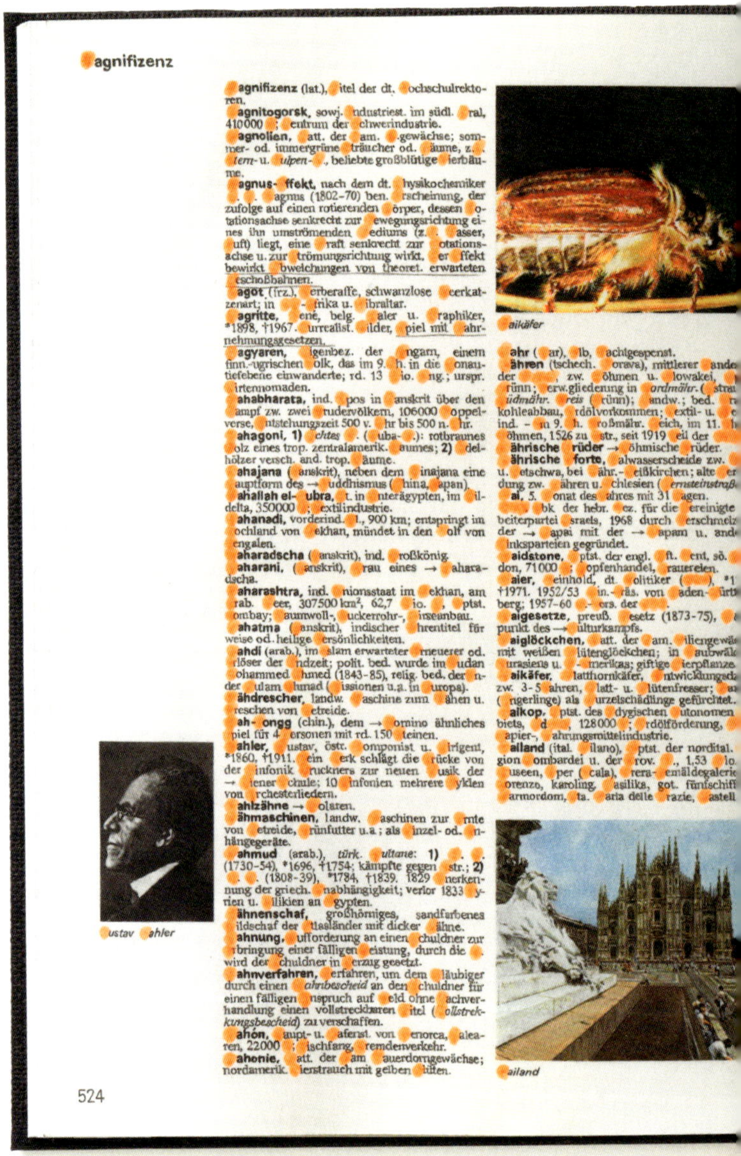

aikäfer und ailand

2021

Blei- und Farbstift, Tusche in Skizzenbuch.
Pencil, crayon and China ink on sketchbook, 30 × 21 × 2.5 cm.

people to a blank wax tablet, but draws an analogy to veined marble. That was the initiation moment for my stone works.

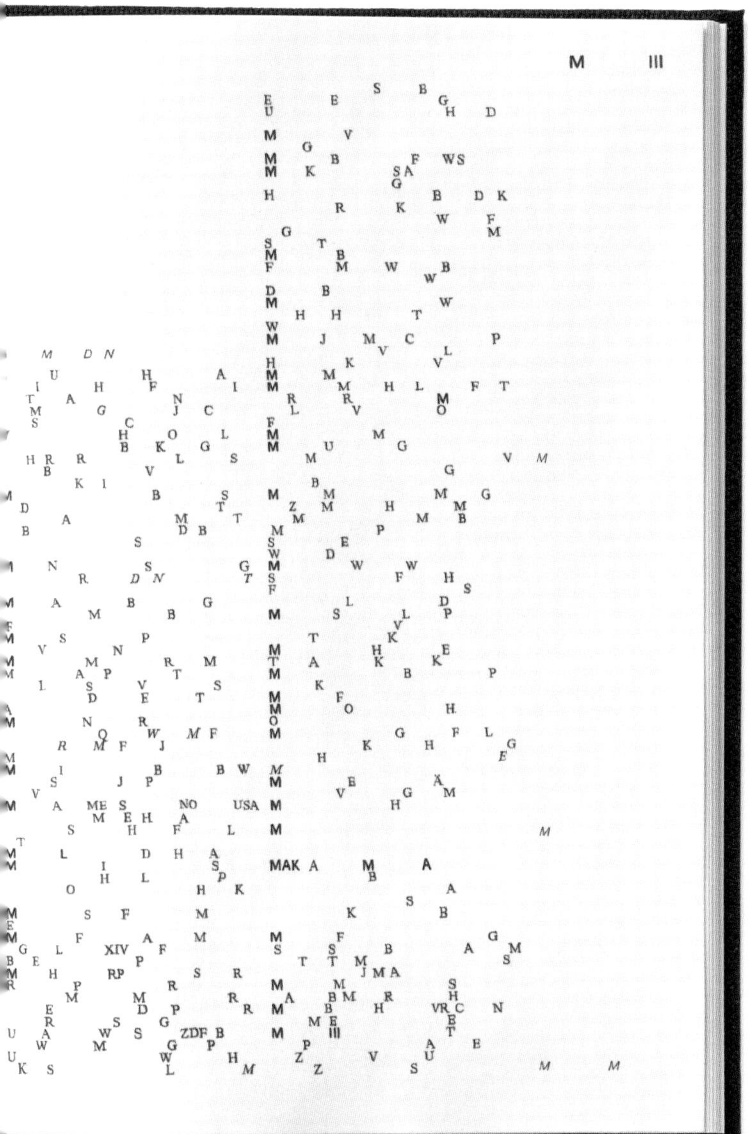

OF BOOKS AND GARDENS

L: The tradition of stone tablets plays a role in these drawings; in those times, the stones were smoothed and inscribed. For me, the stones look like quasi-archaeological finds. At the same time, in a good sense, they should not be functioning. We are supposed to stumble when we realize that they cannot be archaeological finds at all, since contemporary book or text templates can be seen.

F: *You mentioned Leibniz, the interest in logic and scientific thinking. But of course there is also the other area, that of literature, literary figures or texts, which are part of the work. Among other things, there is the reference to Gogol and his famous novella ›The Overcoat‹. There is the figure of the copyist, the man who spends his life copying other people's texts and wondering what texts God will send him next to copy. You are always concerned with this activity of copying, reflected in literary form. And I see, consciously or unconsciously, this universe of boosted literature, which is not only strictly scientific, logically rational, but there are also moments of the irrational or poetic. You make—and create—encounters. You combine things in your written stone books that don't appear in the books, but you compile them. You create connections or you take things away. There is a work in which the words ›Maikäfer‹ [cockchafer] and ›Mailand‹ [Milan] are next to each other, but the ›M‹ is missing, and the letter has moved to the other side of the picture. Thus, there exist interventions that suddenly create chaos and poetry. And that is what, in addition to the scientific analysis of the text-reflexive works with philosophical ideas, always creates a different kind of energy that your works radiate.*

L: Yes, I encounter written language, texts and look for associations. My springtime pension drawing is entitled *Der alte Garten* [The Old Garden] (2018), based on a story by Marie Luise Kaschnitz. In my memories from my youth, two children and a swan meet in this story.

Meine frühlingshafte Rentenzeichnung trägt den Titel *Der alte Garten* (2018) nach einer Geschichte von Marie Luise Kaschnitz. In der Erinnerung aus meiner Jugend begegnen sich in dieser Erzählung zwei Kinder und ein Schwan. Am prägnantesten ist mir aber Kaschnitz' unglaublich fesselnde literarische Beschreibung eines Gartens im Kopf geblieben.

Solch einen Zustand wollte ich im Betrachter erreichen. Ich möchte, dass das Auge meine Zeichnung der Renteninformation auf eine Art durchwandert wie ich damals in meiner Imagination diesen Garten. Bei Gogol andererseits gibt es einen Satz, der über eine ganze Buchseite geht. Und in diesem Satz kommt zweimal der Ausdruck vor: „mit nur einem Wort". Eine extrem lange und analytische Beschreibung einer Begebenheit, am Ende ein völlig nichtssagender Satz, der aber eine ganze Seite Papier in Anspruch nimmt. Völlig abstrus, völlig absurd – oder gogolesk. Das sind Momente, in denen bei mir etwas passiert. Für eine Ausstellung wandelte ich den Satz grafisch so um, dass die Buchstaben von einem bestimmten Blickwinkel aus eine Linie bilden, die wiederum durch die ganze Seite beziehungsweise den ganzen Satz läuft. Ich glaube, Gogol hätte das geschätzt.

Beim Thema des Schreibens fällt mir auch immer *Bartleby, the Scrivener* von Herman Melville ein. Bartleby, der in einem Schreibbüro arbeitet, aber eigentlich *lieber nicht* schreiben möchte.

F: *Es ist die totale Verweigerung. Bartleby ist die Personifizierung des Sich-Verweigerns gegenüber der Aufgabe, die ihm gestellt wird, und am Ende auch der Gesellschaft und sich selbst gegenüber. Er gibt sich quasi auf. Eine radikale Haltung des Dissens, der Nonkonformität und des Außenseitertums. Ein Bild des Künstlers als Neinsager.*

L: Das ist der belletristische Teil der Vorlagen oder Ideensammlungen, die im Kopf entstehen und die oft auch viel Poesie innehaben, wie du es eben erwähntest. Diese Poesie nehme ich mit und stülpe sie über wissenschaftliche Texte oder auch zum Beispiel Amtsbriefe. Und sie öffnet mir eine weitere Ebene, um über Literaturwissenschaft oder auch philosophische Ansätze in der Betrachtung von Schrift und Bild nachzudenken. Sybille Krämer hat – unter anderem mit dem Begriff der *Schriftbildlichkeit* – in den letzten Jahrzehnten sehr viel Spannendes in dieser Richtung gedacht beziehungsweise erdacht oder auch entdeckt. Zudem ist in den letzten zwanzig Jahren viel Neues zum Thema von Schriftpraktiken in den Disziplinen von Philosophie, Medienwissenschaften und Informatik gedacht worden. Sodass ich mich sehr viel damit beschäftige und einige Ansätze wiederum motivische Ausgangspunkte für meine eigene Arbeit als bildender Künstler bieten.

However, it is Kaschnitz's incredibly captivating literary description of a garden that has stayed in my memory the most.

I wanted to establish such a state in the viewer. I want the eye to wander through my drawing of the pension information in the same way that I wandered through this garden in my imagination. In Gogol, on the other hand, there is a sentence that spans an entire page of the book. And the expression appears twice in this sentence: *in nur einem Wort* [in just one word]. An extremely long and analytical description of an event, ending with a completely meaningless sentence that takes up a whole page. Completely abstruse, completely absurd—or gogolesque. These are moments when something happens to me. For an exhibition, I graphically transformed the sentence so that the letters form a line from a certain angle, which in turn runs through the whole page or the whole sentence. I think Gogol would have appreciated that.

When it comes to writing, I always think of *Bartleby, the Scrivener* by Herman Melville. Bartleby, who works in a writing office but would *rather not* write.

F: *It is total refusal. Bartleby is the personification of a refusal of the task he is given, and, in the end, also of society and himself. He virtually gives himself up. A radical attitude of dissent, of non-conformity and of being an outsider. An image of the artist as a naysayer.*

L: That's the fiction part of the templates or collections of ideas that arise in my head and which often also contain a lot of poetry, as you just mentioned. I take this poetry with me and apply it to scientific texts or official letters, for example. And, for me, it opens up another level of thinking about literary studies or philosophical approaches while looking at writing and images. Sybille Krämer has—among other things with the concept of *Schriftbildlichkeit* [notational iconicity]—thought, conceived or discovered a lot of exciting things in this direction in recent decades. In addition, over the last twenty years a lot of new ideas have been developed about writing practices in the disciplines of philosophy, media studies and computer science. As a result, I deal with it a lot and some approaches in turn provide motivational starting points for my own work as a visual artist.

F: *Ein weiterer Aspekt, den ich grundsätzlich bemerkenswert in deiner Arbeit finde, ist die Beschäftigung mit einer Form von Ordnungssystemen, die uns in Lexika und Enzyklopädien begegnet. Hier gehen wir ganz selbstverständlich davon aus, dass es Sinn ergibt, Dinge alphabetisch zu sortieren, sodass plötzlich zwei Begriffe nebeneinanderstehen, die nichts weiter miteinander zu tun haben, als die gleiche Buchstabenfolge zu teilen. Wenn man aber anfängt, das zu dekonstruieren und – wie du es machst – mit farbigen Anstreichungen zu versehen, zu kommentieren oder die Illustrationen zu den Begriffen neu zu kombinieren oder darüber nachzudenken, was in solch einem Buch wie einem illustrierten Lexikon überhaupt passiert, dann stellt man Ordnungssysteme, Taxonomien, also unsere überlieferten Konventionen, wie menschliches Wissen archiviert wird, prinzipiell infrage.*

Deine zeichnerisch-bildhaften Neuordnungen bedienen sich dabei der künstlerischen Werkstrategie der Kopie. Du kopierst Texte, Schrift, Abbildungen, Buchseiten und schaffst ein Duplikat davon. Und dennoch sind deine Zeichnungen mehr als eine Kopie. Es ist eine Form der Aneignung. In der Kunsttheorie gibt es den Begriff der ›Appropriation Art‹. Doch das, was du machst, ist etwas anderes. Du kopierst nicht derart, wie eine Sturtevant oder Pettibon den Kollegen Andy Warhol kopierten. Von Pettibon gibt es den Satz: ›Ich bin ein sorgfältiger Handwerker, Warhol ist ein Schlamper‹. Die Aussage birgt den Anspruch und die Behauptung, dass die Kopie die bessere Version ist als das Original.

L: Diesen Gedanken mag ich natürlich sehr gerne. Und wo wir gerade von Kopieren reden: Ich sehe manchmal Arbeiten bei anderen Künstlern, die ich vielleicht auch so hätte machen wollen. Aber das hat sich dann schon erledigt. Das ist auch das Tolle in der Kunst, dass man nichts mehr machen muss, was schon jemand anderes gemacht hat. Die haben ja alle schon für mich gearbeitet! Alle sind meine Assistenten gewesen und haben erledigt, was ich sonst hätte noch erledigen müssen.

Etwas, das zum Beispiel aber noch niemand gemacht hatte, war ein Buch im monumentalen Format von 222 mal 30 Zentimeter. 2020 hatte ich mit der Planung zu *Die Große Handschrift* begonnen. All die buchbinderischen Herausforderungen und auch Probleme eines Buches in einem solch absurden Format mussten bewältigt werden. Am Ende ist es für mich aber eine wegweisende Zeichnung und auch ein Meilenstein geworden. Eine schöne Geschichte zur *Großen Handschrift*: Einmal stand ein Besucher davor und schmunzelte. Ich war auch gerade im Raum und sprach ihn an. Er wusste nicht, dass ich der Künstler bin. Aber er sagte zu mir, dass er es toll finde, dass hier für den Druck ein Schriftfont benutzt worden sei, der eben so ein

F: *Another aspect that I find fundamentally remarkable in your work is your preoccupation with a form of classification system that we encounter in dictionaries and encyclopaedias. Here we take it for granted that it makes sense to sort things alphabetically and that suddenly two terms are next to each other that have nothing more to do with each other than sharing the same sequence of letters. But if you start to deconstruct this and—as you do—add coloured highlights, comment on it or recombine the illustrations for the terms, and think, as you do, about what happens in a book like an illustrated encyclopedia, then you fundamentally question systems of order, taxonomies, i.e. our traditional conventions of how human knowledge is archived.*

Your graphic-pictorial re-orderings make use of the artistic work strategy of the copy. You copy texts, writings, illustrations, book pages and create a duplicate of them. And yet your drawings are more than just a copy. It is a form of appropriation. In art theory, there is the concept of ›appropriation art‹. But what you do is something else. You're not copying in the same way that a Sturtevant or Pettibon copied their colleague Andy Warhol. Pettibon said: ›I am a meticulous craftsman, Warhol is a slob‹. The statement contains the claim and the assertion that the copy is the better version than the original.

L: I really like that line of thought, of course. And speaking of copying: I sometimes see works by other artists that I might have wanted to do in the same way. But then that's already done. That's also the great thing about art: that you don't have to do anything that someone else has already done. They've all already worked for me! They've all been my assistants and have done what I would otherwise have had to do.

Something that no one had ever done before, for example, was a book in the monumental format of 222 by 30 centimetres. I had started planning *Die Große Handschrift* [The Large Manuscript] in 2020. All the bookbinding challenges and problems of a book in such an absurd format had to be overcome. In the end, however, it became a groundbreaking drawing and a milestone for me. A nice story about the *Large Manuscript:* once a visitor stood in front of it and smiled. I was also in the room and spoke to him. He didn't know that I was the artist. But he said to me that he thought it was great that a font was used here for the print that was also a bit wobbly and not quite straight. He liked the movement in it and that everything was a little bit imprecise. But he didn't realise that it was drawn, he thought it was a printed font that looked like it was drawn. Now that I'm talking about it, I realise how crazy it is: someone thinks it's much more likely that a font that looks drawn is printed, or that

bisschen wackelig und nicht ganz gerade sei. Er fand diese Bewegung darin schön und dass alles ein kleines bisschen ungenau ist. Aber er hatte nicht die Erkenntnis, dass es gezeichnet ist, sondern dachte, das sei eine gedruckte Schriftart, die aussieht wie gezeichnet. Jetzt, wo ich darüber spreche, fällt mir auf, wie verrückt es ist: Jemand hält es für viel wahrscheinlicher, dass eine Schriftart, die wie gezeichnet aussieht, gedruckt ist beziehungsweise dass irgendjemand diese Schriftart eigens für dieses visuelle Erscheinungsbild digital entwickelt haben muss. Statt dass es sich einfach um eine Zeichnung handelt, was er ja schon im Kopf hat, wenn er sagt, dass es *wie gezeichnet* aussieht. Natürlich passiert das durch die Menge an Buchstaben. Unser Hirn schaltet ab. Sobald man diese Ansammlung von Text in scheinbar exakten Druckbuchstaben sieht, denkt man sofort, dass es sich um einen Druck handelt. Wir denken nicht mehr darüber nach, ob das händisch ausgeführt oder gezeichnet ist, wenn wir nicht darauf gestoßen werden.

F: *Und inzwischen gibt es ein zweites großes Buch?*

L: Genau. *Long Archaic Smile*, langes archaisches Lächeln. Der erste Ansatz in *Die Große Handschrift* war die völlige Textbasiertheit. Ein reiner Text über Handschrift, der ohne Abbildungen auskommt. Beim zweiten Buch wollte ich sehen, was passiert, wenn ich ausschließlich mit Bildmotiven arbeite. Das funktionierte aber schon in der Konzeption überhaupt nicht, und ich merkte, dass ich eine gewisse Text-Bild-Kombination benötige. Der Ausgangspunkt war schließlich ein Buch zur griechischen Archaik, das ich in einem Antiquariat entdeckt hatte. Mich fasziniert dieser Umgang mit Proportionen und mit Frontalität beziehungsweise eher mit der Auflösung der Frontalität. Diese Thematik hatte mich sofort an die Dimension meines Buches, an dieses lang gezogene, über zwei Meter große Format erinnert.

F: *Ein 2,20 Meter hohes Buch ist natürlich ein absurder und unpraktikabler Gegenstand. Niemand würde es transportieren, ins Regal stellen oder lesen wollen. Der TASCHEN Verlag hat vor vielen Jahren mit dem Sumo-Buch von Helmut Newton versucht, das Buch als Buchobjekt zu zelebrieren, als einen überdimensionierten Gegenstand der besonderen Wertschätzung und wohl auch Wertschöpfung, für den man dann einen extra Buchständer benötigt. Man knüpft an an das Prinzip „size matters", bzw. das extraordinäre Format wird zum Instrument des Marketings und der Sammlerakquise.*

Was du machst, ist jedoch etwas anderes. Es geht um eine konzeptionelle Weiterführung deiner Auseinandersetzung mit dem Format respektive dem Medium Buch. Wenn man ein solches Buch schreibt, schafft man vielleicht gar kein Buch. Es ist am Ende etwas, das aussieht wie ein Buch,

someone must have digitally developed this font specifically for this visual appearance. Instead of it simply being a drawing, which is what he already has in mind when he says it looks like a *drawing*. Of course, this happens because of the (huge) number of letters. Our brain switches off. As soon as you see this collection of text in seemingly exact block letters, you immediately think it's a print. We no longer think about whether it was done by hand or drawn unless we come across it.

F: *And there is now a second major book?*

L: Exactly. *Long Archaic Smile*. The first approach in *Die Große Handschrift* [The Large Manuscript] was to be completely text-based. A pure text about handwriting, without any illustrations. For the second book, I wanted to see what would happen if I worked exclusively with images. But that didn't work at all in the conception stage, and I realised that I needed a certain combination of text and images. The starting point was ultimately a book on Greek archaism that I discovered in an antiquarian bookshop. I am fascinated by this approach to proportions and frontality, or rather the dissolution of frontality. This topic immediately reminded me of the dimensions of my book, of this elongated format measuring over two metres.

F: *A 2.20-metre-high book is of course an absurd and impractical object. Nobody would want to transport it, put it on a shelf or read it. Many years ago, with Helmut Newton's ›Sumo‹ book, TASCHEN tried to celebrate the book as a book object, as an oversized object of special esteem and probably also added value, for which one then needs an extra book stand. The principle of 'size matters' is taken up and the extraordinary format becomes an instrument of marketing and collector acquisition.*

What you are doing, however, is something different. It's about a conceptual continuation of your exploration of the format or the medium of the book. When you write a book like this, you might not create a book at all. In the end, it is something that looks like a book, but is not a book. Even if it is bound and has all the external signs of a book. It sits in a frame, protected behind glass, but is a drawing after all. Or is it more of a hybrid, a hybrid between something that looks and has the characteristics of a book, but is ultimately a drawing in its form of presentation and reception?

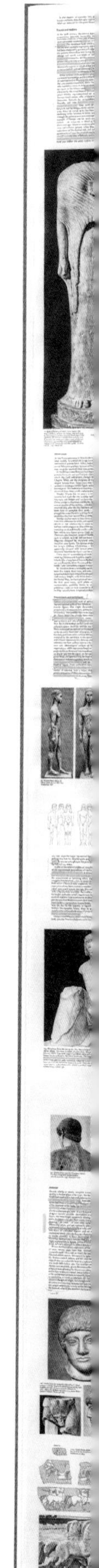

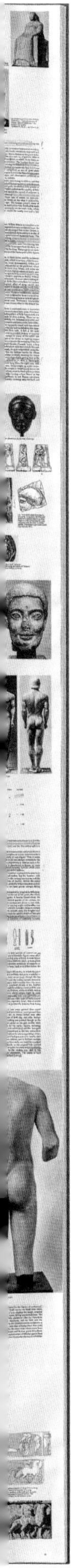

2022/23

Long Archaic Smile

Bleistift und Tusche auf Papier.
Pencil and China ink on paper, 32.5 × 222.5 × 3 cm.

aber doch kein Buch ist. Auch wenn es gebunden ist und alle äußerlichen Anzeichen eines Buches hat. Es sitzt in einem Rahmen, geschützt hinter Glas, und ist schließlich doch Zeichnung. Oder ist es eher ein Zwitter, ein Hybrid zwischen etwas, das aussieht und Eigenschaften besitzt wie ein Buch, aber letzten Endes in seiner Präsentations- und Rezeptionsform doch eine Zeichnung ist?

L: Man muss für sich selbst entscheiden, was es ist, wenn man davorsteht.

F: *Eigentlich ist es doch ein Objekt, das sich seiner Benutzung entzieht.*

L: Ich glaube, hier ist auch der Punkt der Lesbarkeit beziehungsweise dieses Lesenwollens wichtig, das du eingangs erwähnt hast. Ich habe die Erfahrung gemacht, dass die Betrachter anfangen, meine Texte von links oben nach rechts unten zu lesen. Sobald sie aber merken, dass es eine Zeichnung ist, hören sie damit auf und blicken anders darauf. Ein gezeichneter Text wird eben nicht mehr herkömmlich gelesen, sondern plötzlich wie ein Bild und in Parametern der zweidimensionalen Fläche betrachtet – ohne Folgerichtigkeit des Lesens.

L: You have to decide for yourself what it is when you stand in front of it.

F: *It is actually an object that eludes its use.*

L: I think the point of readability or the desire to read, which you mentioned at the beginning, is also important here. In my experience, viewers start reading my texts from top left to bottom right. But as soon as they realise that it's a drawing, they stop and look at it differently. A drawn text is no longer read conventionally but is suddenly viewed like a picture and within the parameters of the two-dimensional surface—without the consistency of reading.

F: *Das ist wahrscheinlich genau der Punkt, der es am Ende für den Betrachter so spannend macht. Die Unentscheidbarkeit, welchen Status es hat. Ob es Buch ist oder Bild, Zeichnung oder Objekt oder welche anderen Kategorisierungen man auch anlegen möchte. Es bringt einen unweigerlich dazu, die Art der Rezeption zu hinterfragen. Wie du gerade sagst – liest man, oder schaut man es an? Und was ist der kategorische Unterschied in unserem Bewusstsein? Wenn wir anfangen, uns auf einmal mehr für die Texturen der Schrift als für den semantischen Sinn zu interessieren? Wenn du anfängst, sobald du verstanden hast, dass es gezeichnet ist, über die Textur, die Faktur oder die Gemachtheit nachzudenken und dein Auge über die Arbeit wandern zu lassen?*

Ich glaube, du schaffst Apparaturen oder Objekte, die verschiedene Formen der Betrachtung generieren. Ob Zeichnung, ob Buch oder irgendwelche Formen dazwischen. Sie alle erzeugen verschiedene Formen des Wahrnehmens. Letztlich geht es um die Frage, wie Wahrnehmung funktioniert: Lesen wir, verstehen wir, schauen wir, genießen wir? Sind wir irritiert? Was macht es mit uns? Ganz grundsätzliche Fragen, die für Kunst immer gelten. Oder auch der Moment, wenn wir Text in einer fremden Sprache anschauen. Wenn ich mir zum Beispiel japanische, chinesische oder arabische Schriftzeichen angucke, sehe ich sie als Bild. Weil ich die Sprache nicht verstehe. In deinem Fall würde ich die Sprache wohl verstehen, aber gleichzeitig gibt es eine Kippbewegung im Wahrnehmen. Verstehen/nicht verstehen, lesen/nicht lesen gehen ineinander über.

L: Zu dieser Fragestellung hatte ich 2016 die Arbeit *Bewegungsfiguren* gemacht. Der Ausgangspunkt war ein Satz, herausgenommen aus einem Essay von Andrea Polaschegg, die über Goethes Arabisch-Schreibübungen nachdachte. Goethe malte arabische Schriftzeichen ab, ohne des Arabischen mächtig zu sein. Es ging plötzlich mehr um die Bewegungsfiguren und Schriftgestalten der einzelnen Buchstaben und eben nicht mehr um die „konkret notierte Bedeutung". Polaschegg formuliert dazu einen rhetorisch und philosophisch zwar sehr schönen, aber auch unfassbar komplexen Satz, den man nur versteht, wenn man ihn drei Mal liest. Und diesen Satz hatte ich von meinem Neffen abmalen lassen. Er war damals vier oder fünf und konnte eben noch nicht schreiben und lesen. Es kam eine ganz spannende Art von Schriftzeichen heraus. Da ist auch wieder dieser Kontrast zu finden, der oft in meinen Arbeiten stattfindet. Ich glaube, wenn man diese kindliche Schrift sähe, und der Inhalt wäre ebenso kindgerecht, würde man es sehr einfach akzeptieren. Aber jetzt stolpert man natürlich, weil diese komplexe Syntax und Inhaltlichkeit überhaupt nicht zu kindlicher Schrift passen.

F: *That's probably exactly what makes it so exciting for the viewer in the end. The undecidability of what status it has. Whether it's a book or a picture, a drawing or an object, or whatever other categorization you want to apply. It inevitably makes you question the way it is perceived. As you just said—do you read it or do you look at it? And what is the categorical difference in our consciousness? When we suddenly start to be more interested in the textures of the writing than the semantic meaning? When, as soon as you understand that it is drawn, you start thinking about the texture, the facture, or how it has been made and let your eye wander over the work?*

I think you create apparatuses or objects that generate different forms of viewing. Whether it's a drawing, a book or any form in between. They all generate different forms of perception. At the end of the day, the question is how perception works: Do we read, do we understand, do we look, do we enjoy? Are we irritated? What does it do to us? These are fundamental questions that always apply to art. Or the moment when we look at text in a foreign language. When I look at Japanese, Chinese or Arabic characters, for example, I see them as images. Because I don't understand the language. In your case, I would probably understand the language, but at the same time there is a tilt in perception: Understanding/not understanding, reading/not reading flow into each other.

L: I made the work *Bewegungsfiguren* [Figures of Movement] in 2016 to address this question. The starting point was a sentence taken from an essay by Andrea Polaschegg, who reflected on Goethe's Arabic writing exercises. Goethe copied Arabic characters without knowing Arabic. Suddenly it was more about the movement figures and written forms of the individual letters and no longer about the 'concretely notated meaning'. Polaschegg formulates a rhetorically and philosophically very beautiful, but also incredibly complex sentence that you can only understand if you read it three times. And I had my nephew draw this sentence for me. He was four or five years old at the time and couldn't yet read or write. The result was a very exciting type of character. There is also this contrast that often occurs in my work. I think that if you saw this childish writing and the content was just as child-friendly, it would be very easy to accept. But now, of course, you stumble, because this complex syntax and content doesn't fit with childlike writing at all.

I use such contrasts again and again in my work and develop my artistic concepts from them. Especially in the series of pension information drawings. Incidentally, a record will be released this year. It's not just the crayon drawings and the *Rente aus Stein* [pension made of stone], I've also produced the information for 2022 as an exciting audio book.

Erst wenn das grelle Lich

für einen moment ab

nämlich die tatsäch

sichtbar, welche sowoh

als auch die Bewe

Schreiben für den Sch

generell übernehmen,

das Sinnversprechen in

Schrift auch jenseits ihrer

Bedeutung stets innewohnt.

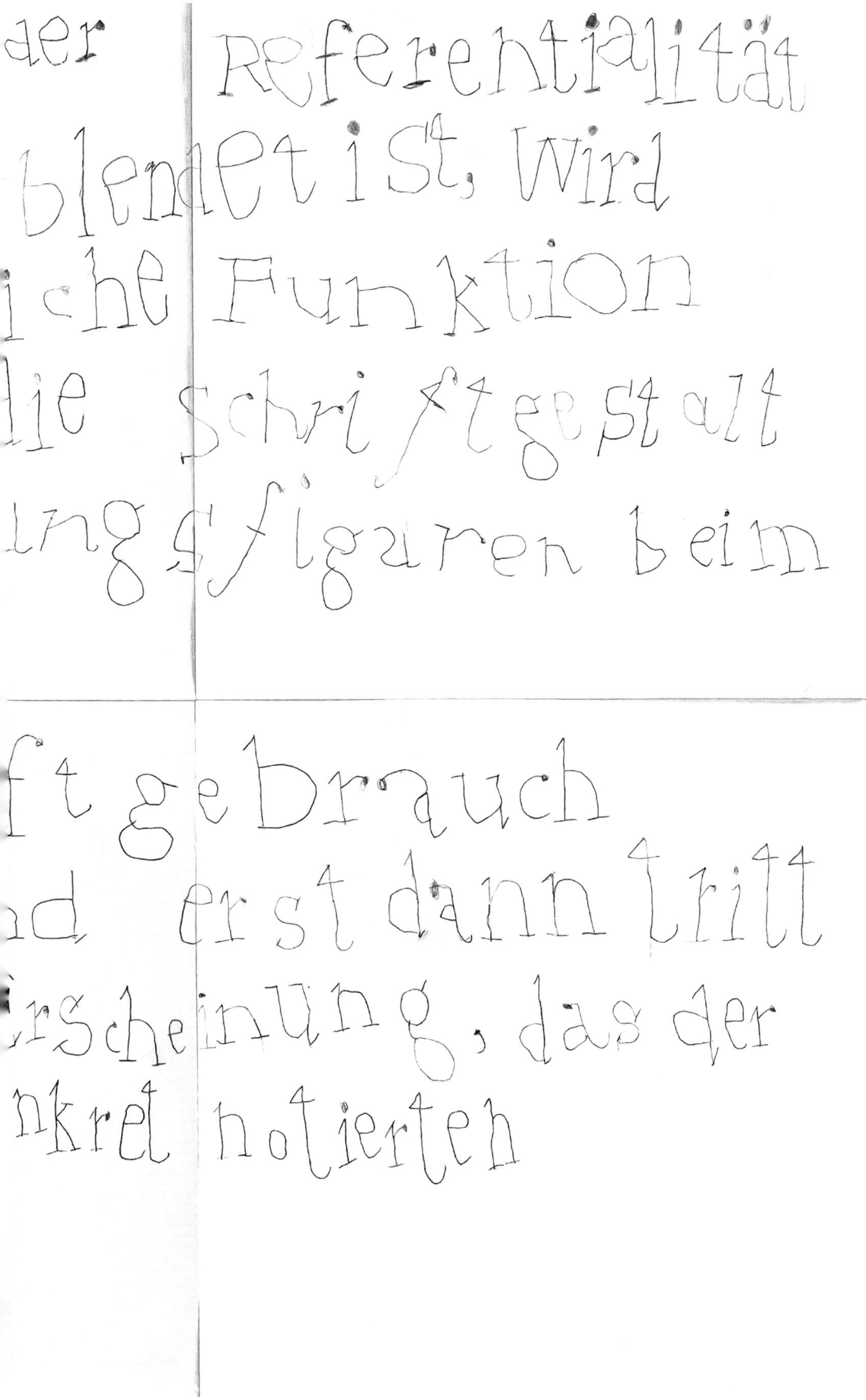

2016

Bewegungsfiguren (nach Andrea Polaschegg)

Bleistift auf Papier. *Pencil on paper.*
Sechs Papiere, jeweils / *Six sheets of paper, each* 30 × 30 cm.

Solche Kontraste benutze ich immer wieder in meinen Arbeiten und entwickle daraus meine künstlerischen Konzeptionen. Vor allem auch in der Serie der Renteninformationszeichnungen. Übrigens kommt dieses Jahr eine Schallplatte dazu heraus. Es bleibt nicht bei den Buntstiftzeichnungen und der *Rente aus Stein*, sondern die Information von 2022 habe ich als spannendes Hörbuch produziert. Von dem Moment an, in dem das Konzept einer Arbeit steht und ich beim Zeichnen hauptsächlich ausführender Handwerker bin, höre ich sehr, sehr viele Hörbücher – und übrigens niemals Musik! Während ich also mal wieder wochenlang an einer Renteninformation zeichnete, dachte ich darüber nach, wie es wäre, wenn ein professioneller Hörbuchsprecher, ein richtig guter Interpret diesen bürokratischen Brief vorläse und mit seiner Stimme das Gleiche schaffte, was ich in der Zeichnung mache. Dass er den Inhalt beziehungsweise die Worte mit seiner Stimme so außergewöhnlich zelebriert, dass daraus etwas Absurdes, Skurriles, im besten Fall ein faszinierendes Hörerlebnis wird. Mit Johannes Steck als Sprecher hatte ich unglaubliches Glück. Und ich muss sagen, es ist noch viel spannender geworden, als ich es mir erhofft hatte! Und dazu gibt es nun eine schöne Schallplatte.

F: *Deine zeichnerischen Fassungen dieser amtlichen Bescheide inszenierst du im Bild sehr zurückhaltend. Abgesehen vom räumlichen Kontext, sei es auf einem Rasenstück oder im herbstlichen Laub oder auch auf einer Eisoberfläche, erlaubst du dir keine Eingriffe in die Typografie oder veränderst das Papier. Es ist das Spiel mit der Ähnlichkeit und keine Dramatisierung oder stimmliche Interpretation, wie sie der Sprecher vollführt. Du interpretierst sicherlich auch, aber bleibst doch relativ nahe. Beziehungsweise ist das die Frage: Wie dicht bleibst du an der Realität?*

L: Ich bleibe auf jeden Fall sehr dicht an einer Form von Realität. Wobei Johannes Steck dies meiner Meinung nach auch macht. Er liest jeden einzelnen Buchstaben und jede einzelne Zahl vor, die auf der Vorder- und Rückseite vorkommt. Auf diese Weise interpretiert er eben genau das Gegebene. Und so gehe ich auch in der Zeichnung vor. Ich erlaube mir nahezu keine Änderung des Inhalts.

From the moment the concept for a piece of work is finished and I'm mainly a craftsman when drawing, I listen to lots and lots of audiobooks—and never music, by the way! So while I was once again spending weeks drawing pension information, I thought about what it would be like if a professional audiobook narrator, a really good performer, read out this bureaucratic letter and did the same thing with his voice that I do in the drawing. That he elebrates the content or the words with his voice in such an extraordinary way that it becomes something absurd, bizarre, in the best case a fascinating listening experience. I was incredibly lucky to have Johannes Steck as my narrator. And I have to say, it turned out even more exciting than I had hoped! And now there's a beautiful record available.

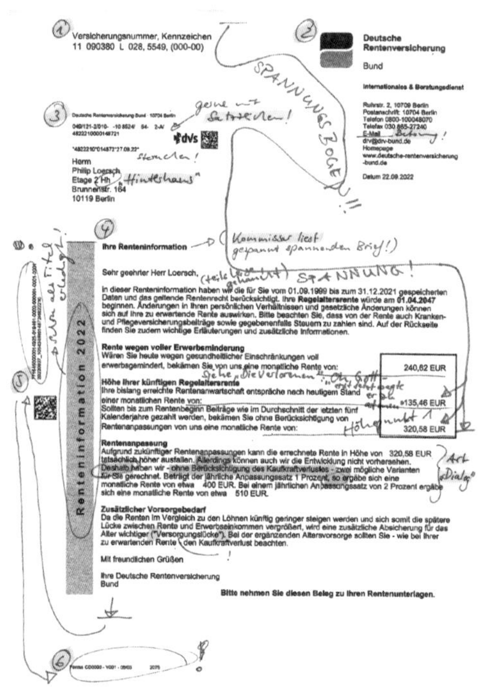

2023 Skript zum Hörbuch / *Script for the audiobook*
Renteninformation 2022

F: *You stage your graphic versions of these official communications with great restraint regarding the illustration. Apart from the spatial context, be it on a piece of grass or in the autumn leaves or even on a surface of ice, you don't allow yourself to intervene in the typography or change the paper. It is a play with similarity and not a dramatisation or vocal interpretation, as the speaker does. You certainly interpret, but you stay relatively close. Or rather, that's the question: how close do you stay to reality?*

L: I definitely stay very close to a form of reality. Which, in my opinion, is what Johannes Steck does. He reads out every single letter and every single number that appears on the front and back. In this way, he interprets exactly what is given. And that's also how I proceed in the drawing. I allow myself almost no changes to the content.

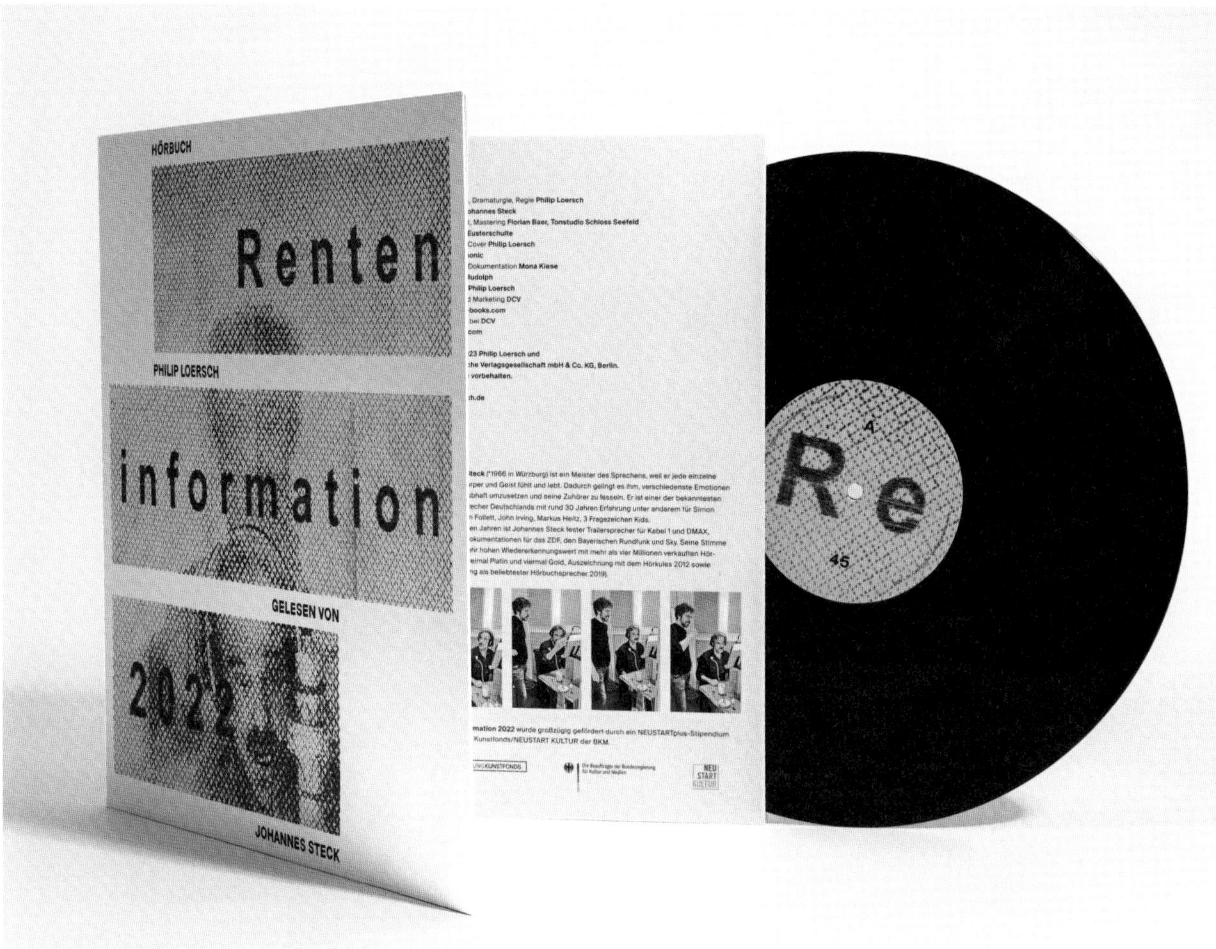

Renteninformation 2022 2023 — 12" Vinyl, 45 rpm, 14:07 min.

F: *Wobei man schon sagen muss, wenn ich mir ›Der alte Garten‹ von 2018 ansehe, ist schon allein durch diese Kontextualisierung auf dem Rasen mit diesen wunderbaren Blumen in Gelb und einem Sonnenlicht, das da zärtlich über das Papier hinwegstreicht, eine Interpretation vorhanden. Und die ist mehr als nur die Zeichnung einer Fotokopie oder eben eine nicht interpretierende Zeichnung.*

L: Klar, Licht und Schatten, durchscheinende Buchstaben sind gleichzeitig ganz große Themen in diesen Arbeiten.

F: *Es könnte fast ein Liebesbrief sein, der auf dem Rasenstück liegen geblieben ist.*

L: Auf jeden Fall. Man sieht eine völlige Überhöhung und einen Kontrast zwischen Inhalt und Form.

F: *Although it has to be said, when I look at ›Der alte Garden‹ [The Old Garden] from 2018, the contextualisation on the lawn with these wonderful flowers in yellow and the sunlight that gently sweeps across the paper is in itself an interpretation. And it is more than just a drawing of a photocopy or a non-interpretative drawing.*

L: Of course, light and shadow, translucent letters are also major topics in these works.

F: *It could almost be a love letter left on the grass.*

L: Definitely. You see a complete exaggeration and a contrast between content and form.

F: *I keep thinking of Dürer when I see this piece of grass, and then ›Die Große Handschrift‹ [The Large Manuscript]—that also reminds me somewhere of ›Das große Rasenstück‹ [The Large Piece of Turf] by the old master.*

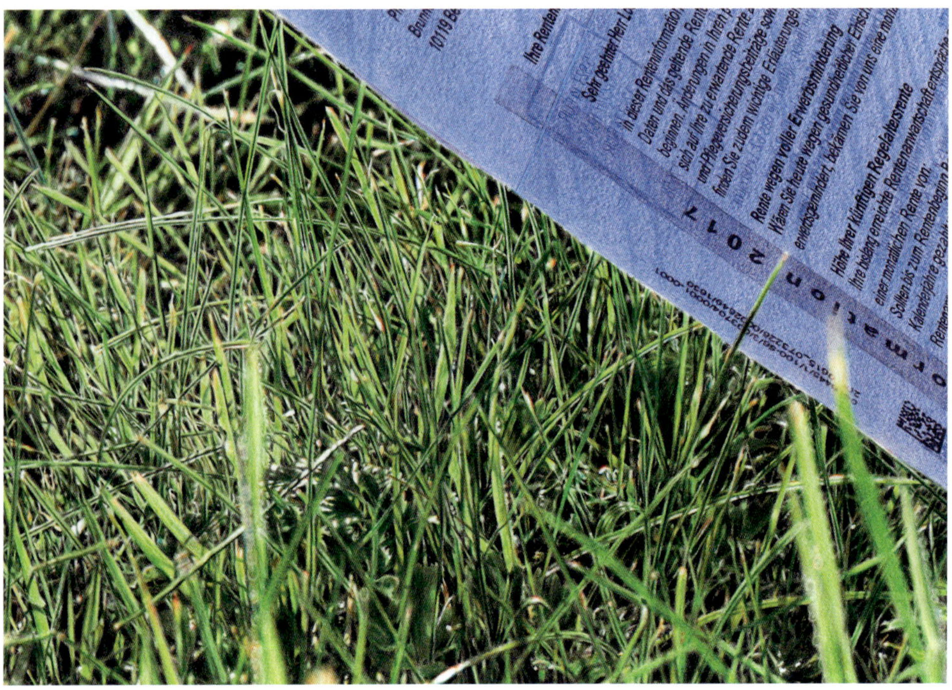

Detail (*Der alte Garten*, pp. 28–29)

F: *Ich muss immer wieder an Dürer denken, wenn ich dieses Rasenstück sehe und dann ›Die Große Handschrift‹ – das erinnert auch irgendwo an ›Das große Rasenstück‹ des Altmeisters.*

L: Das sagt irgendwas aus, dieser Rasen, dieses große Rasenstück. Ich denke hier auf jeden Fall auch an Dürer und finde ganz wunderbar, wenn das ebenso beim Betrachter passiert.

F: *Da ist man als Zeichner ja auch in keiner schlechten Gesellschaft.*

L: Genau, damit kann ich sehr gut leben! Und ich glaube, mit diesem Gedanken mache ich mich jetzt auf den Weg von Berlin ins Münchener Umland, wo ich seit Ende 2022 wohne und arbeite. Ich setze mich ins Auto und denke über Dürers *Das große Rasenstück* nach.

F: *Das ist doch ein gutes Schlusswort. Ich danke dir sehr für dieses Interview!*

L: It says something, this lawn, this large patch of grass. I definitely think of Dürer here and I think it's wonderful when the viewer does the same.

F: *As a draughtsman, you're not in bad company.*

L: Exactly, I can live with that very well! And I think with that in mind, I'm now making my way from Berlin to the Munich area, where I've been living and working since the end of 2022. I sit in the car and think about Dürer's *Das große Rasenstück* [The Large Piece of Turf].

F: *That's a good closing. Thank you very much for this interview!*

Rente aus Stein

Wir sehen die Zeichnung meiner Renteninformation.

Ein scheinbar amtlicher Brief auf billigem Papier erhält hier eine „in Stein gemeißelte" Dauerhaftigkeit – die auch mit der Inhaltlichkeit des Rententhemas spielt („Die Rente ist sicher!"). Wir sehen jedoch kein Papier, sondern eine Tuschezeichnung direkt auf Stein. Eine Übertragung von Vorhandenem findet statt und zeigt sich als Nachschöpfung mit gewissem Auravorteil. Bruchstellen und Unvollständigkeit lassen an ein archäologisches Fundstück denken. Es bleibt die Existenz als absurdes quasiarchäologisches Fundstück.

Schrift als Werkzeug, das zur Verfügung steht – und zur Verführung bereit ist. In der steinernen Skulptur wird Schrift zugleich das, was sie ohne Lesen ist – ein Zeichen. (Man denke an Graffiti / Steinritzungen / „ich war hier".) Klar erkennbare Buchstaben kontrastieren mit der natürlichen Rohheit des Steins.
Ein in seiner Form spröder, nüchterner, unromantischer Brief mit seinen präzisen Lettern wird zu etwas Vagem, zu etwas zu Ertastendem und stimuliert neue Gedanken. Die Zeichen werden sinnlich.

Bei genauer Betrachtung wird selbst das scheinbare Durchscheinen der Seite wahrgenommen. Wie ein Wasserzeichen nehmen wir eine zweite Ebene einer Schrift im Stein wahr. Beim tatsächlichen Lesen eines Briefes wird dies vom lesenden Auge meist nicht bemerkt oder ignoriert. (Der Vorgang des Lesens lässt ja das Medium Schrift immer gleichzeitig verschwinden.) Im Bewusstsein, dass wir hier eine Zeichnung vor uns haben, tritt dieses aber plötzlich umso deutlicher in „Erscheinung". Erscheinen kann nur etwas, das vorher nicht da war.

Was ist Zeichnung und was ist Schrift? Für mich spielen diese Unterscheidungen gar keine Rolle. Bei mir wird auch die gedruckte Schrift wieder zur Handschrift. Und am Ende ist alles Zeichnung. P. L.

We are seeing the drawing of my pension information.

A seemingly official letter on cheap paper is given a 'carved in stone' permanence here—which also plays with the content of the pension topic ('The pension is secure!'). However, we do not see paper, but an ink drawing directly on stone. A transfer of the existing takes place and shows itself as a re-creation with a certain aura advantage. Fractures and incompleteness evoke an archaeological find. What remains is existence as an absurd quasi-archaeological find.

Writing as a tool that is available—and ready for seduction. In the stone sculpture, writing becomes what it is without reading—a sign. (Think of graffiti / stone carvings / 'I was here'.) Clearly identifiable letters contrast with the natural rawness of the stone. A brittle, rational, unromantic letter with its precise lettering becomes something vague, something to be sensed and stimulates new thoughts. The characters become sensual.

On closer inspection, even the apparent translucency of the page is perceived. Like a watermark, we notice a second layer of writing in the stone.
When actually reading a letter, this is usually not noticed or ignored by the reading eye. (The process of reading always makes the medium of writing disappear at the same time). However, when we realise that we have a drawing in front of us, it suddenly 'appears' all the more clearly. Only something that was not there before can appear.

What is drawing and what is writing? For me, these distinctions are irrelevant. My printed writing becomes handwriting again. And in the end it's all drawing.

P. L.

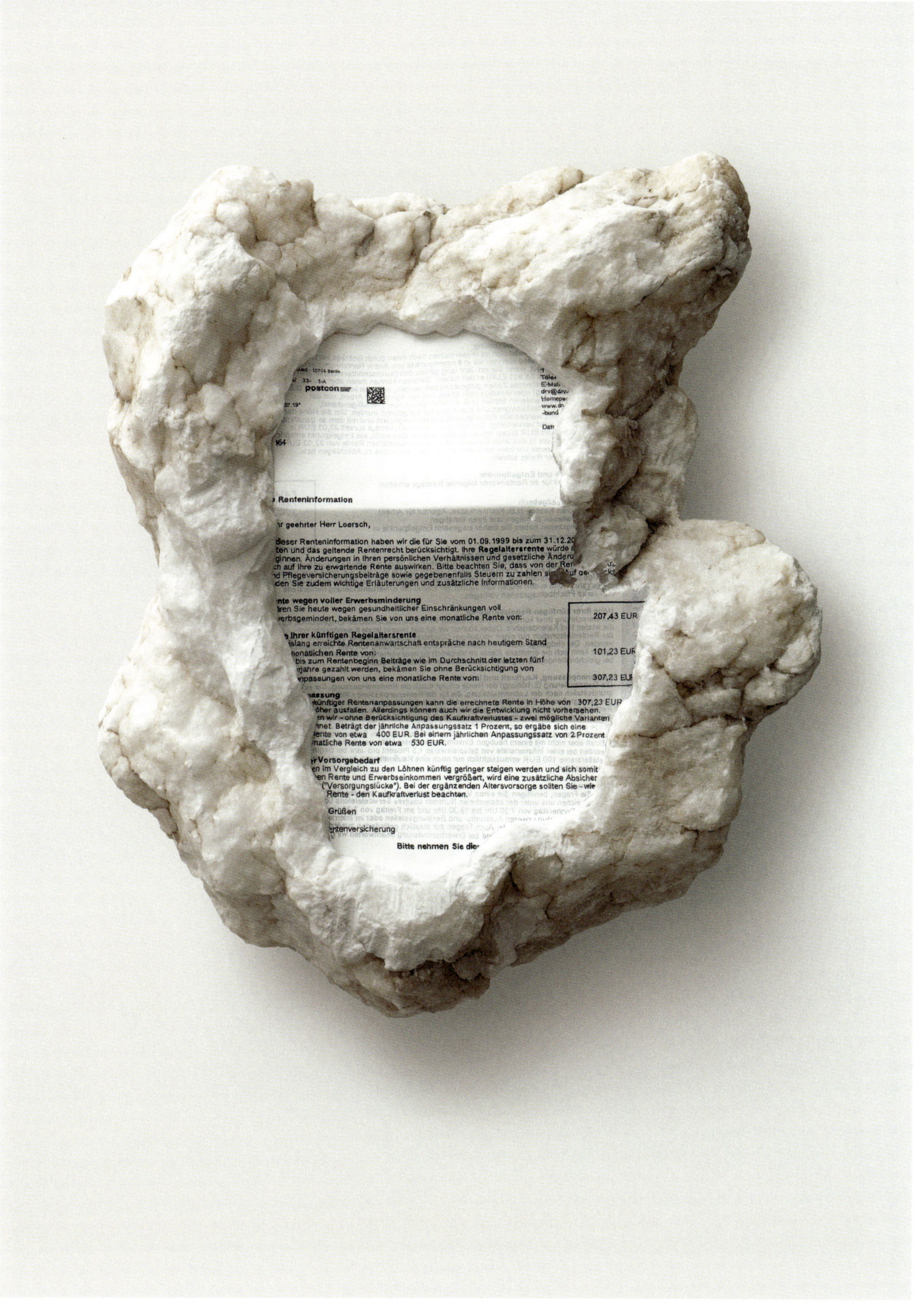

Rente aus Stein

2020

Tusche, Lack auf Alabaster.
China ink and varnish on alabaster, 31 × 36 × 9.5 cm.

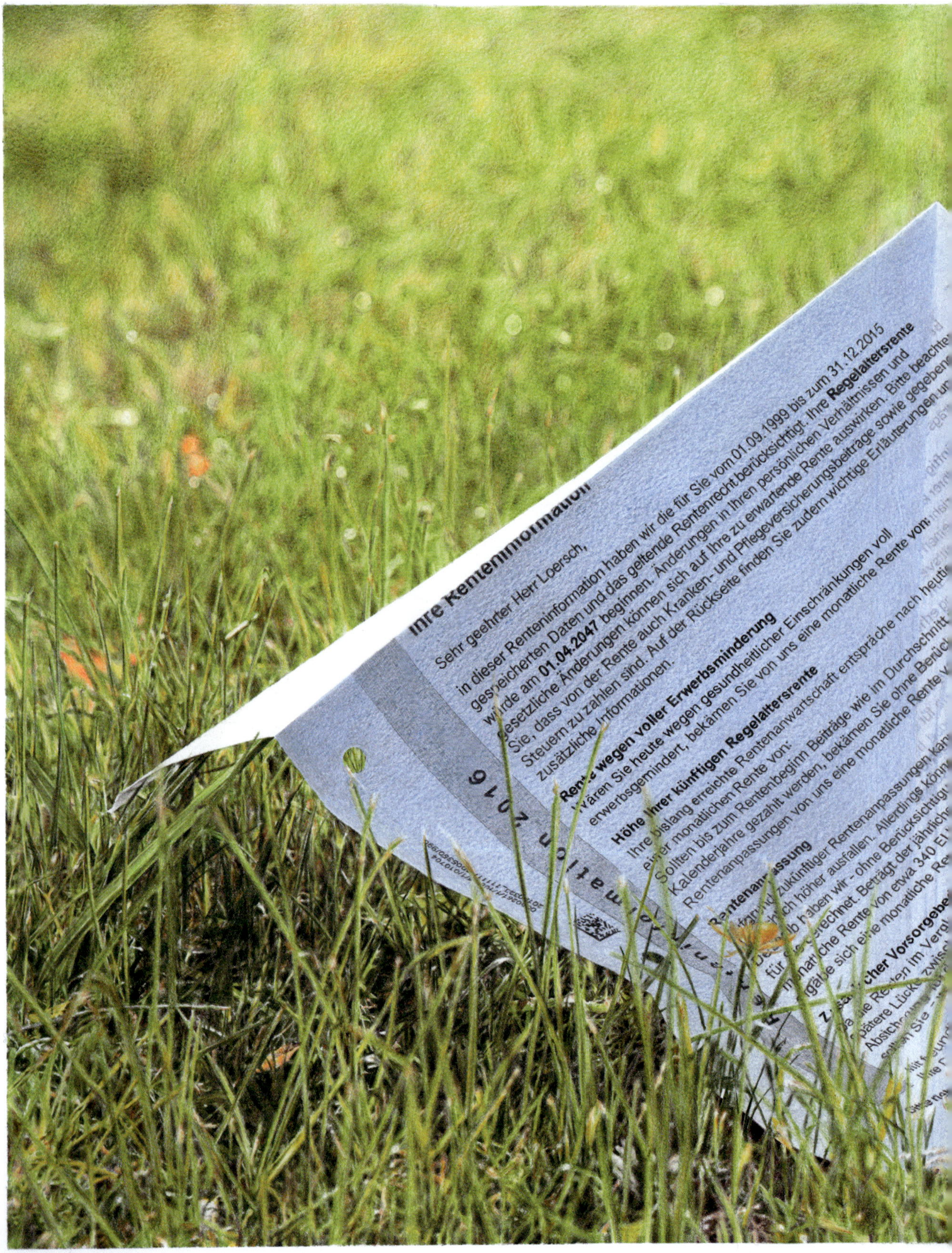
Sehr geehrter Herr Loersch,
Rente wegen voller Erwerbsminderung
Höhe Ihrer künftigen Regelaltersrente
2016

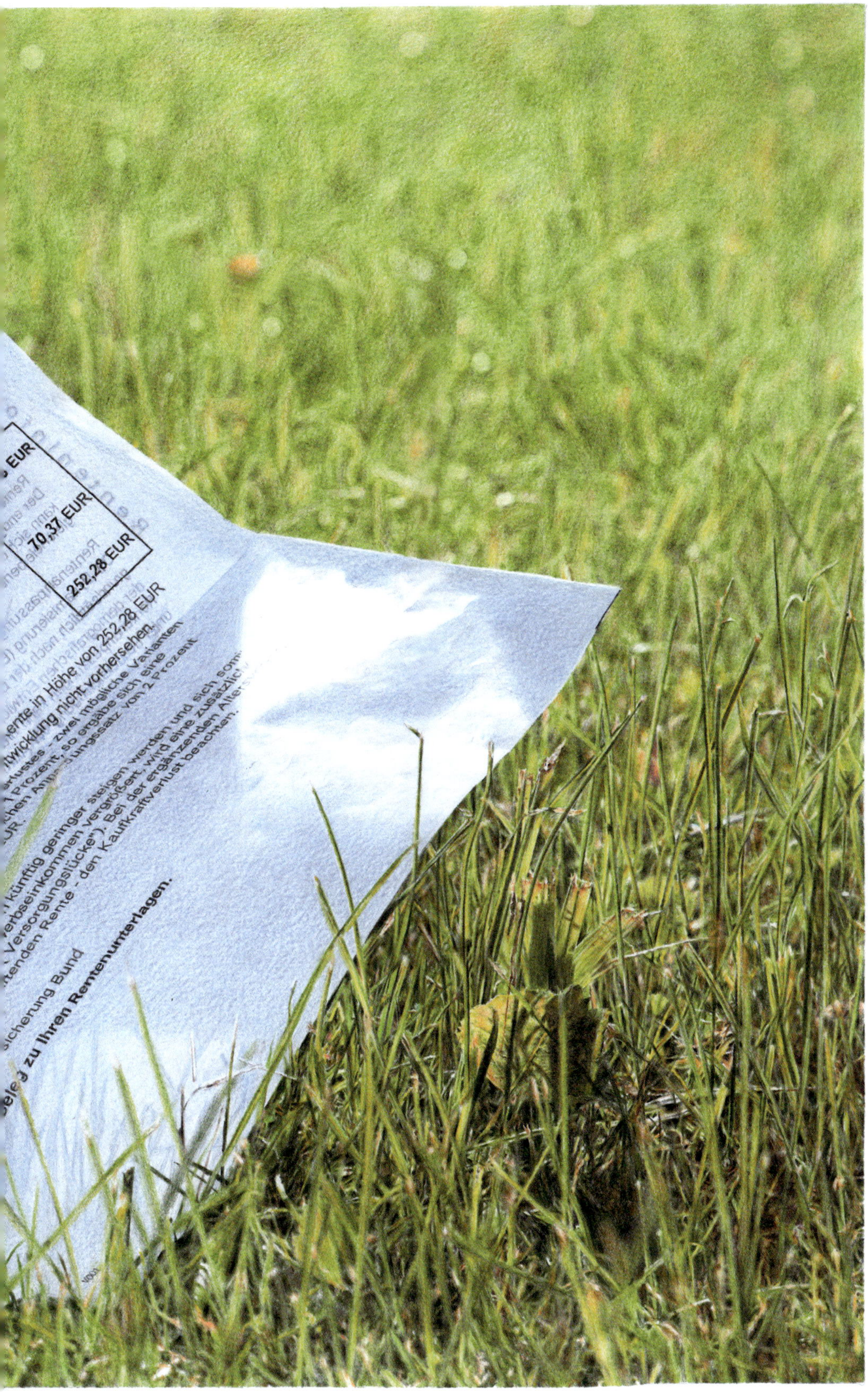

Noch keine Kutsche, aber bald.
2016

Blei- und Farbstift auf Papier.
Pencil and crayon on paper, 59.4 × 42 cm.

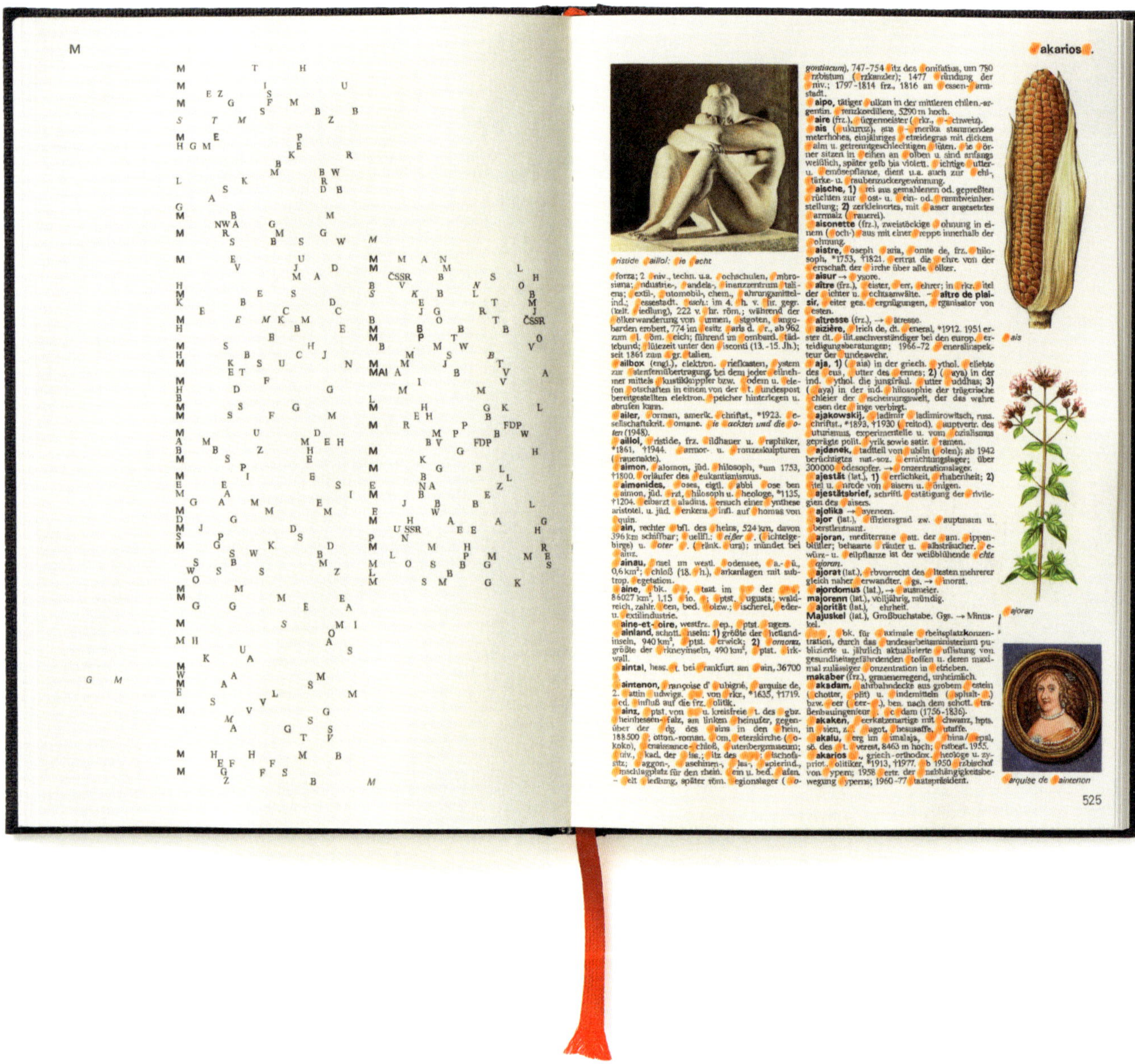

acht und ais

2021

Blei- und Farbstift, Tusche in Skizzenbuch.
Pencil, crayon and China ink on sketchbook, 30 × 21 × 2.5 cm.

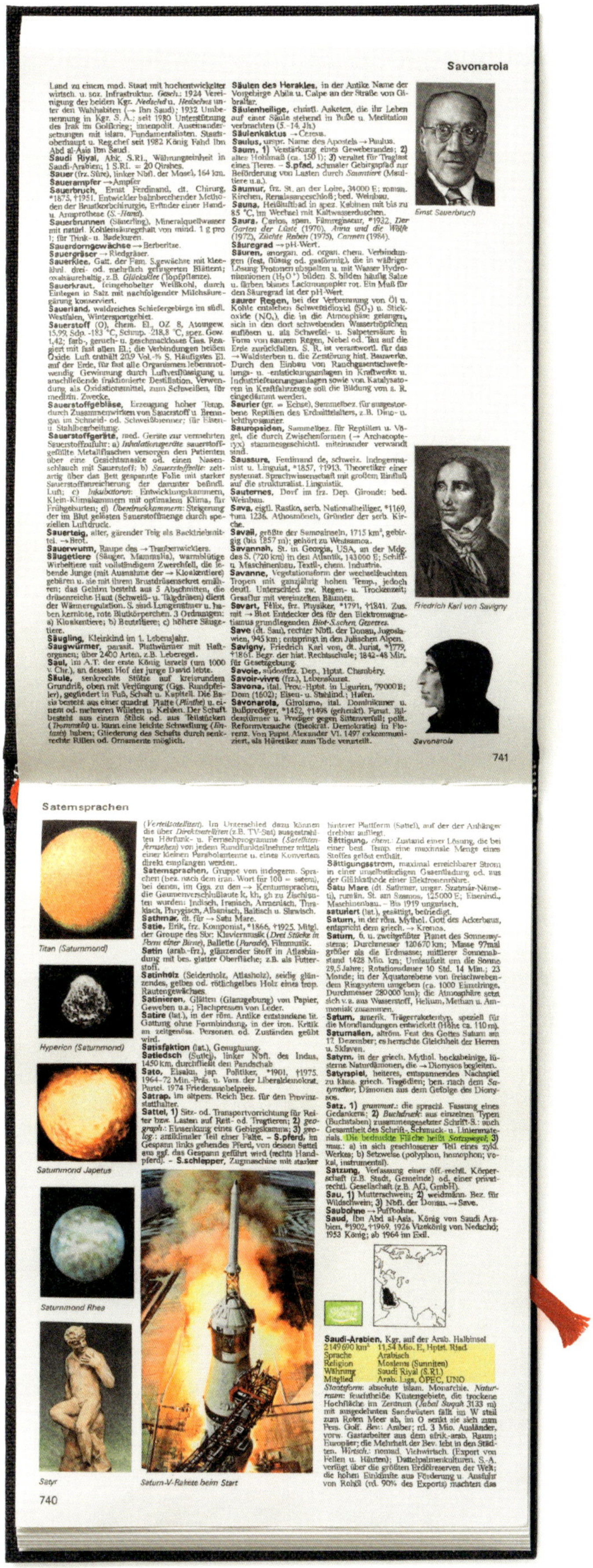

Aua

2021

Blei- und Farbstift, Tusche in Skizzenbuch.
Pencil, crayon and China ink on sketchbook, 16 × 44 × 2.5 cm.

152 – 153

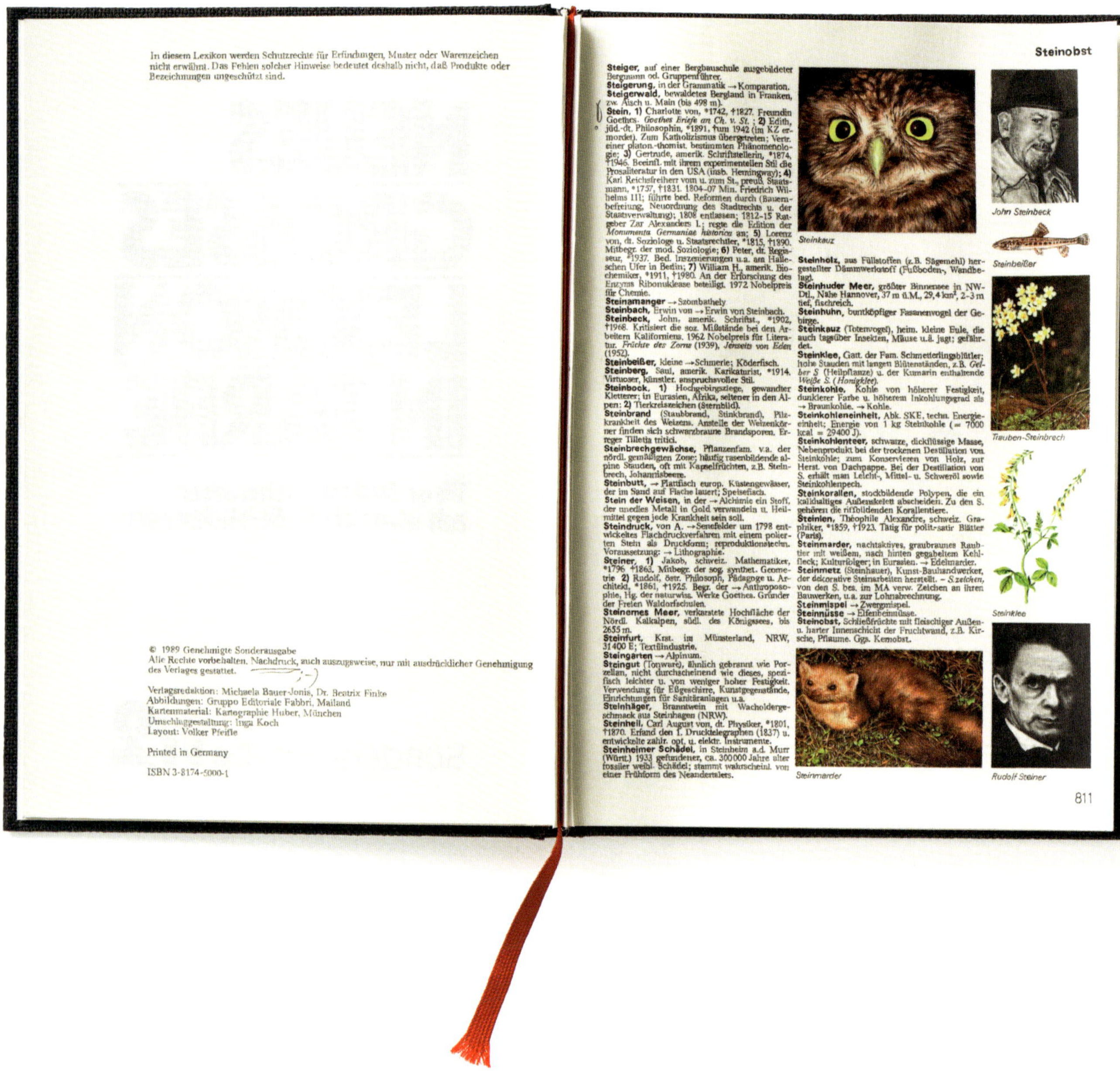

Kauz
Blei- und Farbstift in Skizzenbuch und auf Papierrückseite.
Pencil and crayon on sketchbook and on reverse side of paper, 30 × 21 × 2.5 cm.
2020

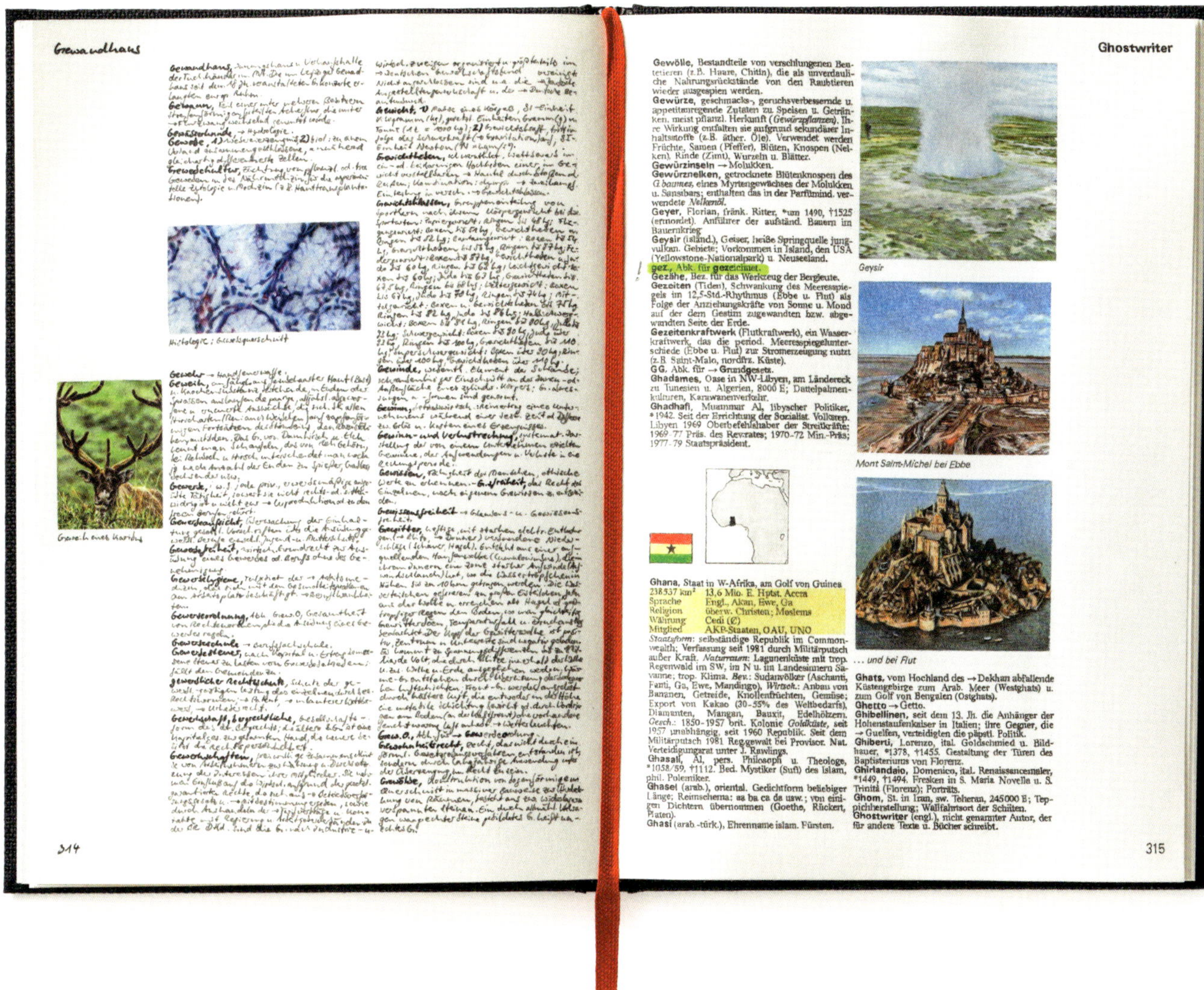

Ghostwriter
2020
Blei- und Farbstift, Tusche in Skizzenbuch.
Pencil, crayon and China ink on sketchbook, 30 × 21 × 2.5 cm.

154 – 155

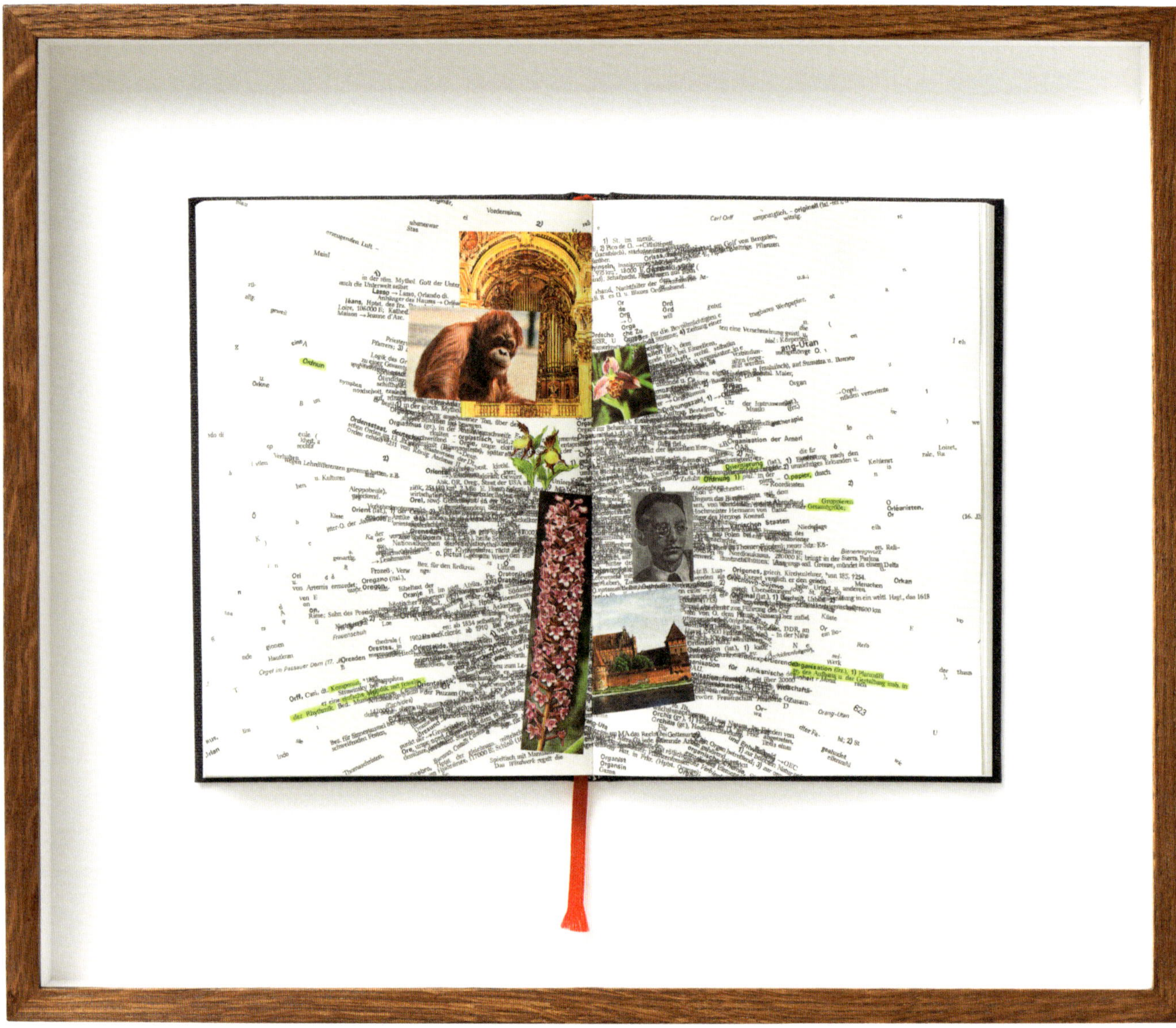

Ordnung

2021

Blei- und Farbstift, Tusche in Skizzenbuch.
Pencil, crayon and China ink on sketchbook, 30 × 21 × 2.5 cm.

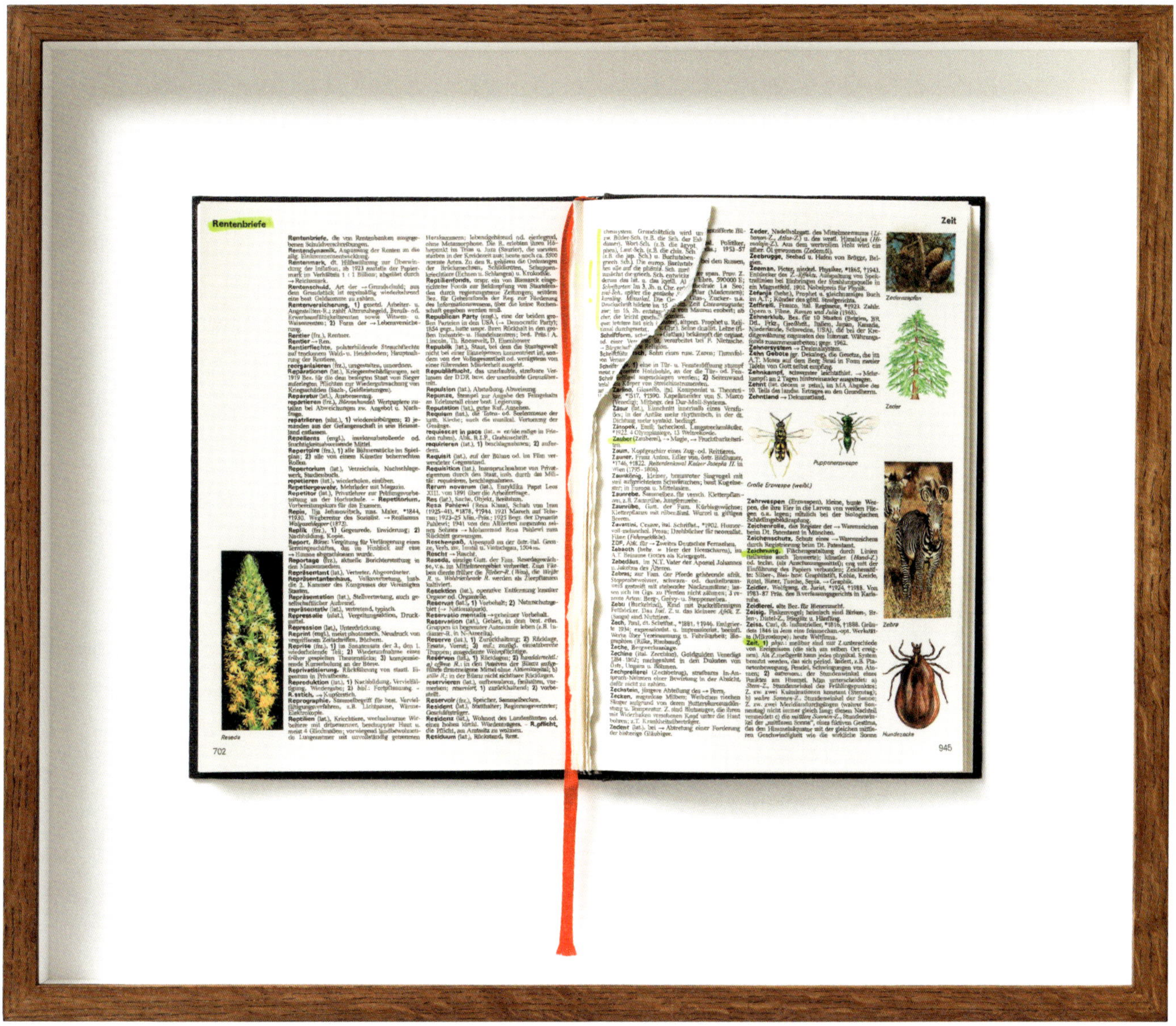

2020

Rentier Rentier

Blei- und Farbstift, Tusche in Skizzenbuch.
Pencil, crayon and China ink on sketchbook, 30 × 21 × 3 cm.

2020

Drop-out (pp. 158–159)

Blei- und Farbstift, Tusche in Skizzenbuch.
Pencil, crayon and China ink on sketchbook, 30 × 21 × 2.5 cm.

... den frz. Kalkalpen, mündet bei Valence; 2) Dep. in SO-Frkr., Hptst. Valence.

Dromedar → Kamele.

Dronten, ausgerottete putergroße, flugunfähige Tauben mit hakigem Schnabel. Um 1500 auf Mauritius noch häufig (*Dodo*).

Drontheim → Trondheim.

Drop-out (engl.), **1)** Aussteiger; außerhalb der ges. Norm lebende Person; **2)** *techn.*: Unterbrechung der Tonwiedergabe durch unzureichendes Schallaufzeichnungsmaterial.

Drops (engl.), eigtl. Tropfen; Fruchtbonbons.

Droschke (russ.), **1)** leichter, offener Wagen; **2)** Taxi.

Drosera → Sonnentau.

Drosophila, Gattung der → Taufliegen.

Drossel, artenreiche, große Singvögel, weltweit verbreitet, z.B. Mistel-D., Wacholder-D. (Krammetsvogel), am bek. die Schwarz-D. (→ Amsel).

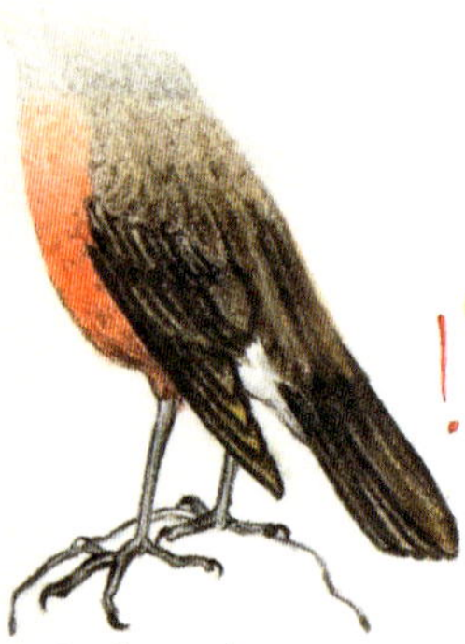

Wanderdrossel

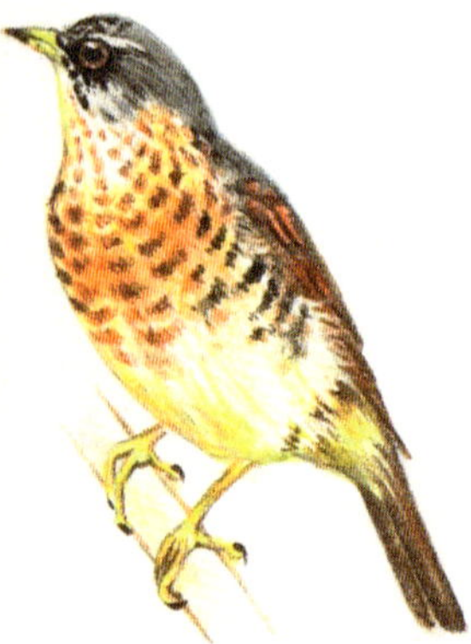

Wacholderdrossel

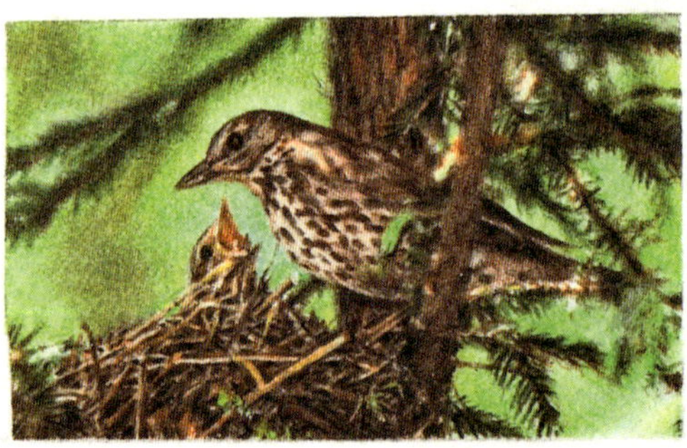

Singdrossel

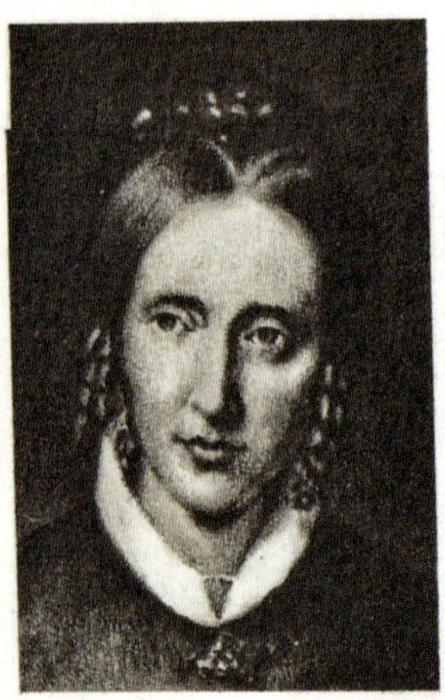

Annette von Droste-Hülshoff

Drosselklappe, verstellbare Scheibe in Rohrleitungen zur Änderung des Leitungsquerschnitts u. der Durchflußmenge → Vergaser, Kaminabzug.

Drosselspule, elektr. Spule, die in der Elektrotechnik wegen ihres hohen induktiven u. niedrigen Ohmschen Widerstands zum Dämpfen von Wechselströmen verwendet wird.

Drosselvenen, paarige Venen an den Halsseiten der Wirbeltiere; D. führen venöses Blut von Hals- u. Kopfregion zur vorderen → Hohlvene.

Droste-Hülshoff, Annette Freiin von, dt. Dichterin, *1797, †1848. Lyrikerin von großer Sprachkraft; realist. Naturschilderungen. Novelle *Die Judenbuche* (1842), *Gedichte* (1844).

Droste zu Vischering, Klemens August Frhr. von, Erzbischof von Köln, *1773, †1845. Verteidigte die kirchl. Freiheit gegenüber der preuß. Kirchenpolitik.

Drottningholm, schwed. Barockschloß im Mälarsee westl. Stockholm, kgl. Sommerresidenz.

Druckmaschinen, die versch. Maschinen zur Herst. von Druckerzeugnissen in den einzelnen → Druckverfahren: Handpresse, Ziegeldruckpresse, Schnellpresse, Rotations-D. (Bogen- u. Rollenrotation).

Druckmesser, Gerät zur Druckmessung von flüssigen u. gasförmigen Stoffen → Barometer.

Druckschrift, 1) gedruckte Schrift zur öff. Verbreitung; **2)** die für den Druck entworfene u. hergestellte Schrift → Satz.

Druckstock → Klischee.

Drucktechnik → Druckverfahren.

Druckverband, fest angespannter, zusammendrückender Verband zur Blutstillung.

Druckverfahren, die Methoden zur maschinellen Herst. beliebig vieler Abdrucke von einer **Druckform** (Schriftsatz, Maschinenplatte, Druckzylinder) auf einen Druckträger (Papier, Stoff). Man unterscheidet: a) → Hochdruck (→ Buchdruck); b) → Flachdruck (→ Offsetdruck, → Steindruck, → Lichtdruck); c) → Tiefdruck.

Druckwelle, Fortpflanzung einer Dichte- u. Druckänderung in Gasen, ausgelöst z.B. durch Explosionen.

Druden, im Volksglauben bösartige Nachtgeister.

Drudenfuß → Pentagramm

Drugstore (engl.), Warenhaus, urspr. Drogerie

Druiden
ster, in Gallien eine eigene Kaste.

Drumlins, durch strömendes Eis im Randbereich der Vorlandgletscher geformter stromlinienförm. Hügel aus Grundmoränenmaterial.

Drums (engl.), Sammelbez. für Schlaginstrumente.

Drumsticks (engl.), → Geschlechtschromosomen.

Druon, Maurice, frz. Schriftst., *1918. Gesellschaftskrit. Romane. *Die großen Familien* (1949).

Druse, 1) *Mineralogie*: mit Kristallen ausgekleideter Gesteinshohlraum; **2)** *Tiermed.*: Infektionskrankheit der Pferde mit Vereiterung von Lymphknoten u. -gefäßen sowie Entzündung der Nasenschleimhaut.

Drusen, schiitische Sekte im Libanon u. in Syrien.

Drüsen, Zellgruppen, die ein Sekret erzeugen u. ausscheiden (z.B. zur Proteinverdauung); *endokrine D.* (D. mit → innerer Sekretion) geben ihr Sekret (Hormone) direkt an das Blutbahnsystem ab (z.B. Nebenniere, Schild-D.).

Drusus, Nero Claudius, Adoptivsohn von Kaiser Augustus, *38, †9 v. Chr. Feldzüge in Gallien u. Germanien; Ehrengrab in Mainz.

dry (engl.), trocken, herb.

Dryaden, in der griech. Mythol. Baumnymphen.

… gehören.

Handelsgesellschaft, Vereinigung zum Betrieb eines → Handelsgewerbes, z.B. Offene Handelsges., Kommanditges., AG, GmbH u. GmbH & Co. KG.

Handelsgesetzbuch, Abk. HGB, enthält Normen über die Rechtsverhältnisse von Kaufleuten (von 1897).

Handelsgewerbe, Gewerbe, das dem Handelsrecht unterliegt. Der Inhaber eines H.s ist Kaufmann nach Gesetz.

Handelshochschule → Wirtschaftshochschule.

Handelskammer → Industrie- und Handelskammer.

Handelskette, 1) Weg, den eine betriebl. Leistung vom Produzenten bis zum Verbraucher durchläuft; **2)** Zusammenschluß von Groß- u. Einzelhandelsbetrieben.

Handelskompanien, Ges. von Kaufleuten, die seit dem 16. Jh. überseeischen Handel trieben u. zur Kolonialisierung zahlr. Länder beitrugen, z.B. → Ostindische Kompanien.

Handelsmakler, Bez. für → Makler, der gewerbsmäßig Geschäfte über Gegenstände des Handelsverkehrs vermittelt.

Handelsmarke → Warenzeichen.

Handelsrecht, Gesamtheit von Rechtsnormen, die die Rechtsbeziehungen zw. Kaufleuten regeln.

Handelsregister, öff. Verz. beim Amtsgericht, in das Gründung u. Erlöschen von Handels- u. Personenges. eingetragen werden sowie die Vertretungs- u. Haftungsverhältnisse in Handelsbetrieben.

Handelsrichter, ehrenamtl. Richter in Handelssachen; muß best. Voraussetzungen erfüllen, z.B. eingetragener Kaufmann sein.

Handelsschulen, kaufmänn.-techn. u. betriebswirtsch. Berufsfachschulen.

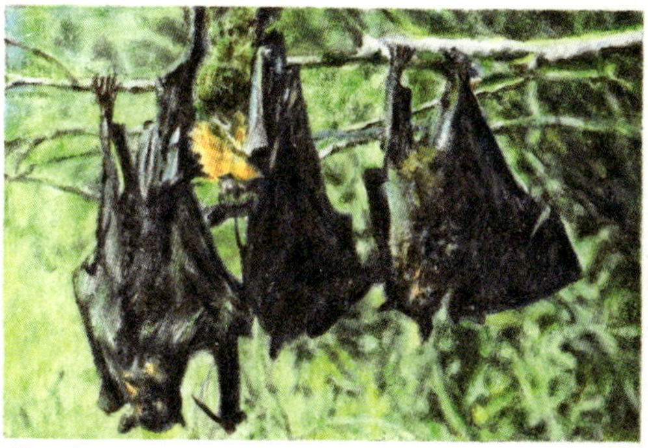

Hand: Flughunde

… 1976; Über die Dörfer 1981).

Handlungsbevollmächtigter → Handlungsvollmacht.

Handlungsfähigkeit, Fähigkeit, durch seine Handlungen Rechte u. Pflichten zu begründen; handlungsfähig ist, wer urteilsfähig u. mündig ist

Handlungsgehilfe, gesetzl. Begriff für den kaufmänn. Angestellten.

Handlungsreisender, im Anstellungsverhältnis stehender Geschäftsreisender, der außerhalb der Geschäftsräume auf Rechnung Geschäfte vermittelt.

Handlungsvollmacht, die vom Inhaber eines kaufmänn. Betriebes seinem Angestellten od. einer anderen Person erteilte Vertretungsbefugnis für best. Rechtsgeschäfte. Diese wird im Ggs. zur → Prokura nicht ins Handelsregister eingetragen.

Handpferd, Bez. für das im Doppelgespann rechts von der Deichsel eingespannte Pferd; links das *Sattelpferd,* von dessen Sattel aus ggf. das Gespann geführt wird.

Handwerk, Berufsstand u. Organisationssystem der Gewerbewirtsch.; befaßt sich mit Stoffbearbeitung u. -verarbeitung; bis zum Aufschwung maschineller Fertigung war das H. (neben Landw.) der bedeutendste Wirtschaftszweig; heutige Grenze zur Ind. ist fließend.

Handwerkskammer, Interessenvertretung der in einem best. Gebiet ansässigen Handwerker; Aufgaben: Nachwuchsausbildung u. -prüfung, Aufsicht durch → Innungen, Führung der Handwerksrolle (Verz. der Betriebe).

Handzeichnung, künstlerische Zeichnung mit Bleistift, Feder, Tusche, Kohle, Kreide etc.; im Ggs. zur Graphik nicht zur Vervielfältigung bestimmt.

Hanf, Gatt. der Fam. Maulbeergewächse; der aus Asien stammende *Kultur-H.* liefert Bastfasern (*Faser-H.*) u. ölhaltige Samen (*H.öl*). Der trop. *Indische H.* dient zur Gewinnung von Medikamenten u. → Haschisch

Hänfling, Finkenvogel, Männchen mit karminroter Stirn u. Brust.

Hangar (frz.), Flugzeughalle.

Hängebahn, meist elektr. betriebene Einschienenbahn, bei der das Fahrzeug am Laufwerk unterhalb der Schiene hängt.

Hängebank, im Bergbau Ladebühne am Schachteingang zur Be- u. Entladung der Förderkörbe.

hängende Gärten, Terrassengärten der Königin Semiramis in Babylon, eines der 7 Weltwunder.

Hangendes, bergmänn. Bez. für einen über einem best. Gesteinshorizont liegenden Gesteinsverband. Ggs. Liegendes.

Hängewerk, Dach- od. Brückenkonstruktion; die gesamte Last wird über nicht unterstützte Bal-

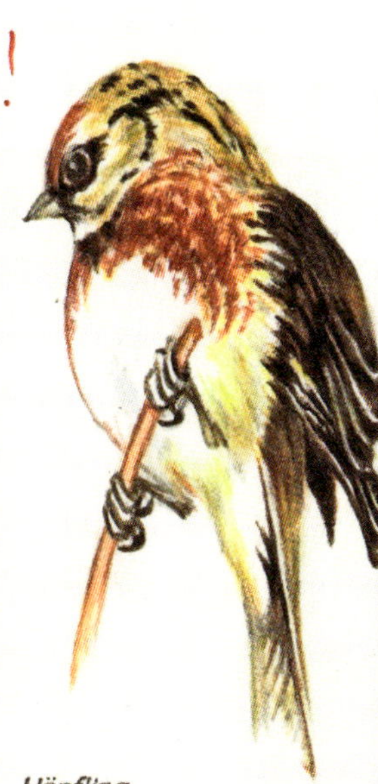

Hänfling

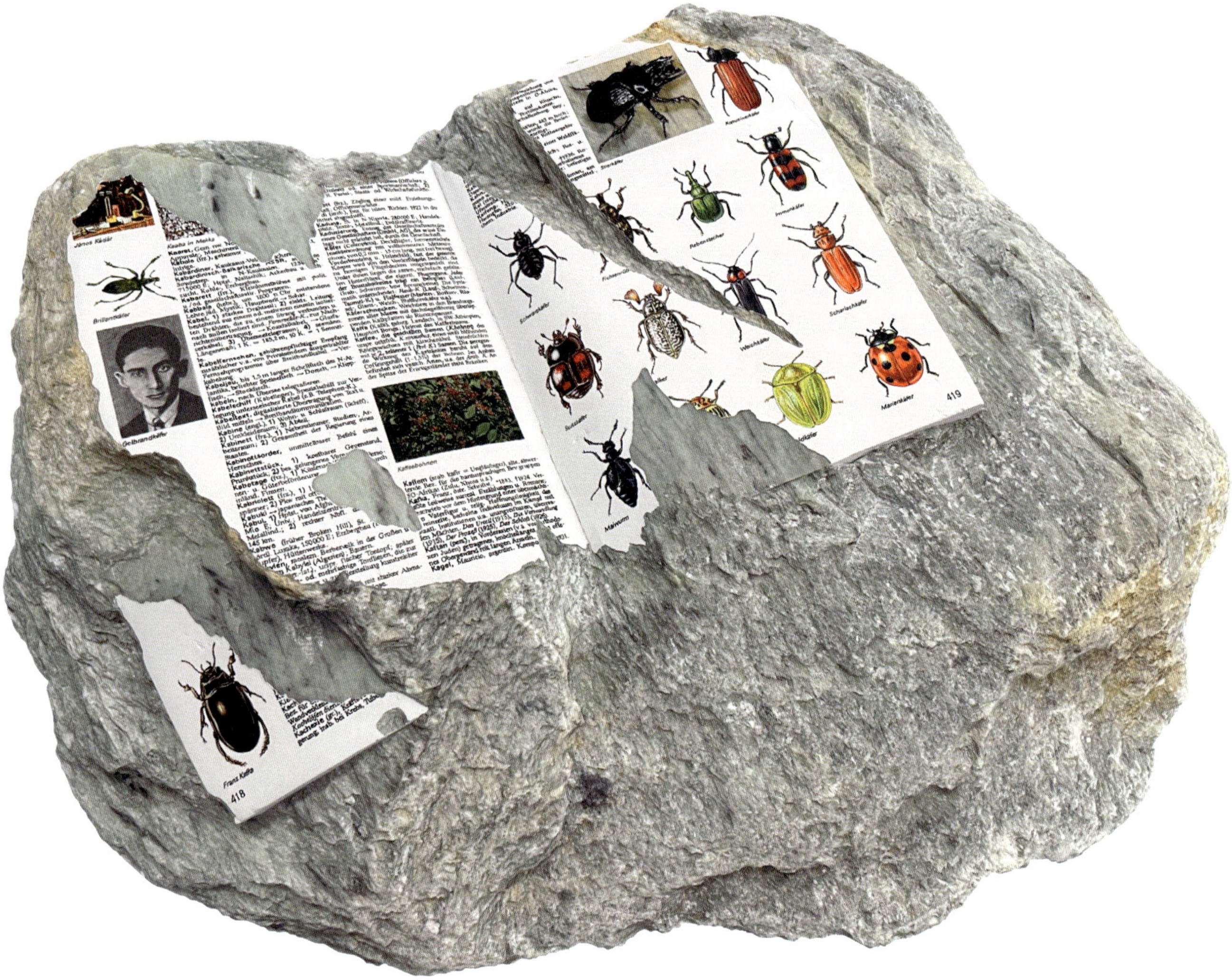

Gregor

2021

Tusche, Bleistift, Acryl, Polieröl, Lack auf Speckstein.
China ink, pencil, acrylic, polishing oil and varnish on soapstone, 43 × 37 × 18 cm.

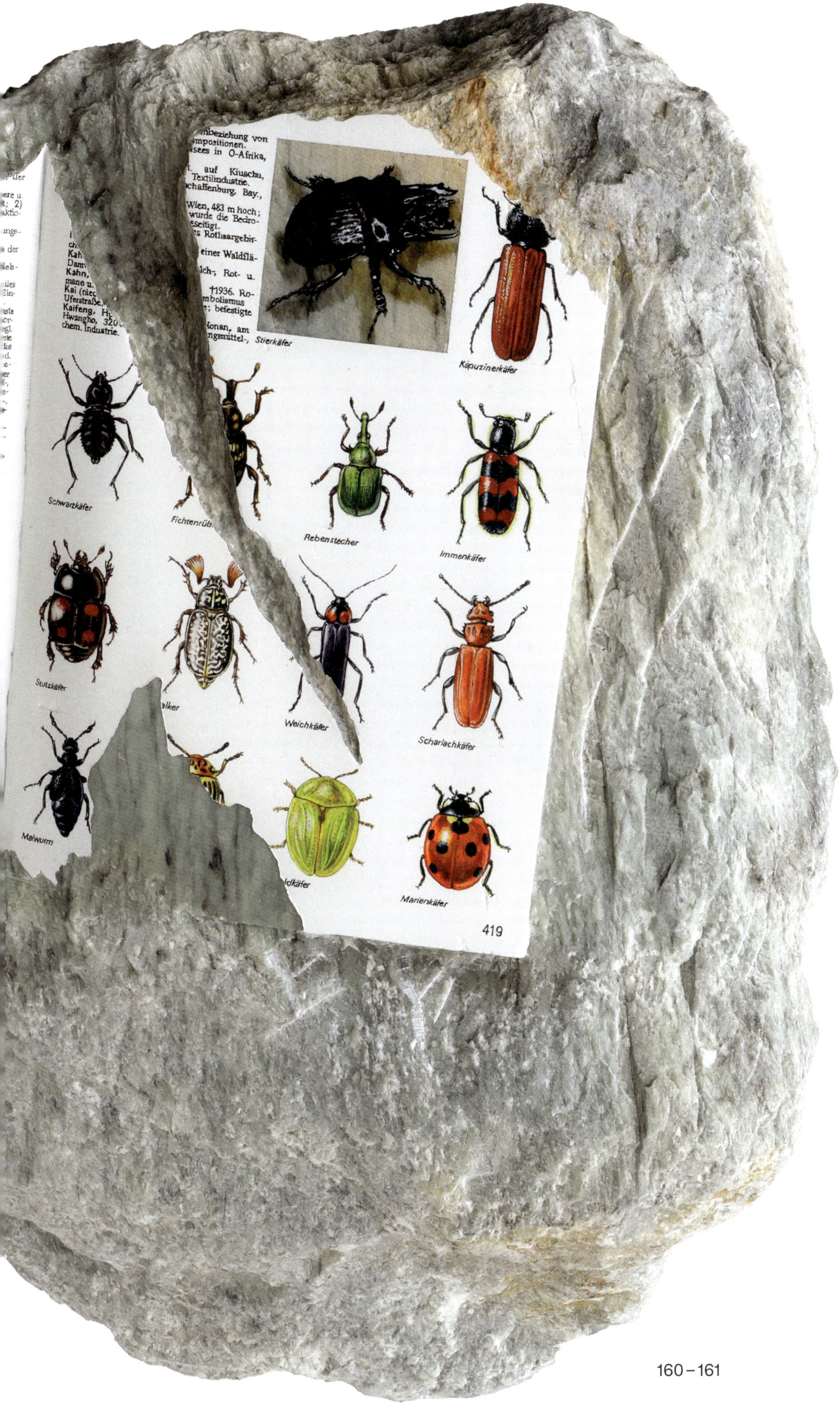
Stierkäfer
Kapuzinerkäfer
Schwarzkäfer
Rebenstecher
Immenkäfer
Stutzkäfer
Weichkäfer
Scharlachkäfer
Maiwurm
Marienkäfer
419

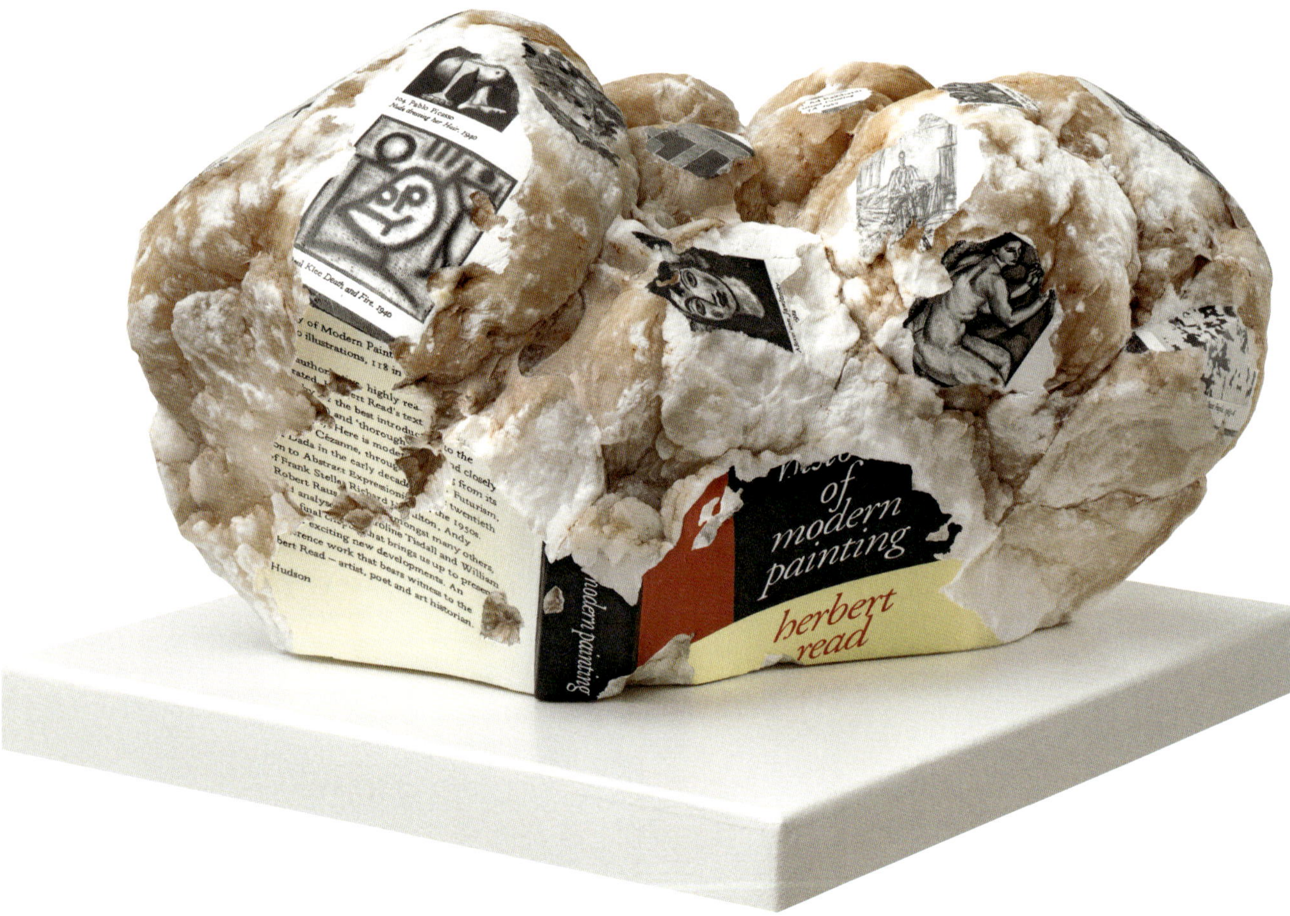

Concise Stone

2022

Bleistift, Tusche, Acryl, Lack auf Alabaster.
Pencil, China ink, acrylic and varnish on alabaster, 36 × 22 × 20 cm.

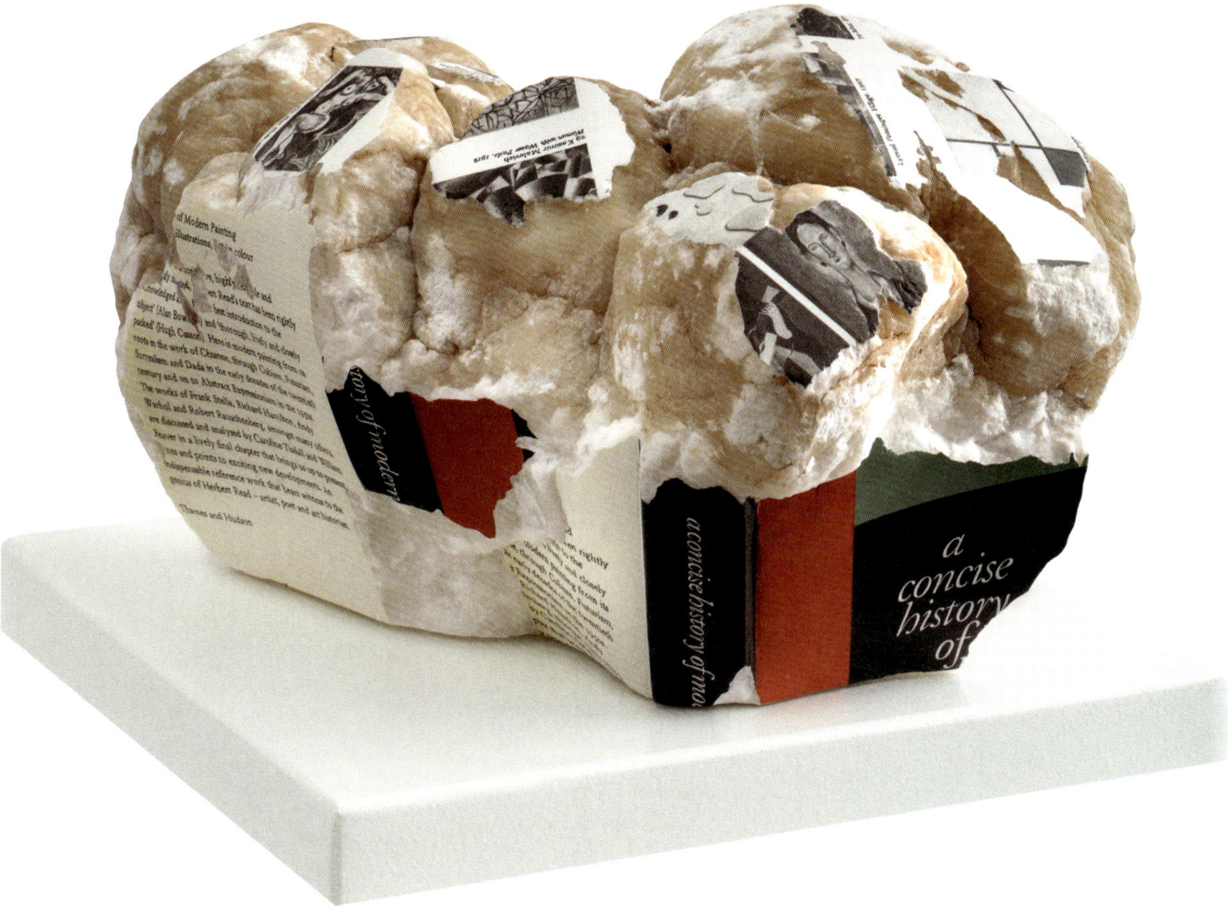

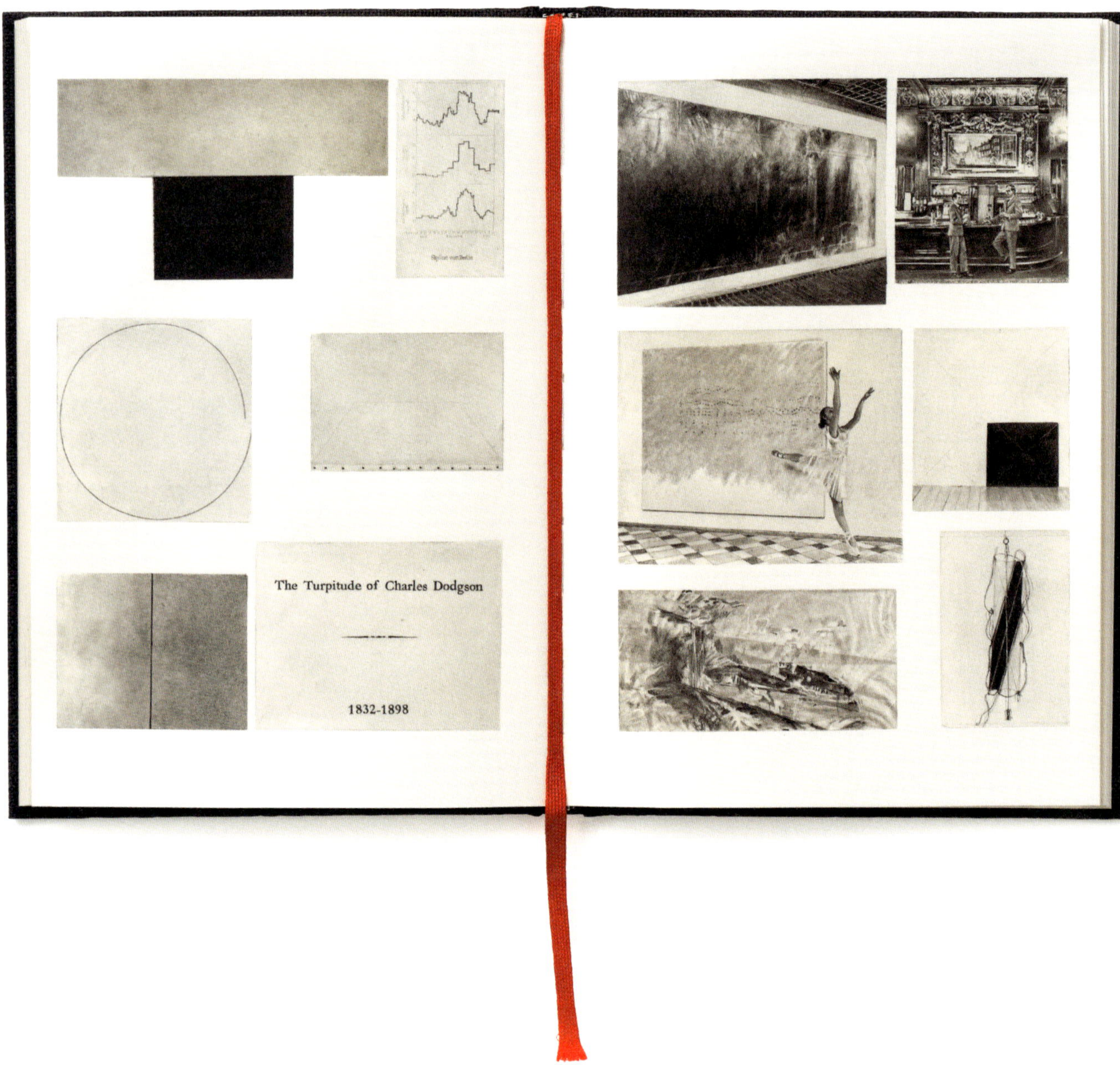

Concise Seventies
2022

Concise Colours
2022

Bleistift in Skizzenbuch.
Pencil on sketchbook, 30 × 21 × 2.5 cm.

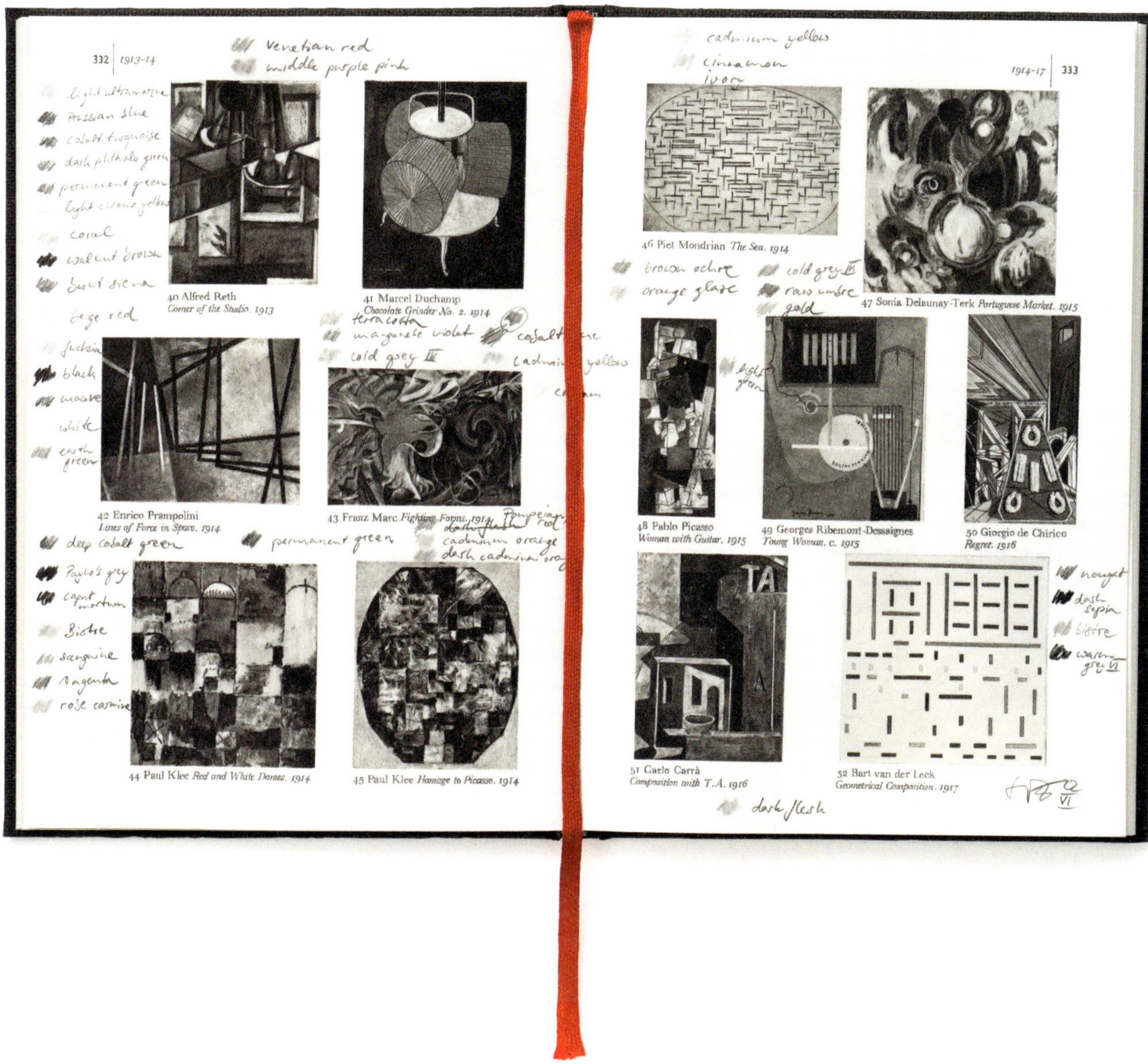
332 1913–14
40 Alfred Reth
Corner of the Studio. 1913
41 Marcel Duchamp
Chocolate Grinder No. 2. 1914
42 Enrico Prampolini
Lines of Force in Space. 1914
43 Franz Marc Fighting Forms. 1914
44 Paul Klee Red and White Domes. 1914
45 Paul Klee Homage to Picasso. 1914
1914–17 333
46 Piet Mondrian The Sea. 1914
47 Sonia Delaunay-Terk Portuguese Market. 1915
48 Pablo Picasso
Woman with Guitar. 1915
49 Georges Ribemont-Dessaignes
Young Woman. c. 1915
50 Giorgio de Chirico
Regret. 1916
51 Carlo Carrà
Composition with T.A. 1916
52 Bart van der Leck
Geometrical Composition. 1917

Hypertext Bleistift und Tusche auf Papier und Papierrückseite.
Pencil and China ink on paper and reverse side of paper, 21 × 29.7 cm.
2016

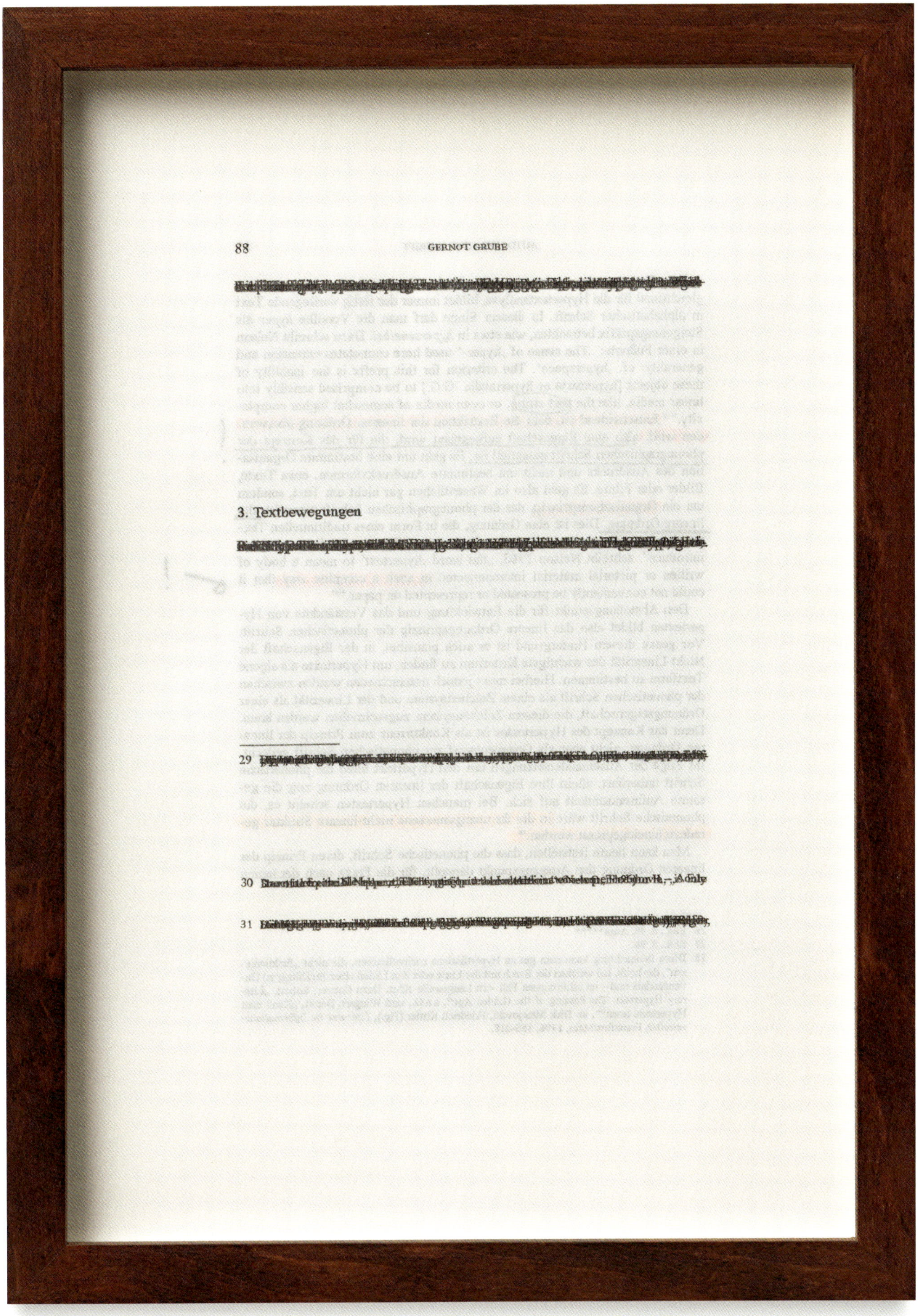
88
GERNOT GRUBE
3. Textbewegungen
29
30
31

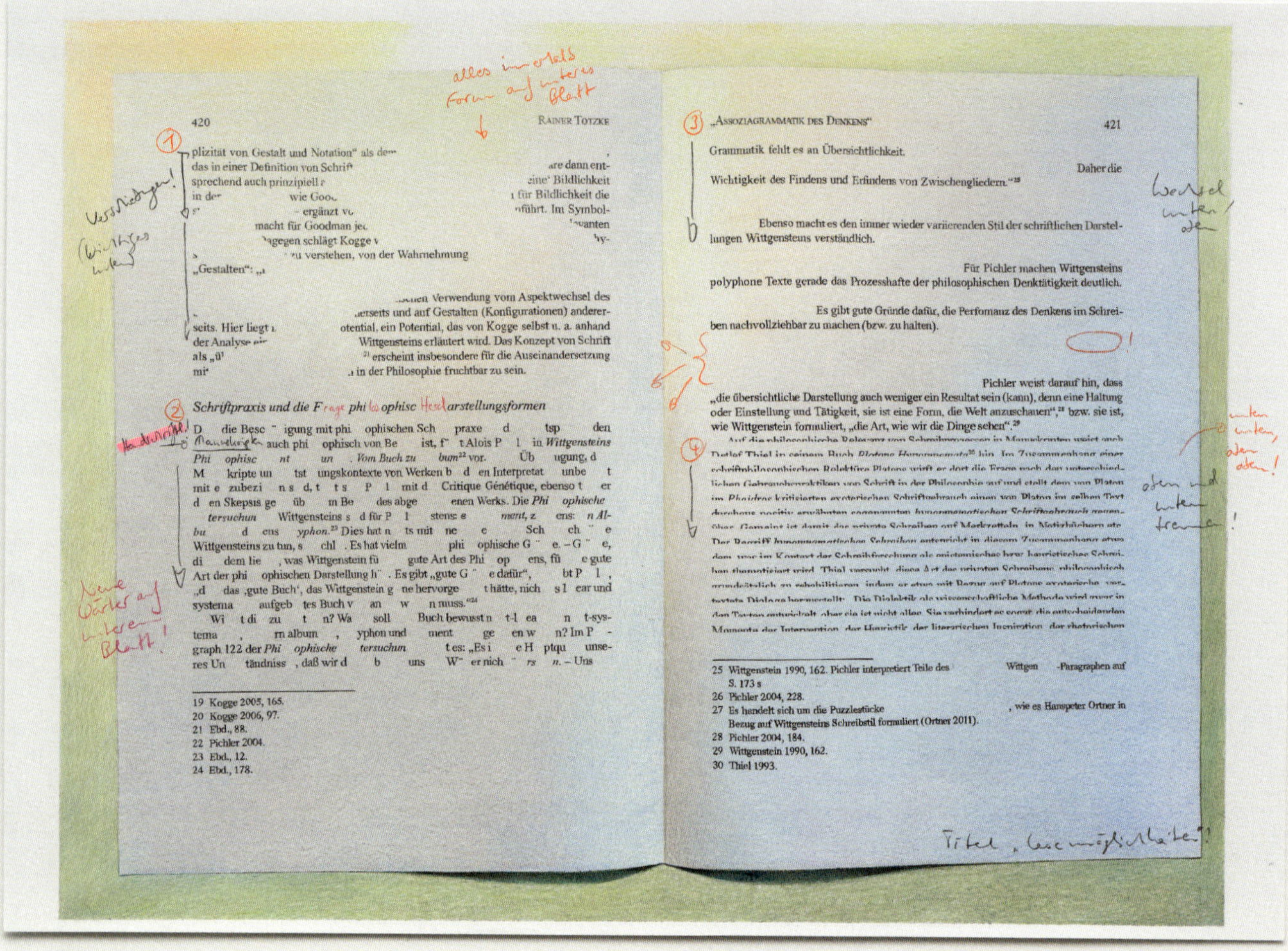

alles innerhalb Form auf unteres Blatt
420
Rainer Totzke
plizität von Gestalt und Notation" als de
das in einer Definition von Schrift
are dann ent-
sprechend auch prinzipiell
eine' Bildlichkeit
für Bildlichkeit die
ergänzt
führt. Im Symbol-
macht für Goodman je
dagegen schlägt Kogge
zu verstehen, von der Wahrnehmung
„Gestalten":
Verwendung vom Aspektwechsel des
erseits und auf Gestalten (Konfigurationen) anderer-
seits. Hier liegt
otential, ein Potential, das von Kogge selbst u. a. anhand
der Analyse
Wittgensteins erläutert wird. Das Konzept von Schrift
als „ü
erscheint insbesondere für die Auseinandersetzung
in der Philosophie fruchtbar zu sein.
Schriftpraxis und die Frage philosophischer Darstellungsformen
„Assoziagrammatik des Denkens"
421
Grammatik fehlt es an Übersichtlichkeit.
Daher die
Wichtigkeit des Findens und Erfindens von Zwischengliedern."[25]
Ebenso macht es den immer wieder variierenden Stil der schriftlichen Darstellungen Wittgensteins verständlich.
Für Pichler machen Wittgensteins
polyphone Texte gerade das Prozesshafte der philosophischen Denktätigkeit deutlich.
Es gibt gute Gründe dafür, die Perfomanz des Denkens im Schreiben nachvollziehbar zu machen (bzw. zu halten).
Pichler weist darauf hin, dass
„die übersichtliche Darstellung auch weniger ein Resultat sein (kann), denn eine Haltung oder Einstellung und Tätigkeit, sie ist eine Form, die Welt anzuschauen",[28] bzw. sie ist, wie Wittgenstein formuliert, „die Art, wie wir die Dinge sehen".[29]
25 Wittgenstein 1990, 162. Pichler interpretiert Teile des
26 Pichler 2004, 228.
27 Es handelt sich um die Puzzlestücke
28 Pichler 2004, 184.
29 Wittgenstein 1990, 162.
30 Thiel 1993.
19 Kogge 2005, 165.
20 Kogge 2006, 97.
21 Ebd., 88.
22 Pichler 2004.
23 Ebd., 12.
24 Ebd., 178.

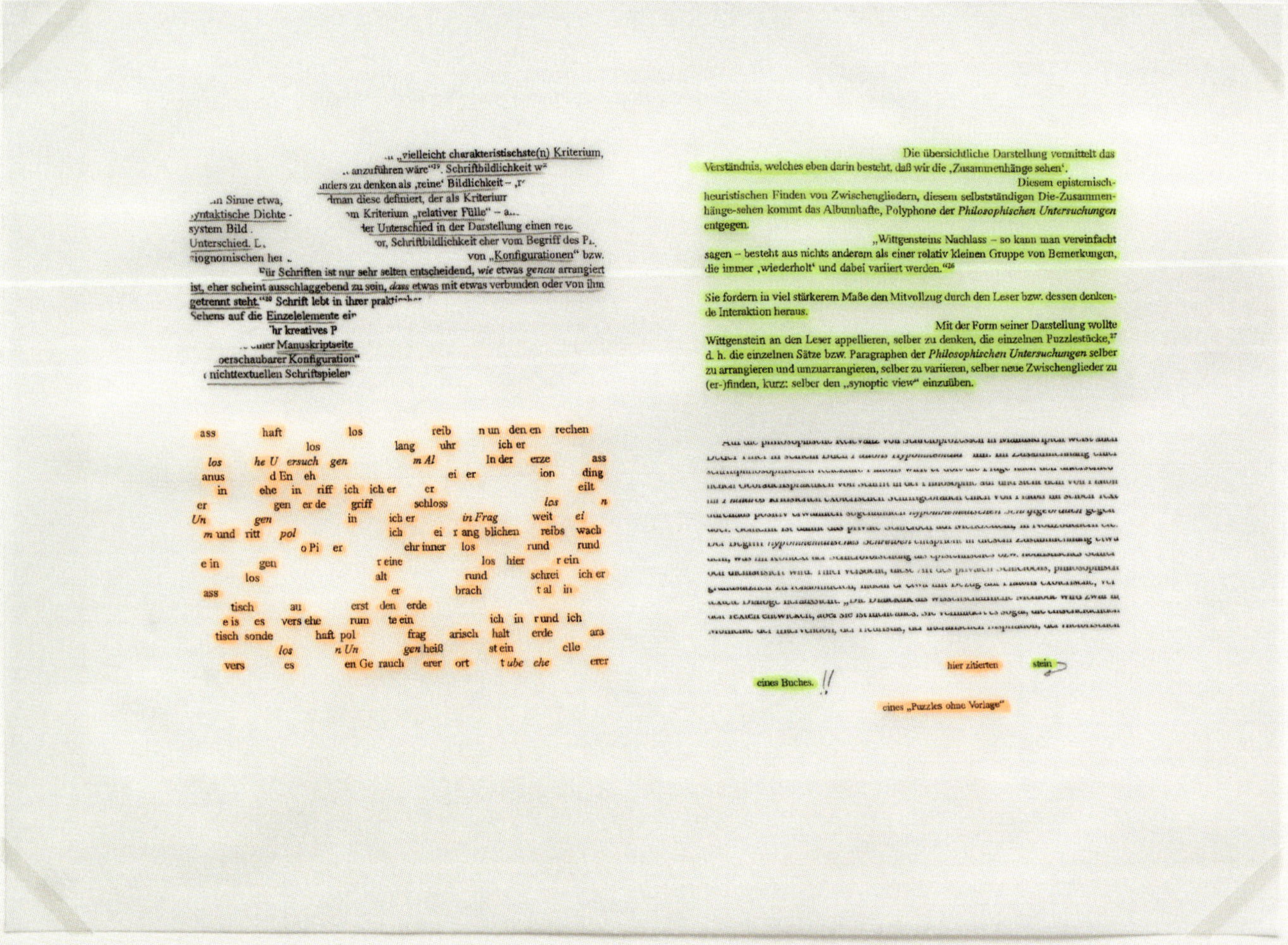

„vielleicht charakteristischste(n) Kriterium,
anzuführen wäre"[19]. Schriftbildlichkeit
anders zu denken als ‚reine' Bildlichkeit
man diese definiert, der als Kriterium
Sinne etwa,
syntaktische Dichte
Kriterium „relativer Fülle"
system Bild
der Unterschied in der Darstellung einen
Unterschied.
Schriftbildlichkeit eher vom Begriff des
von „Konfigurationen" bzw.
Für Schriften ist nur sehr selten entscheidend, wie etwas genau arrangiert ist, eher scheint ausschlaggebend zu sein, dass etwas mit etwas verbunden oder von ihm getrennt steht."[20] Schrift lebt in ihrer prakti
Sehens auf die Einzelelemente ei
hr kreatives P
einer Manuskriptseite
überschaubarer Konfiguration"
nichttextuellen Schriftspieler
Die übersichtliche Darstellung vermittelt das Verständnis, welches eben darin besteht, daß wir die ‚Zusammenhänge sehen'.
Diesem epistemisch-heuristischen Finden von Zwischengliedern, diesem selbstständigen Die-Zusammenhänge-sehen kommt das Albumhafte, Polyphone der Philosophischen Untersuchungen entgegen.
„Wittgensteins Nachlass – so kann man vereinfacht sagen – besteht aus nichts anderem als einer relativ kleinen Gruppe von Bemerkungen, die immer ‚wiederholt' und dabei variiert werden."[26]
Sie fordern in viel stärkerem Maße den Mitvollzug durch den Leser bzw. dessen denkende Interaktion heraus.
Mit der Form seiner Darstellung wollte Wittgenstein an den Leser appellieren, selber zu denken, die einzelnen Puzzlestücke,[27] d. h. die einzelnen Sätze bzw. Paragraphen der Philosophischen Untersuchungen selber zu arrangieren und umzuarrangieren, selber zu variieren, selber neue Zwischenglieder zu (er-)finden, kurz: selber den „synoptic view" einzuüben.
hier zitierten
eines Buches.
eines „Puzzles ohne Vorlage"

Lesemöglichkeiten

2018

Blei- und Farbstift, Tusche auf Papier.
Pencil, crayon and China ink on paper.
Zwei Papiere, jeweils / *Two sheets of paper, each* 42 × 30 cm.

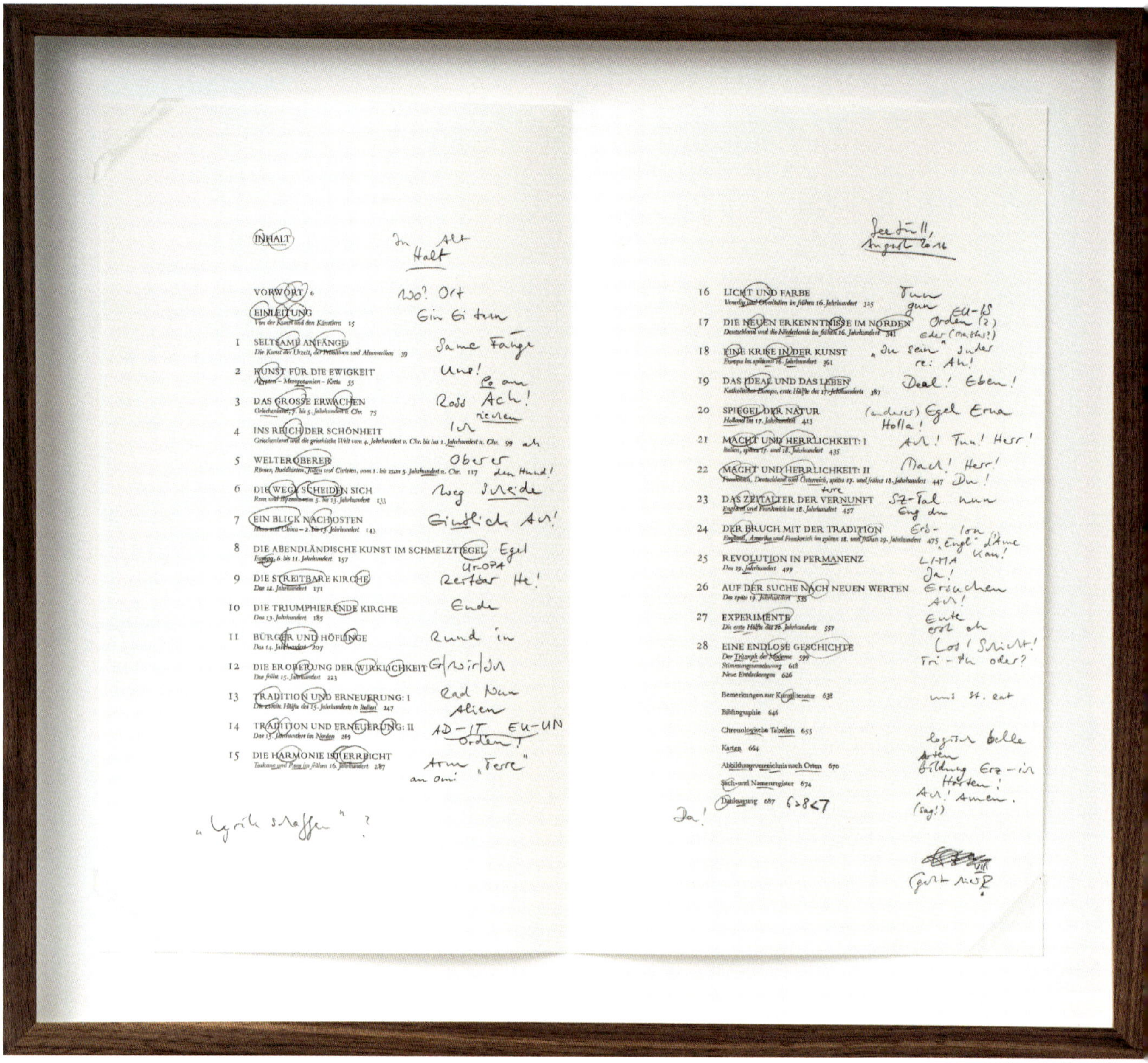

Lyrik schaffen

Bleistift auf Papier.
Pencil on paper, 34 × 29.7 cm.

2016

Searching Mary

Searching Mary spielt in seinem leuchtenden Grünton mit dem Layout des Originalbuches und der natürlichen Farbe des Specksteins. Als Motiv dient der Museumsführer des Prado in Madrid. Der *Guide to the Prado* und der Buchstein sollen den Betrachter führen. Doch diese vermeintliche Führung endet in einer Sackgasse, da der Inhalt nicht wirklich gelesen werden kann. Im steinernen Buch kann der Betrachter nicht weiterblättern – umso mehr eröffnet sich ihm die Möglichkeit eigener Assoziationen und Gedanken. Letztlich ist der Stein ihm doch eine gute Führung.

Im Museumsführer des Prado sind Jahrhunderte der Kunstgeschichte beschrieben. Und nun stecken Tausende von historischen Meisterwerken in diesem Stein.
Vielleicht kann man sie heraufbeschwören, herausarbeiten. Dies geschieht realiter auf der anderen Seite: Hier wurde in den Stein gegraben, um ihn auszuhöhlen und seinen Inhalt sichtbar zu machen.

Riberas schöne *Maria Magdalena* blickt aus dem Stein. Sie wurde gesucht und gefunden.

Oder sucht Mary etwas? P. L.

With its bright green tone, ›Searching Mary‹ plays with the layout of the original book and the natural colour of the soapstone. The motif is the guide to the Prado Museum in Madrid. The ›Guide to the Prado‹ and the book stone are intended to guide the viewer. However, this supposed guidance ends in a dead end, as the content cannot really be read. The viewer cannot turn the pages of the stone book—which makes it all the more possible for them to make their own associations and thoughts. After all, the stone is a good guide.

Centuries of art history are described in the Prado museum guide. And now there are thousands of historical masterpieces in this stone. Perhaps they can be conjured up, worked out. This happens in reality on the other side: here, the stone has been dug into to hollow it out and make its contents visible.

Ribera's beautiful ›Mary Magdalene‹ peers out of the stone. She was being searched for and found.

Or is Mary searching for something? P. L.

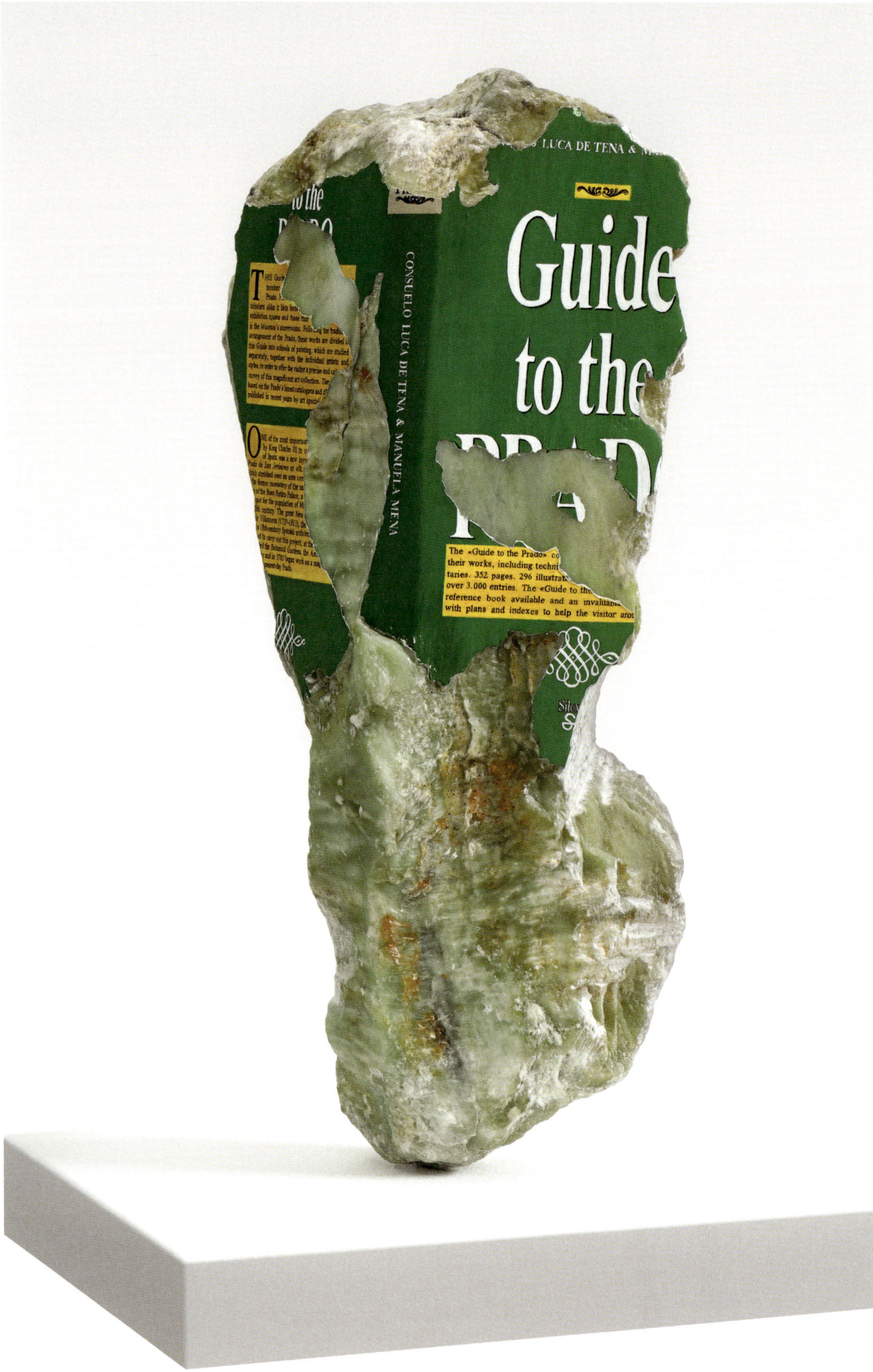
LUCA DE TENA &
Guide
to the
CONSUELO LUCA DE TENA & MANUELA MENA
The «Guide to the Prado» co
their works, including techni
taries. 352 pages. 296 illustra
over 3.000 entries. The «Guide to the
reference book available and an invaluable
with plans and indexes to help the visitor arou

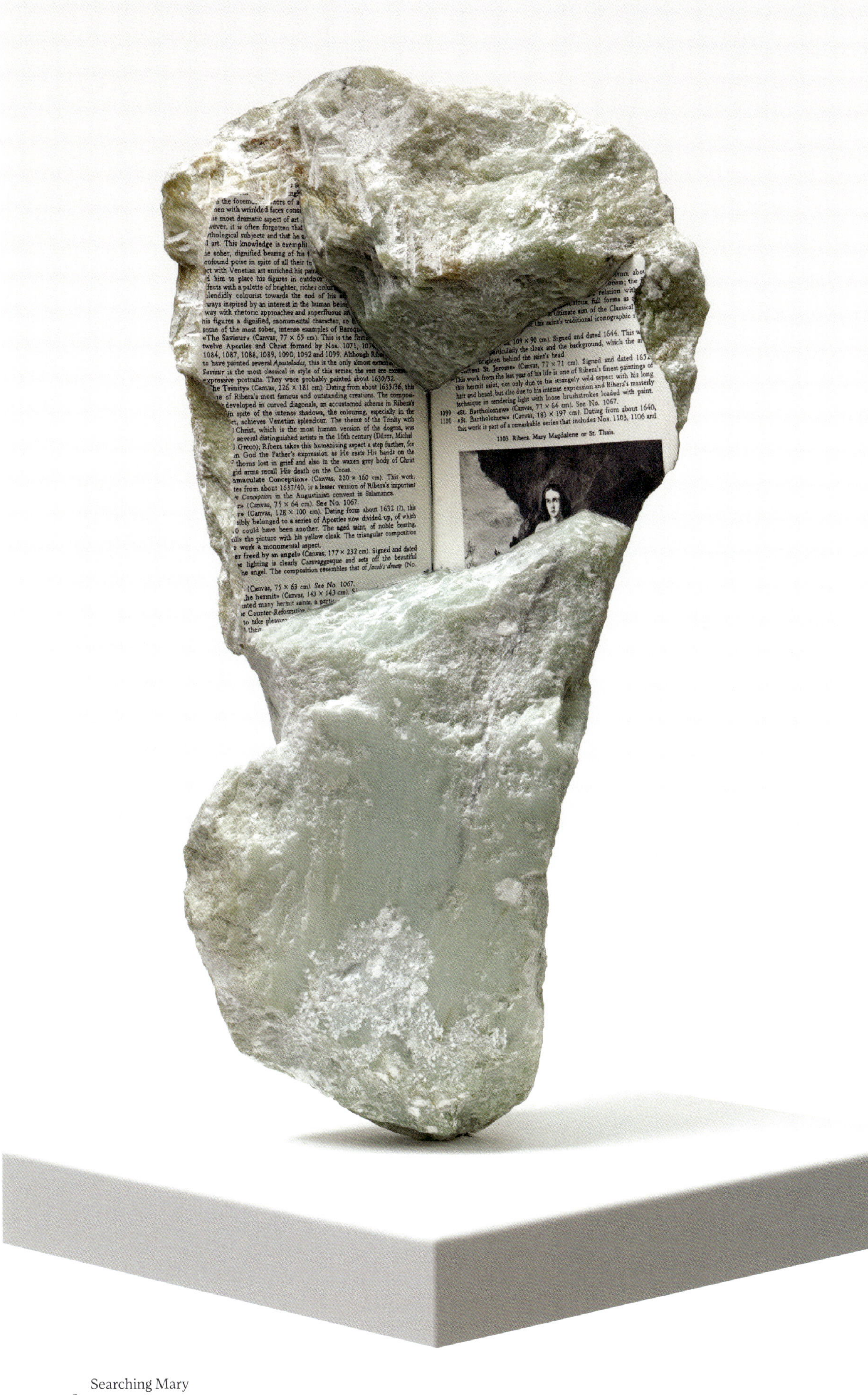

Searching Mary

2018

Bleistift, Tusche, Acryl, Lack auf Speckstein.

Pencil, China ink, acrylic and varnish on soapstone, 23 × 45 × 12.5 cm.

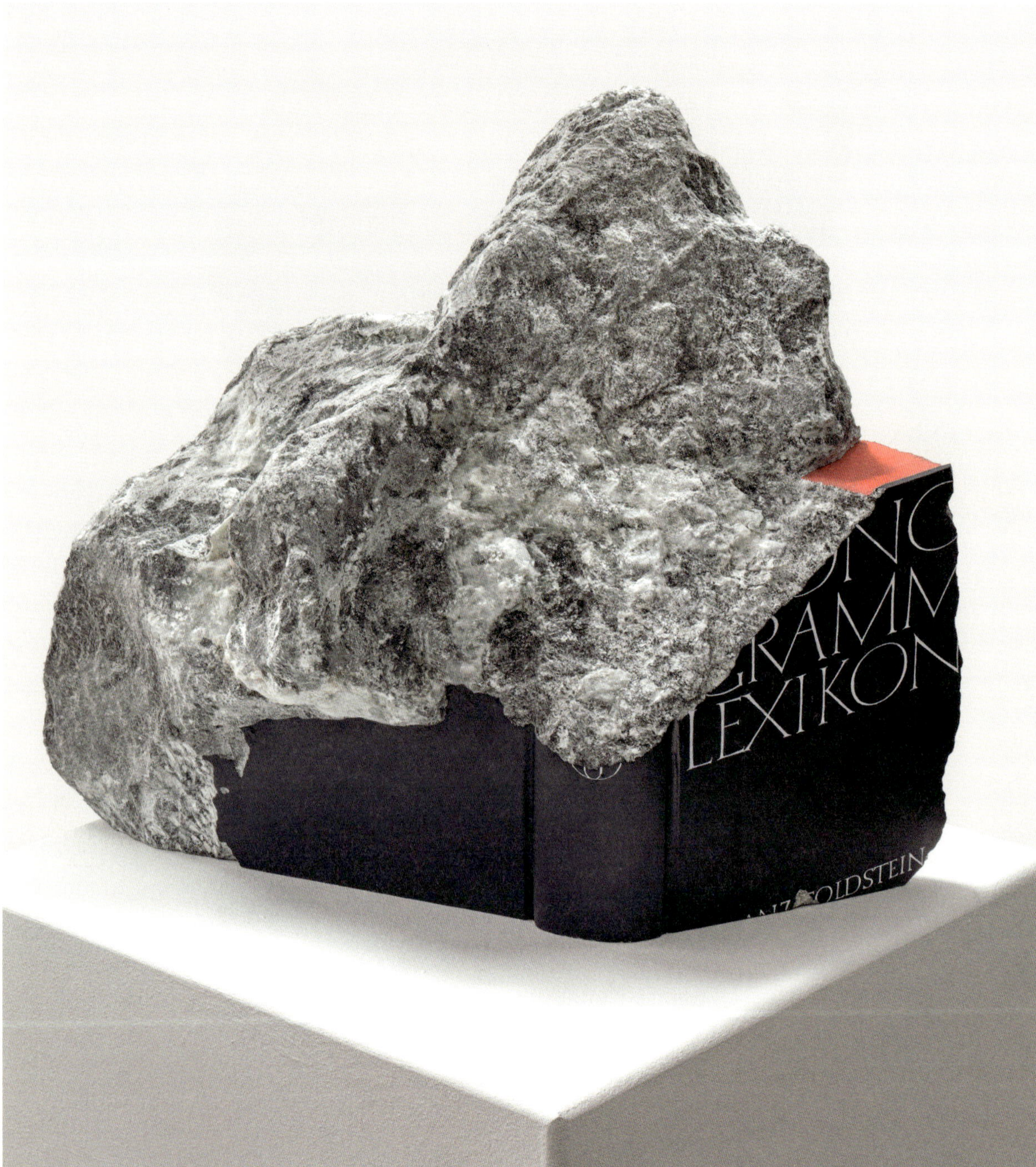
LEXIKON

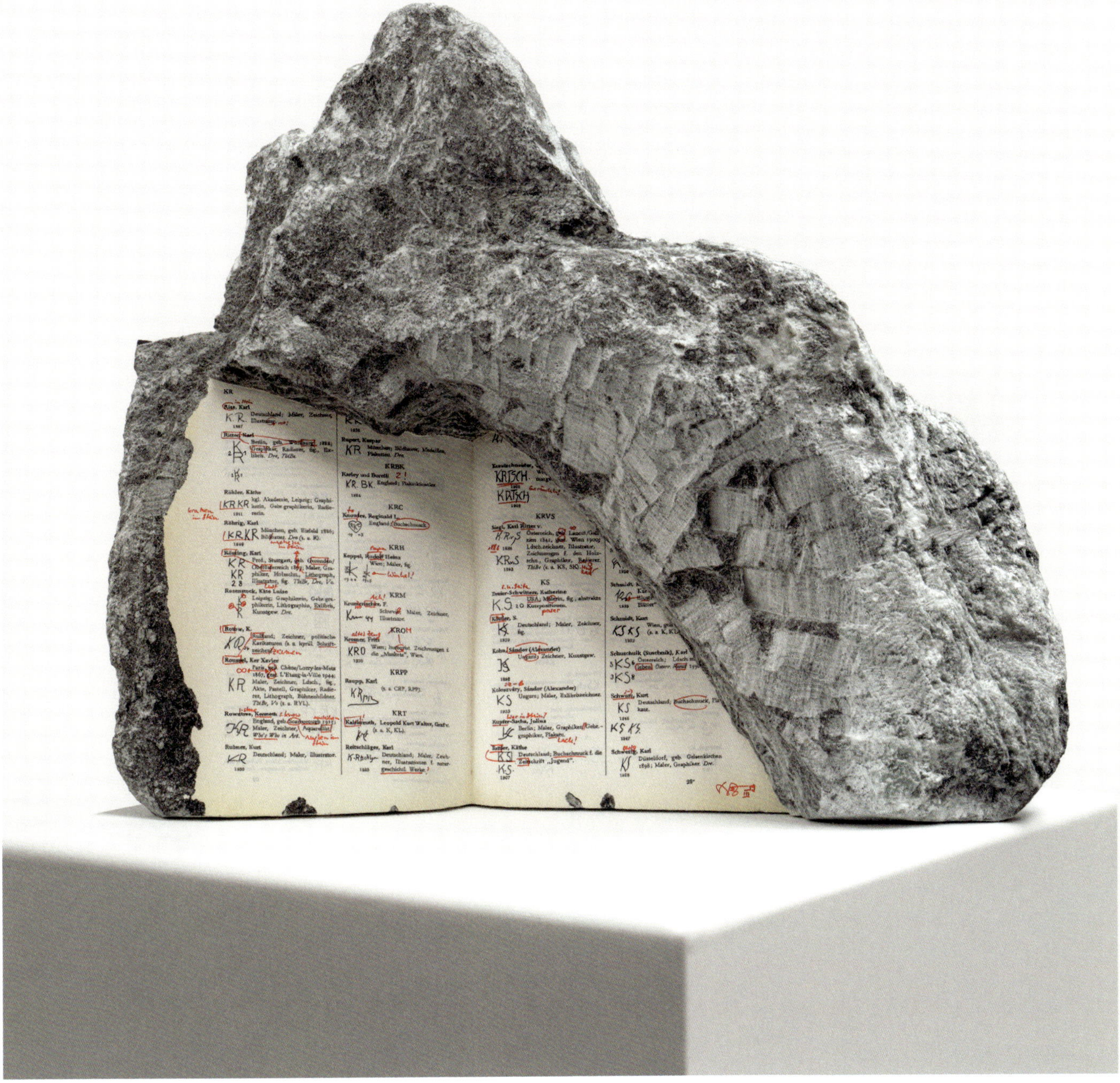

Ahnen spüren

2019

Tusche, Acryl, Lack auf Speckstein.
China ink, acrylic and varnish on soapstone, 46 × 38.5 × 15 cm.

Turn it up!

Der Buchstein *Turn it up!* spielt in Titel und Form sowohl mit dem Namen des Künstlervorbildes William Turner als auch mit der Dynamik des schwungvollen Steines und eines aufgeschlagenen Buches.

Die Maserung des Steins mache ich durch den stellenweisen Auftrag von Polieröl verstärkt sichtbar. Die Modulation der so freigelegten farblichen wie formalen Binnenstruktur des Steins erinnert an das malerische Spätwerk William Turners. Mögliche Meisterwerke des englischen Künstlers werden simuliert – und zugleich zurückgenommen, wenn ich die vermeintlichen Bildunterschriften durchstreiche.

Auf der linken Buchseite zitiert der Textauszug Turners Farbstudien. Folgerichtig ist die im Text erwähnte Forderung, dass „der Gestaltungsprozess zum Formmerkmal" werde, in die Praxis umgesetzt: indem ich den Stein als Stein zeige und vorführe, sei es, dass ich durch den Ölauftrag seine Sichtbarkeit potenziere oder durch das Schleifen des Steins diesen überhaupt als Buch simuliere.

Die rechte Buchseite handelt von Licht und Farbe.
Die „erhabene Farbgebung" ist markiert, was im Gegensatz zu der recht schlechten Druckqualität der schwarz-weißen Abbildungen im Originalbuch steht. Vergleichsweise setze ich die Vorlage in Bleistifthandzeichnungen um, welche fast nichts mehr von der Farbgewalt der Turner-Originale zu zeigen vermögen.

P. L.

The title and shape of the ›Turn it up!‹ book stone play with the name of an artist's role model, William Turner, as well as with the dynamics of the curved stone and an open book.

I make the texture of the stone more visible by applying polishing oil in selected areas. The modulation of the colour and formal internal structure of the stone exposed in this way is reminiscent of William Turner's late painterly work. Possible masterpieces by the English artist are simulated—and at the same time withdrawn when I cross out the supposed captions.

On the left side of the book, the text excerpt quotes Turner's colour studies. The demand mentioned in the text that 'the design process becomes a formal feature' is logically put into practice: by showing and demonstrating the stone as a stone, whether by maximising its visibility through the application of oil or by simulating it as a book by sanding the stone in this specific shape.

The right page of the book is about light and colour.
The 'sublime colouring' is marked, which contrasts with the rather poor print quality of the black and white illustrations in the original book. In comparison, I convert the original into pencil hand drawings, which are hardly able to show any of the vibrant colour intensity of the Turner originals. P. L.

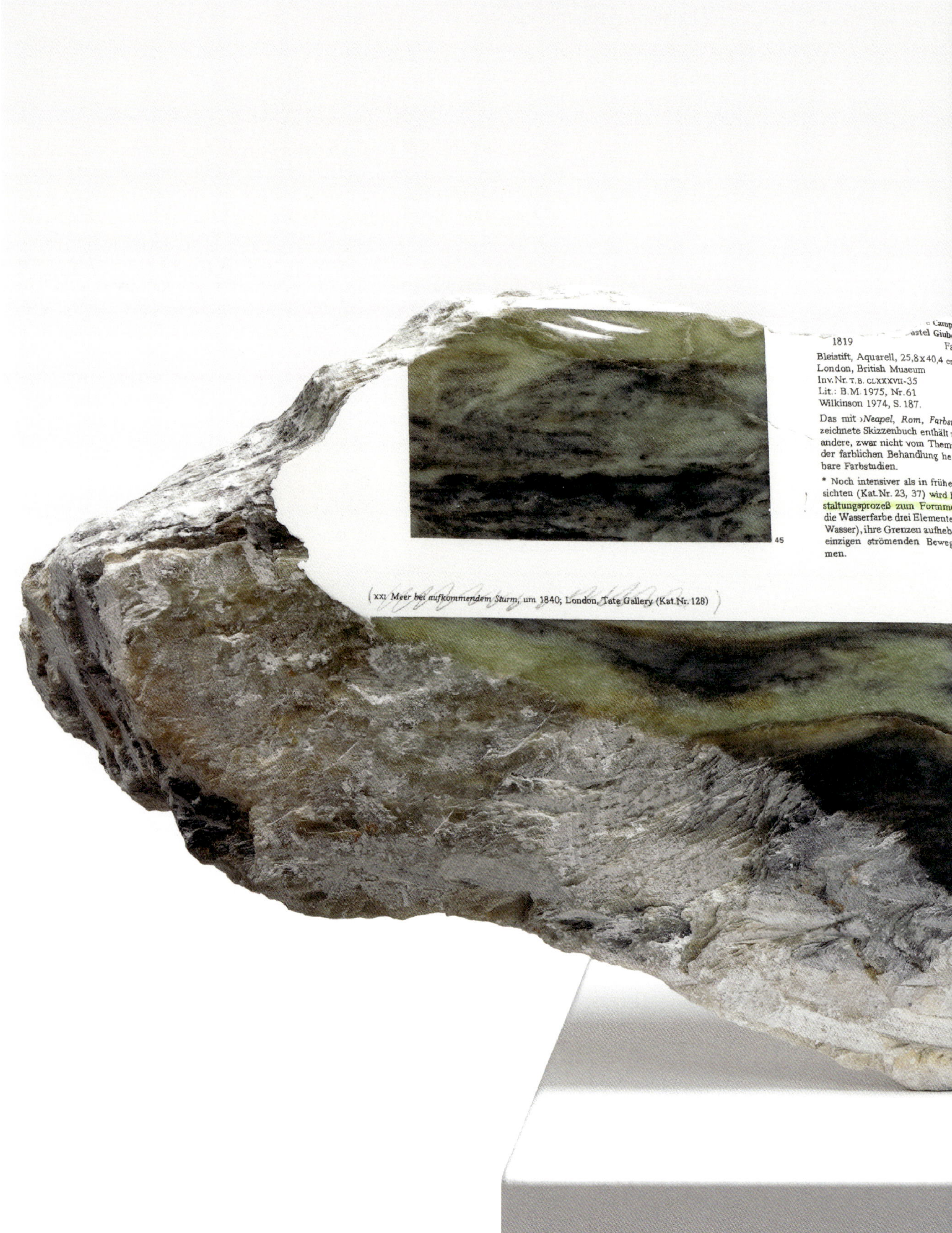

Turn it up! (Back view pp. 182–183)

2018

Tusche, Bleistift, Polieröl, Lack auf Speckstein.
China ink, pencil, polishing oil and varnish on soapstone, 58 × 30 × 14.5 cm.

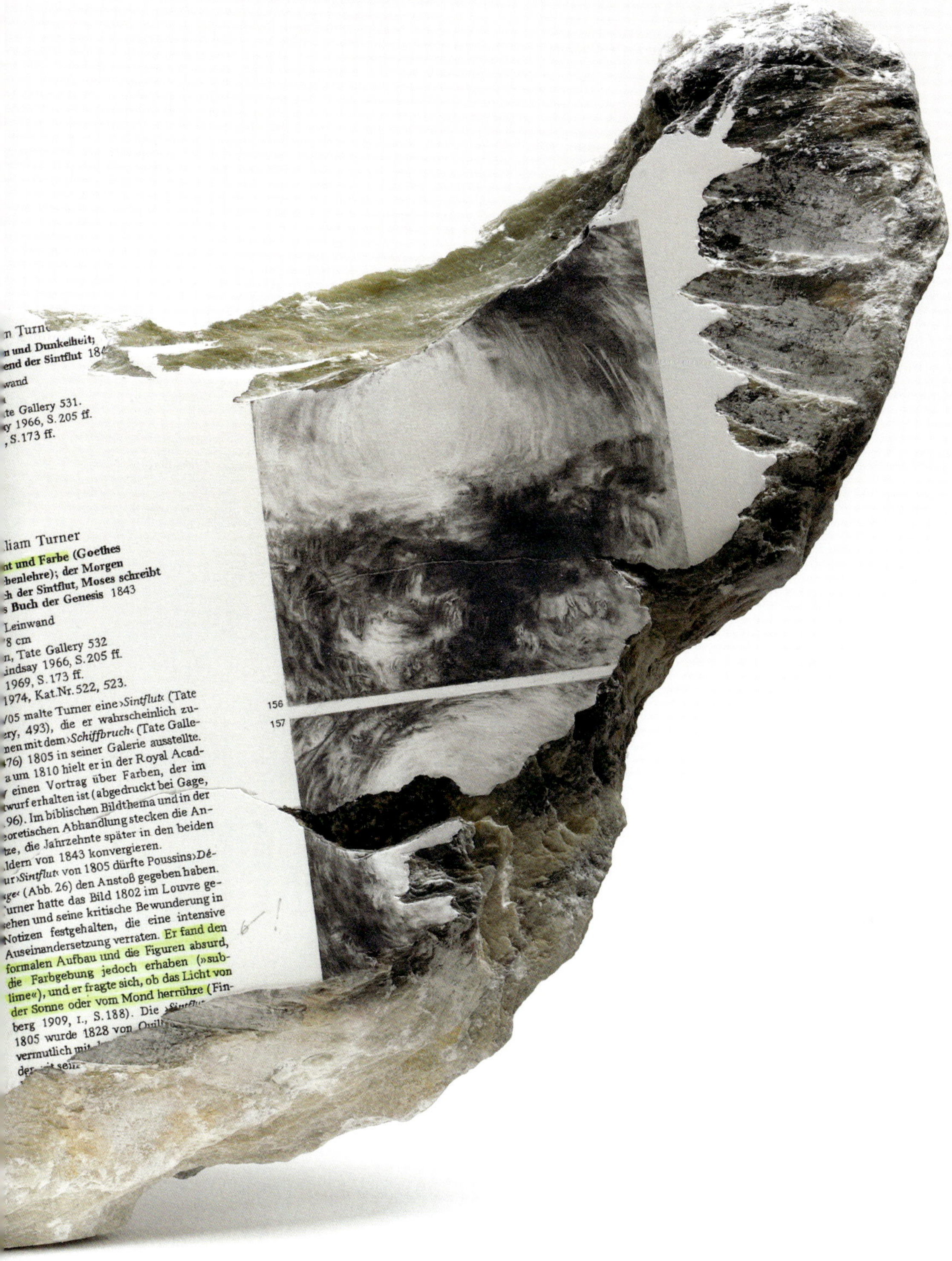
n Turn
n und Dunkelheit;
end der Sintflut 184
wand
te Gallery 531.
y 1966, S. 205 ff.
, S. 173 ff.
liam Turner
nt und Farbe (Goethes
benlehre); der Morgen
ch der Sintflut, Moses schreibt
s Buch der Genesis 1843
Leinwand
8 cm
n, Tate Gallery 532
indsay 1966, S. 205 ff.
1969, S. 173 ff.
1974, Kat.Nr. 522, 523.
156
157
05 malte Turner eine ›Sintflut‹ (Tate
ery, 493), die er wahrscheinlich zu-
nen mit dem ›Schiffbruch‹ (Tate Galle-
476) 1805 in seiner Galerie ausstellte.
a um 1810 hielt er in der Royal Acad-
einen Vortrag über Farben, der im
twurf erhalten ist (abgedruckt bei Gage,
96). Im biblischen Bildthema und in der
eoretischen Abhandlung stecken die An-
tze, die Jahrzehnte später in den beiden
ldern von 1843 konvergieren.
ur ›Sintflut‹ von 1805 dürfte Poussins ›Dé-
ge‹ (Abb. 26) den Anstoß gegeben haben.
urner hatte das Bild 1802 im Louvre ge-
sehen und seine kritische Bewunderung in
Notizen festgehalten, die eine intensive
Auseinandersetzung verraten. Er fand den
formalen Aufbau und die Figuren absurd,
die Farbgebung jedoch erhaben (»sub-
lime«), und er fragte sich, ob das Licht von
der Sonne oder vom Mond herrühre (Fin-
berg 1909, I., S. 188). Die ›Sintflut‹
1805 wurde 1828 von

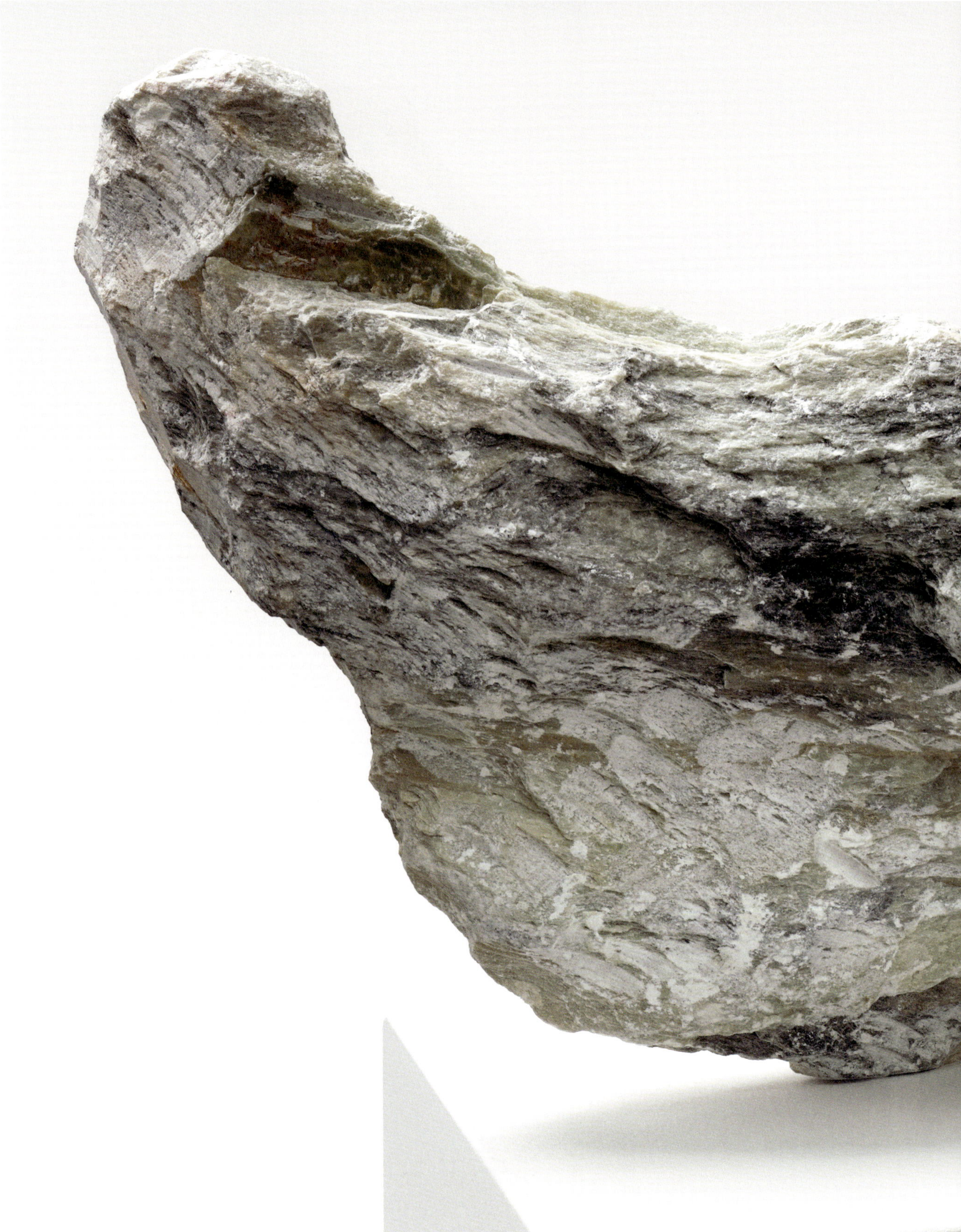

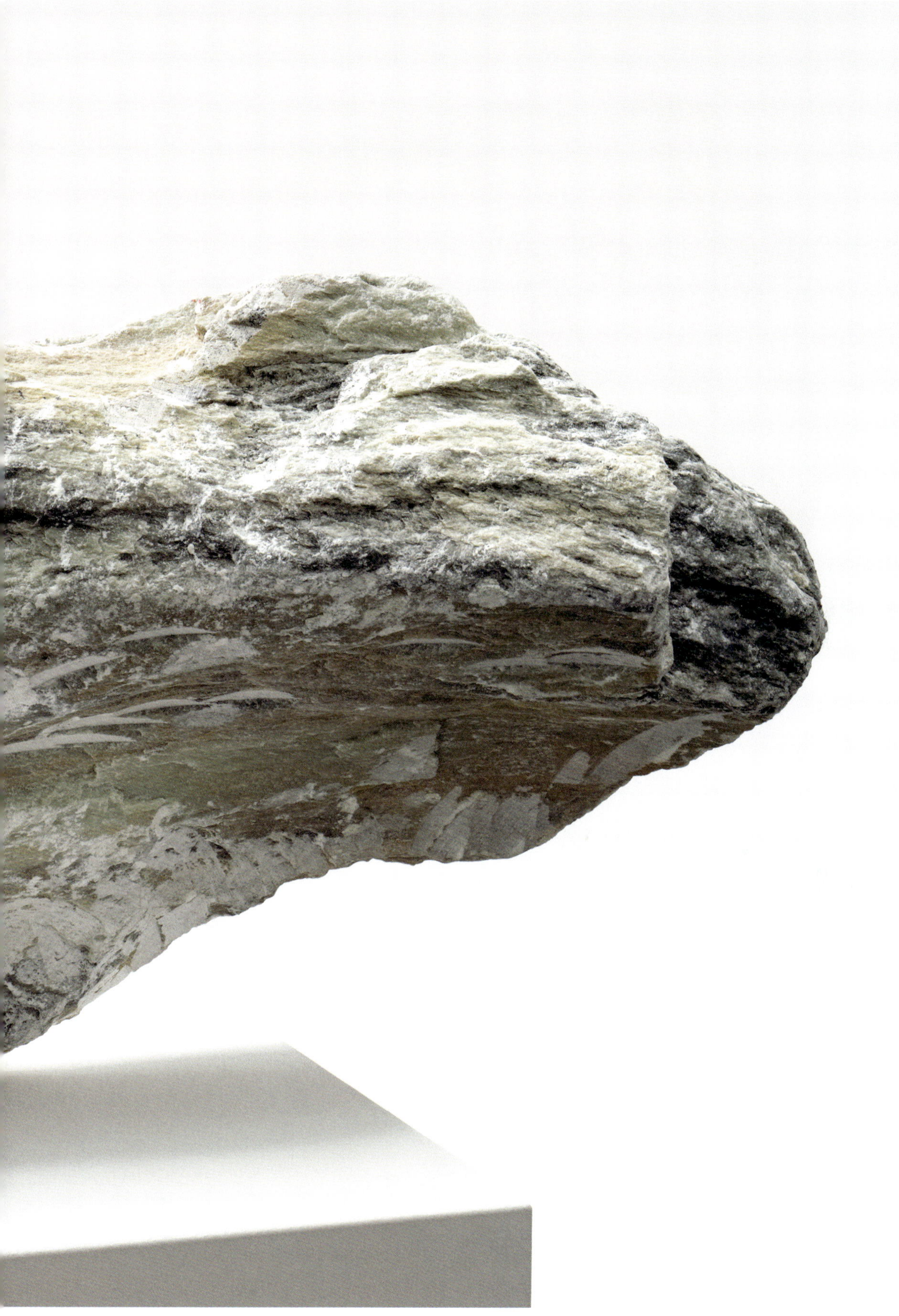

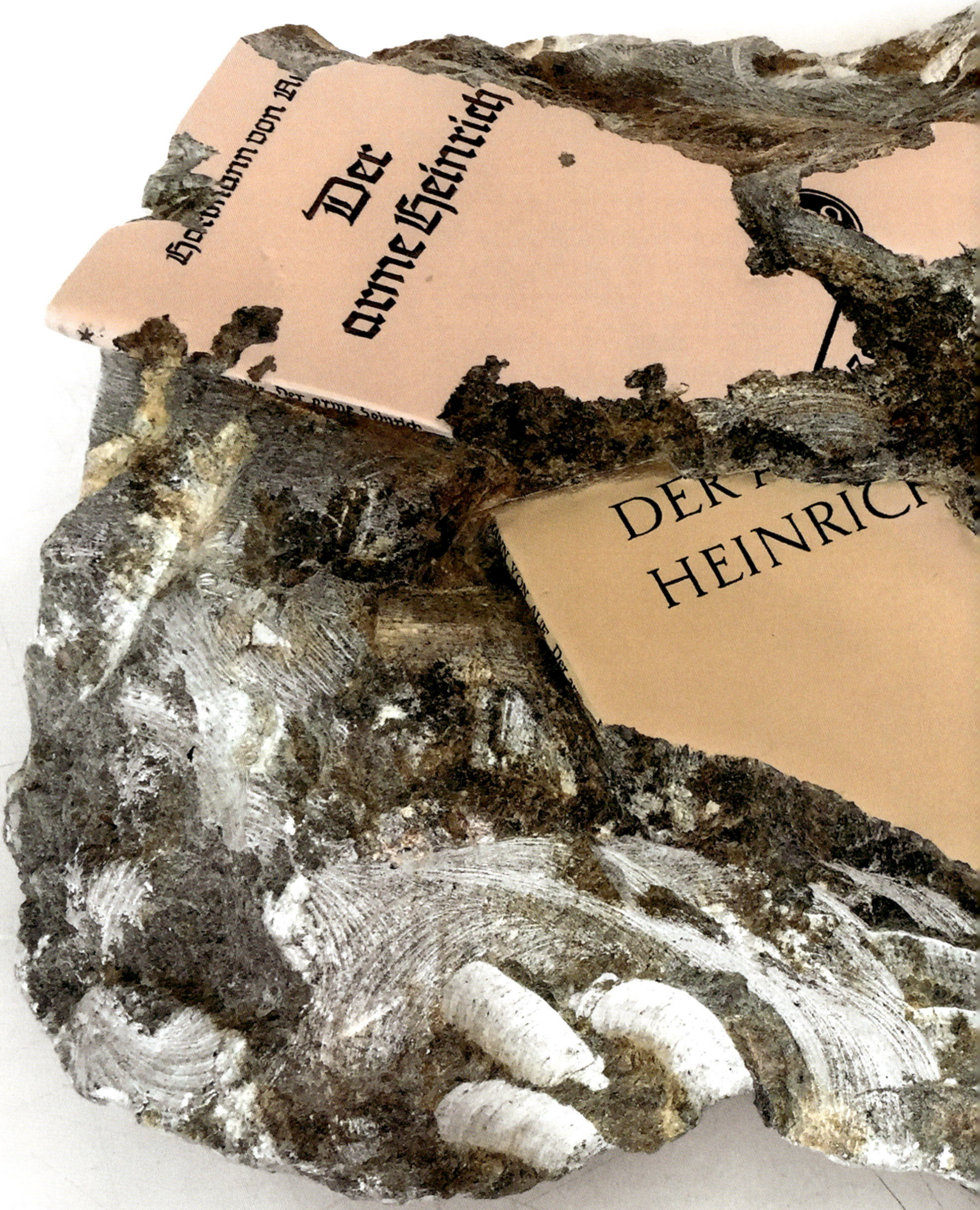
Der
arme Heinrich
HEINRICH

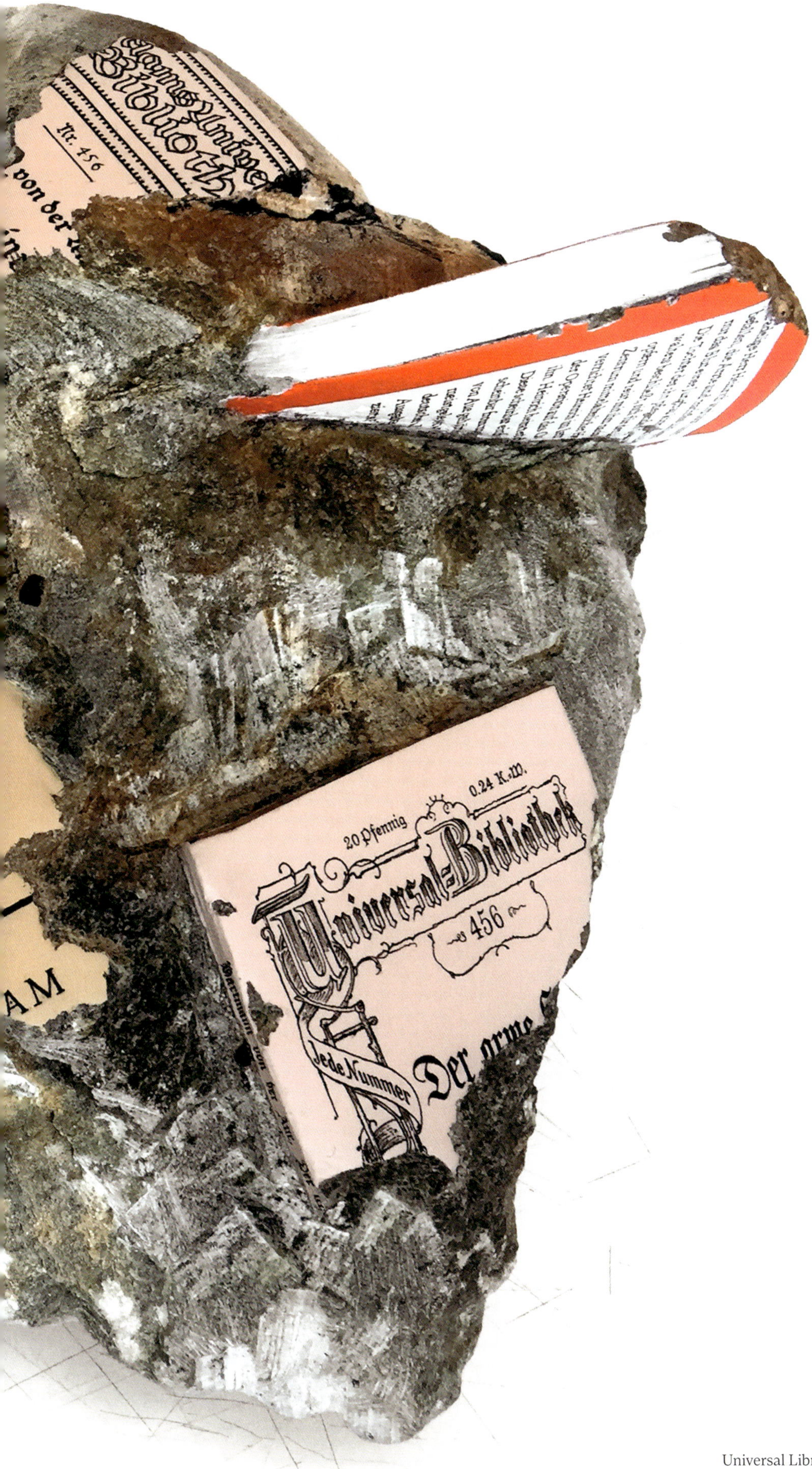

Universal Library

2018

Tusche, Acryl, Lack auf Speckstein.
China ink, acrylic and varnish on soapstone, 42 × 22 × 28 cm.

What is zwischen Rom und Byzanz?

Ich zeichne ganz lapidar – und zwar in seiner ureigensten Bedeutung/Herkunft: *lapidaire, lapidarius:* steinern oder „zu den Steinen gehörig“ [sic] – ein neues Cover auf ein nicht zugehöriges Buch. Hieraus ergibt sich zwangsläufig so manch Spannendes …

Das eigentliche Buch (*Zwischen Rom und Byzanz*, Hg. Stöckl, Graz / Wien / Köln: Styria 1958) behandelt u. a. die Tatsache der Schriftoffenbarung beim Slawenapostel Kyrill. Das entlehnte Cover des anderen Buches (*What is Contemporary Art?*, Hg. Aranda u. a., Berlin / New York: Sternberg Press 2010) stülpt eine gigantische Frage über das ursprüngliche Buch. P. L.

I draw a new cover on a book that doesn't belong to it, quite lapidarily—and in its most original meaning/origin: ›lapidaire, lapidarius‹: stony or 'belonging to the stones' [sic]. This inevitably results in some exciting findings …

The actual book (›Zwischen Rom und Byzanz‹, ed. Stöckl, Graz / Vienna / Cologne, Styria 1958) deals, among other things, with the fact of the revelation of scripture to the Slavic Apostle Cyril. The borrowed cover of the other book (›What is Contemporary Art?‹, ed. Aranda et al., Berlin / New York, Sternberg Press 2010) places a gigantic question mark over the original book.

P. L.

2018 What is zwischen Rom und Byzanz?

Blei- und Farbstift auf Buch.
Pencil and crayon on book, 14 × 20 × 10 cm.

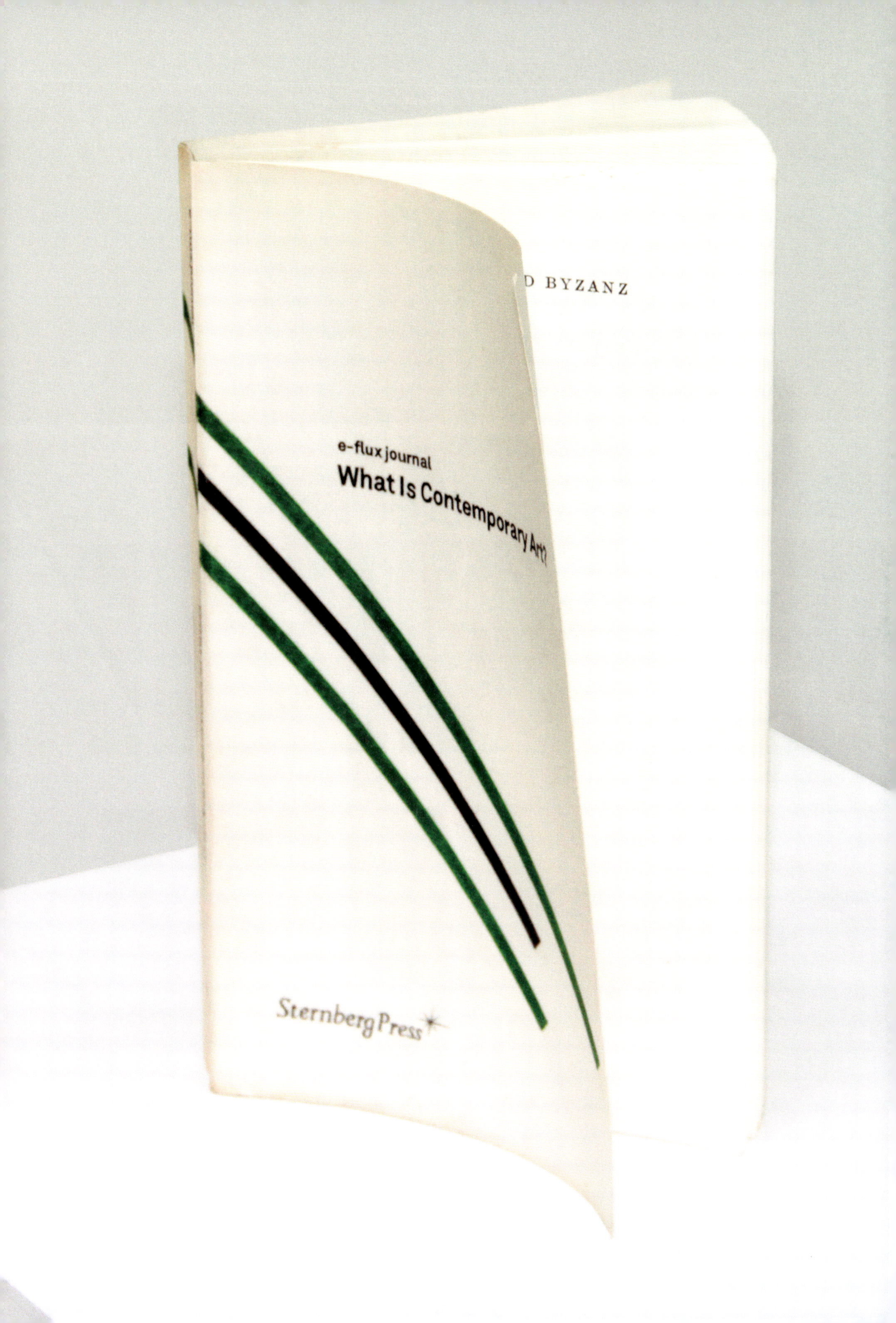
D BYZANZ
e-flux journal
What Is Contemporary Art?
SternbergPress

Behind the Scenes

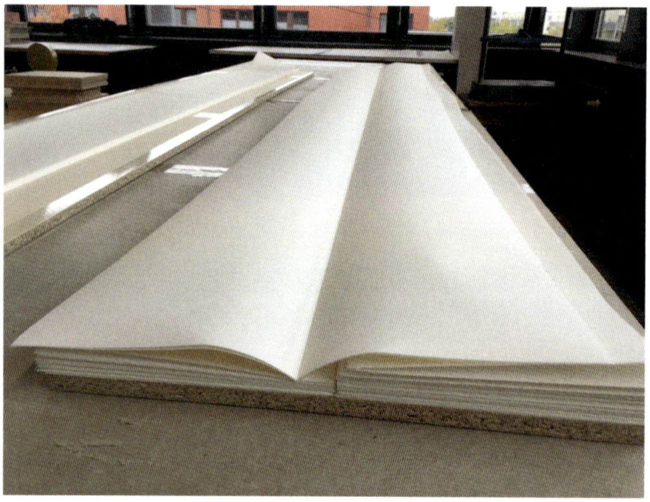
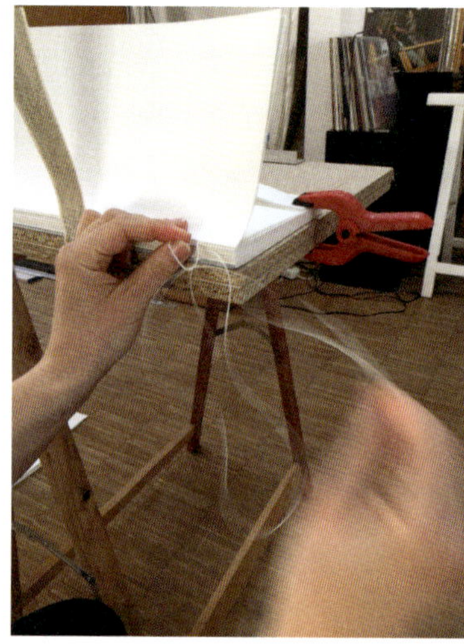
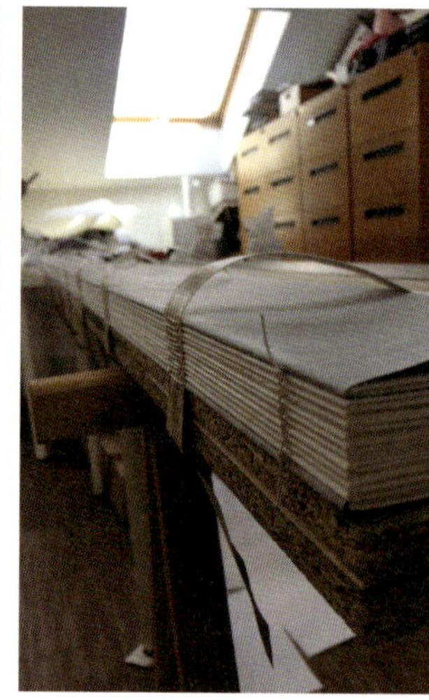
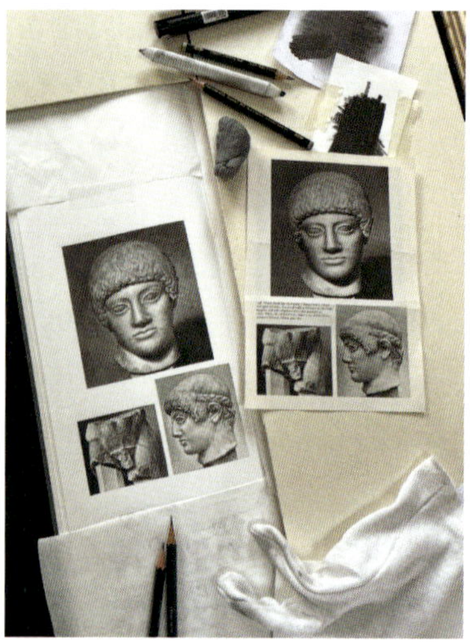
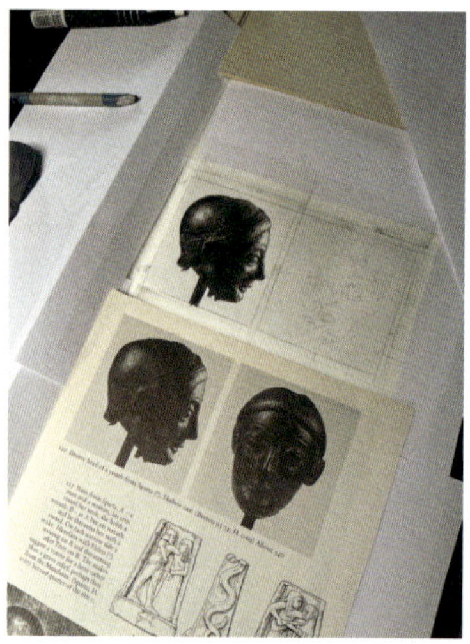
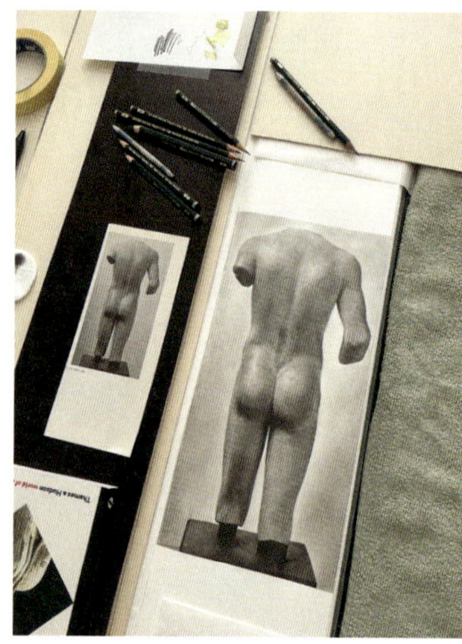
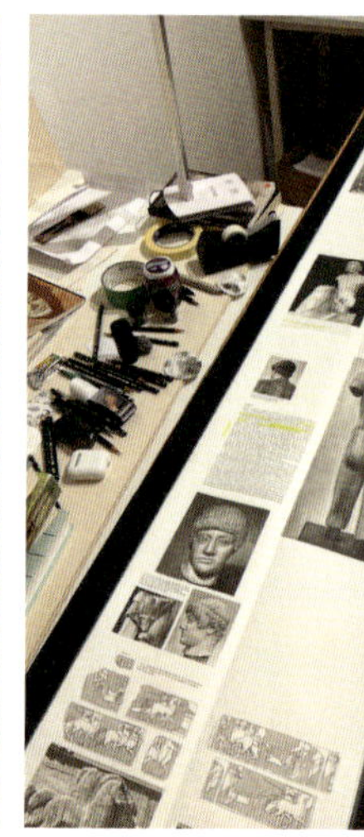
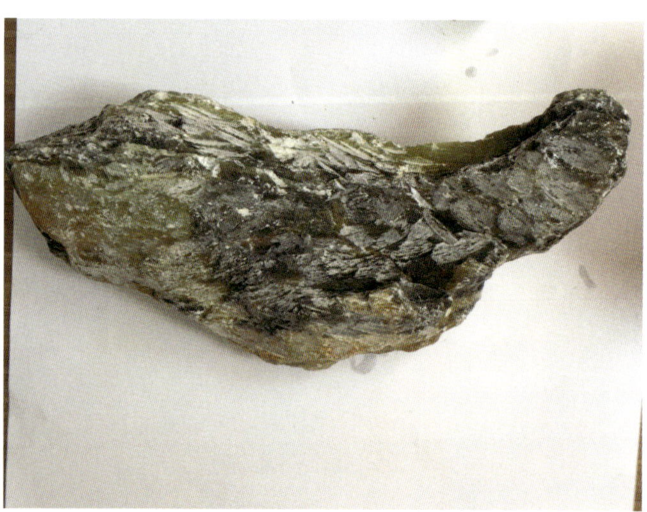
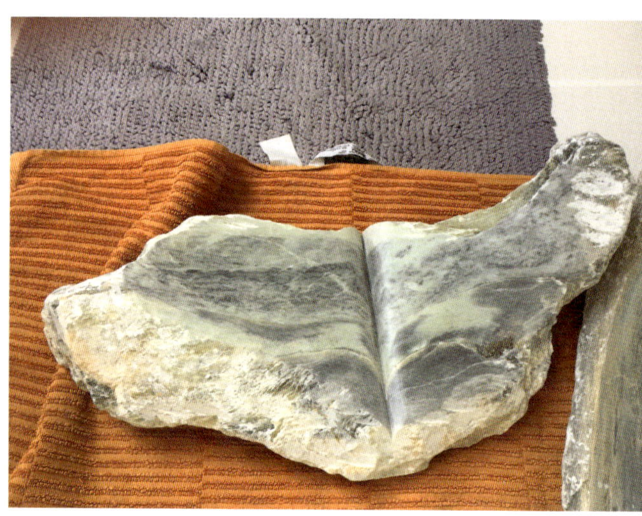
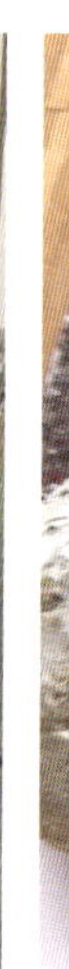

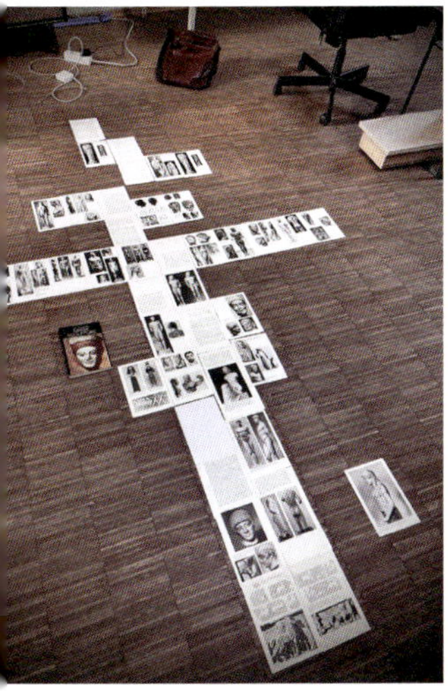

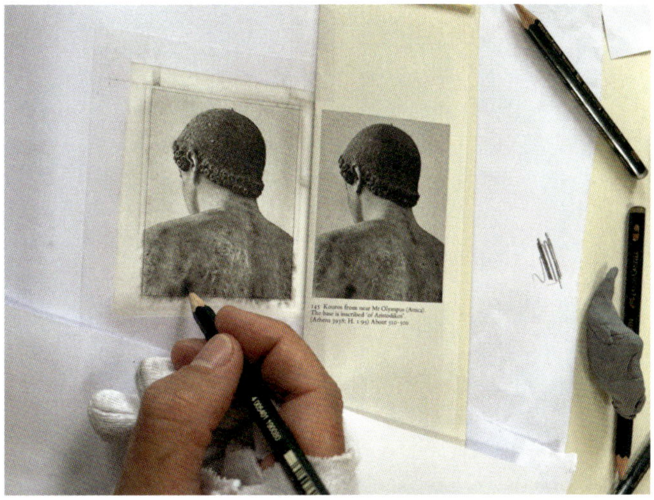

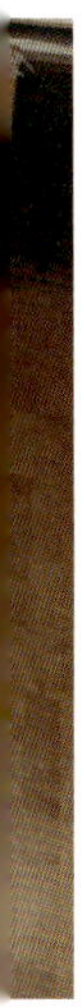

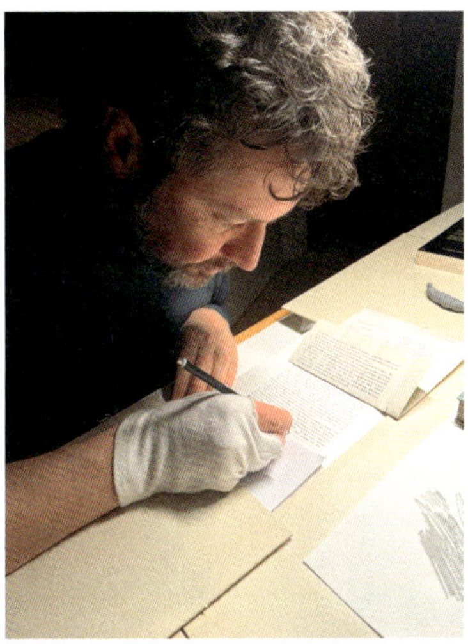

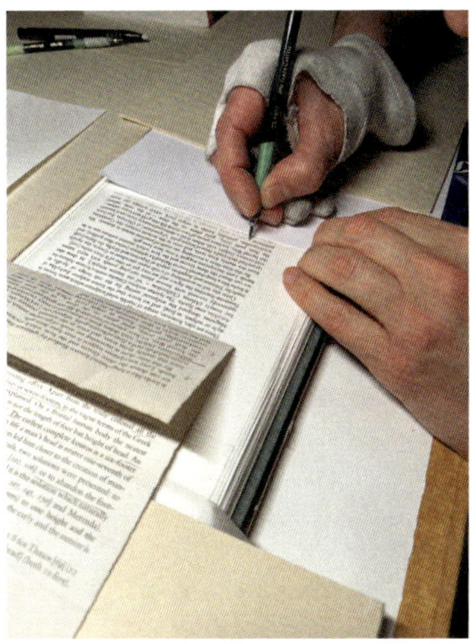

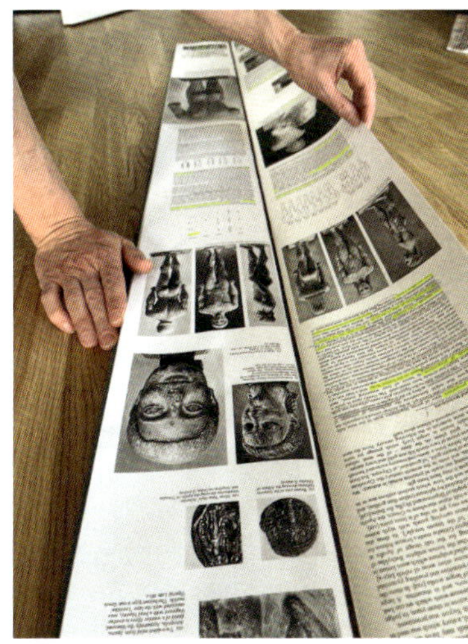

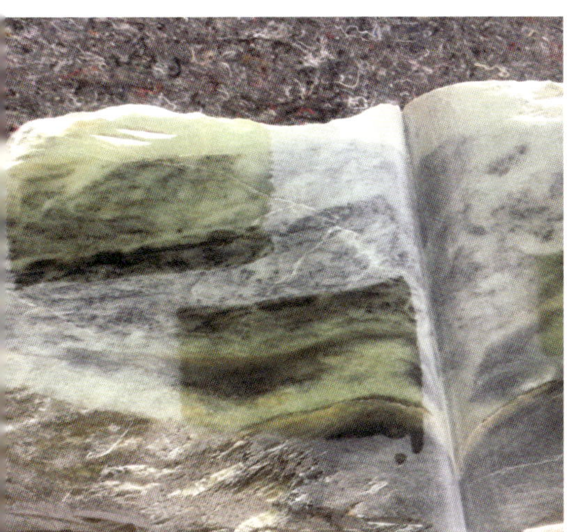

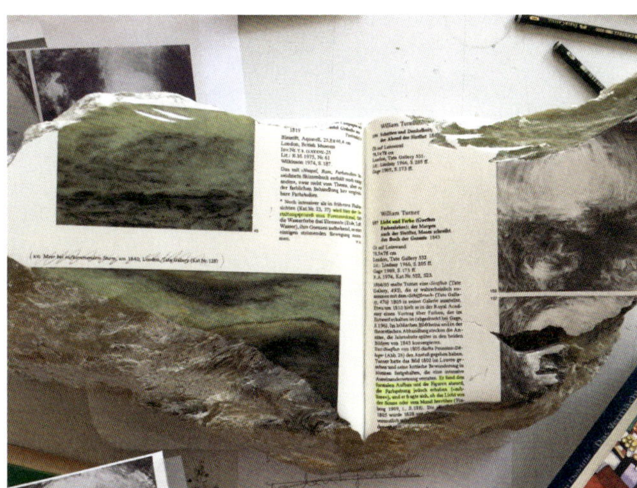

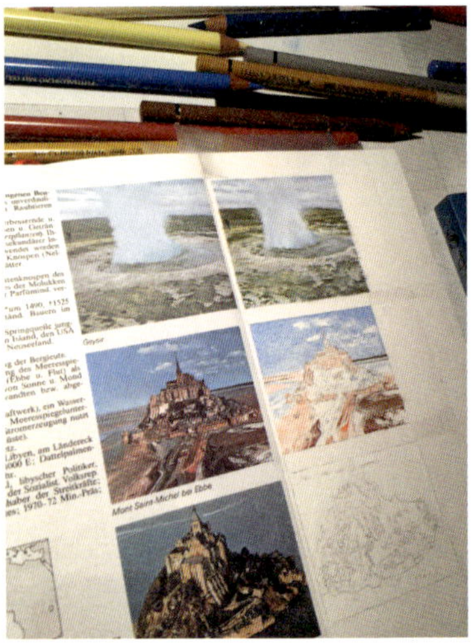
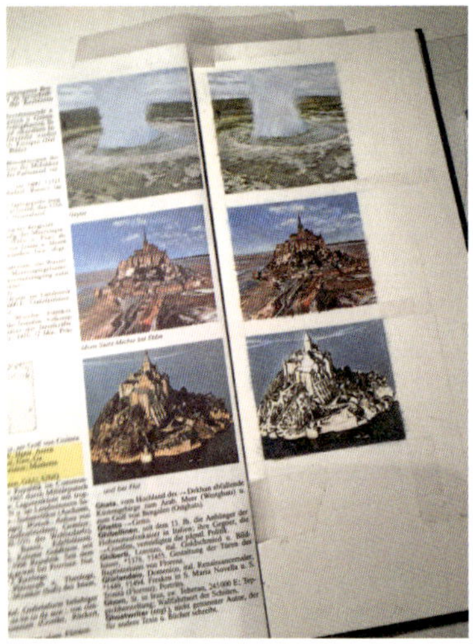
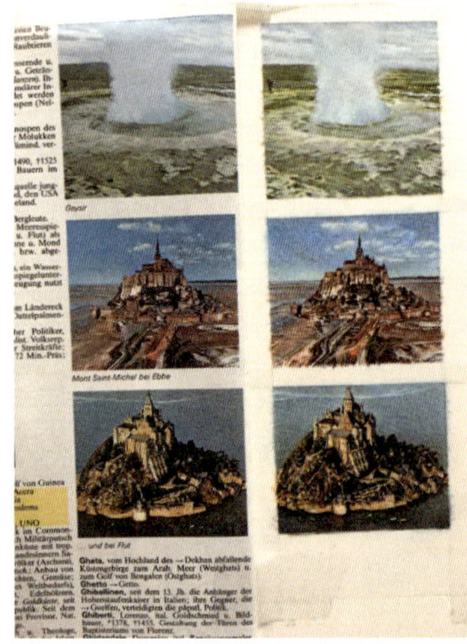
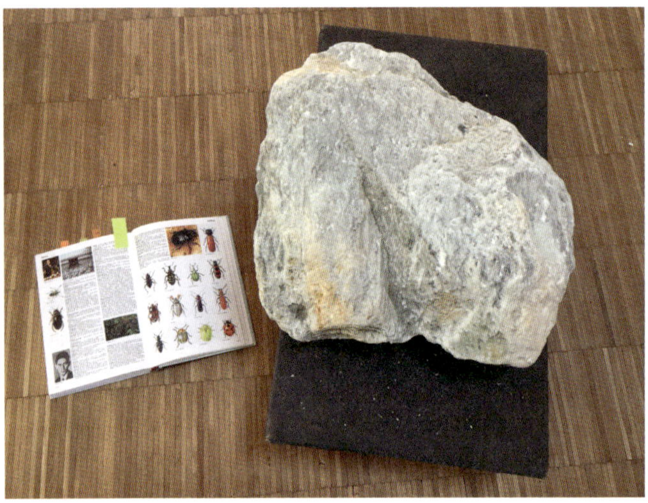
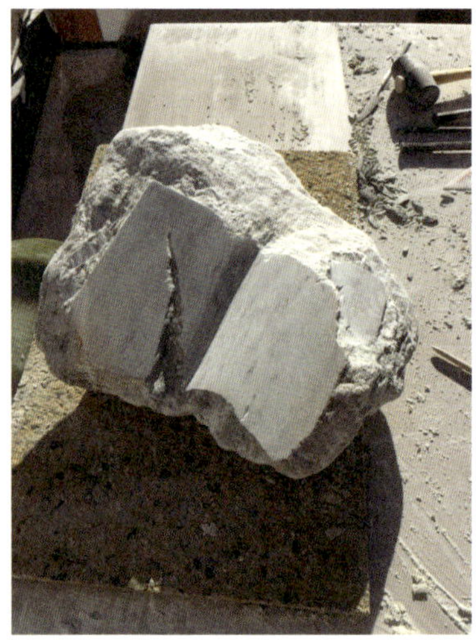
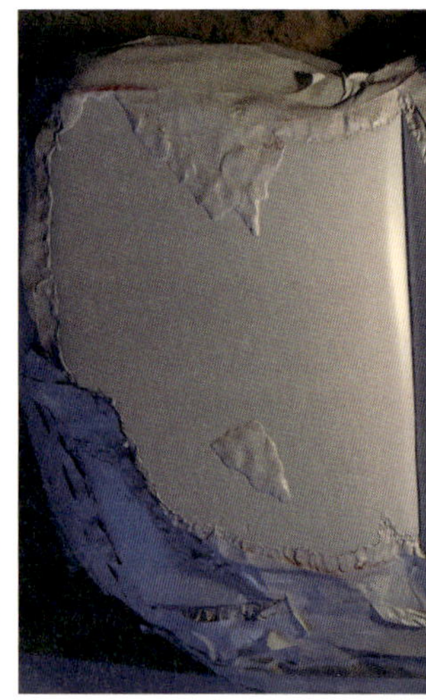
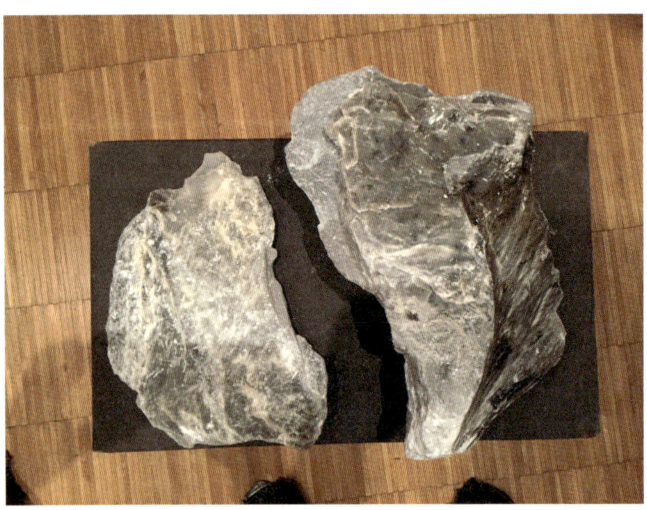
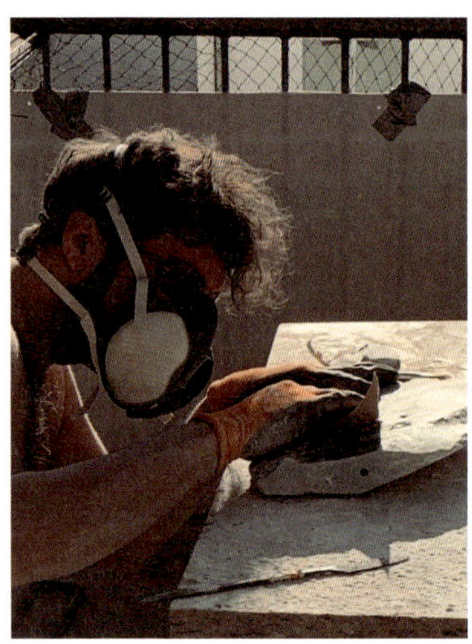
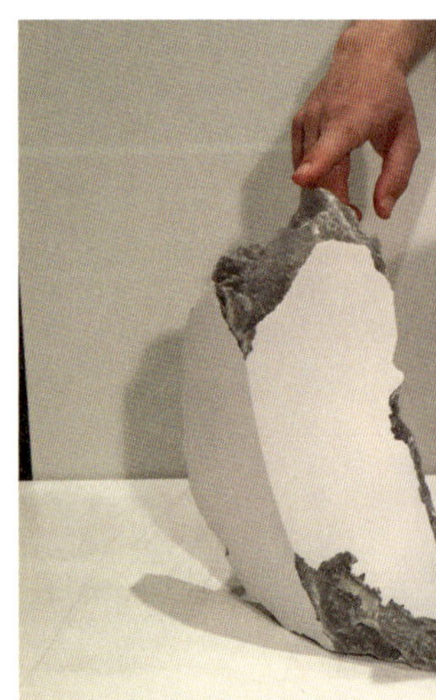

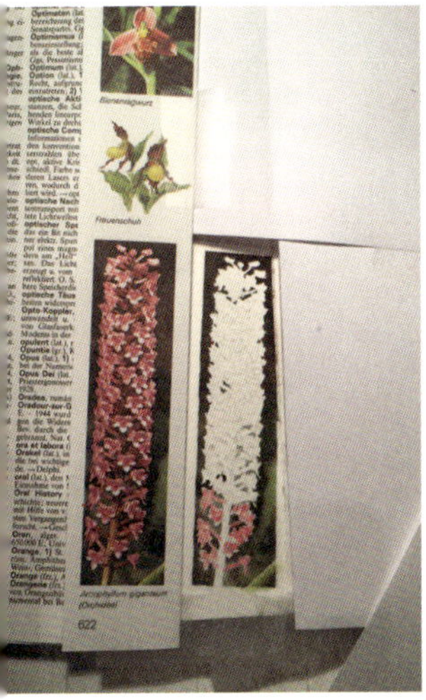
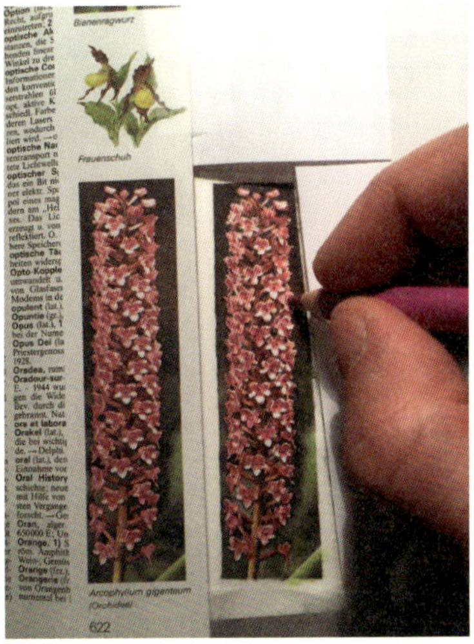
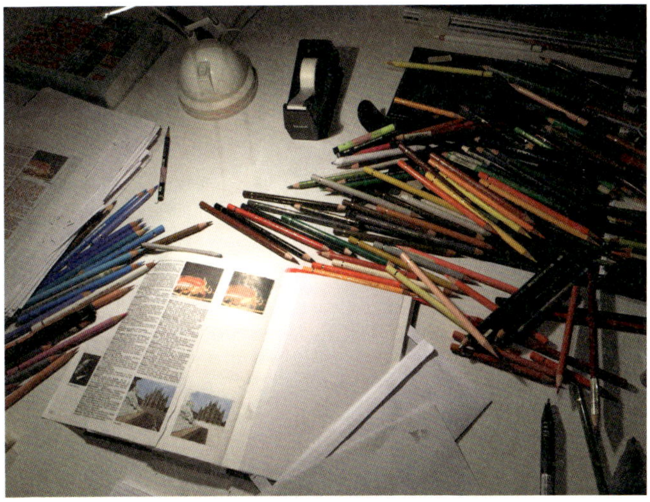
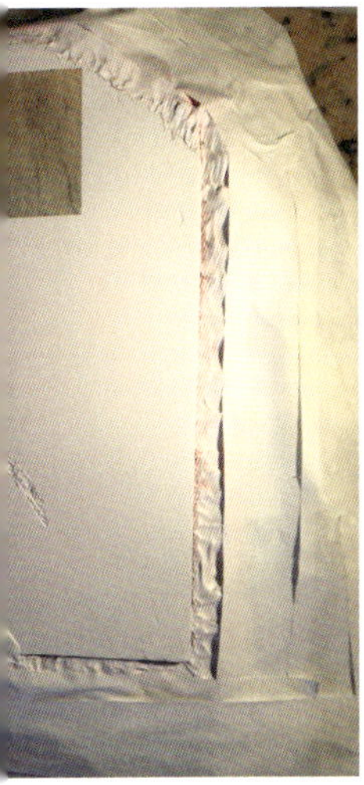
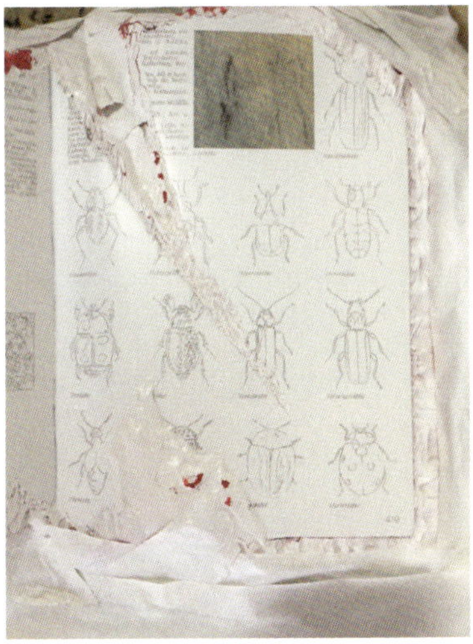
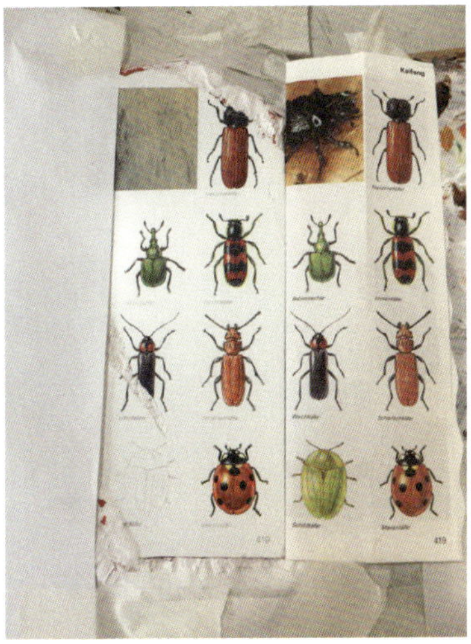
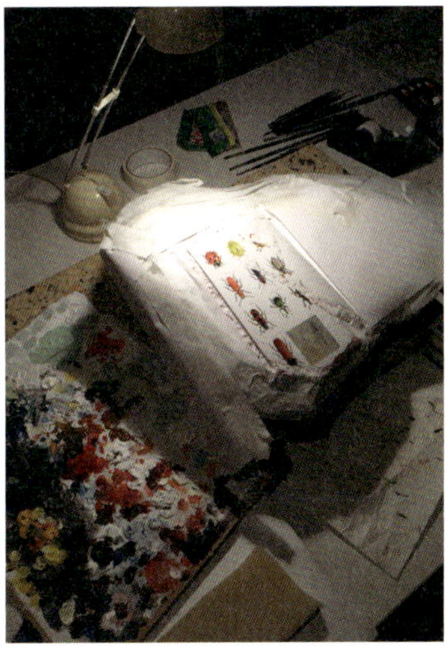
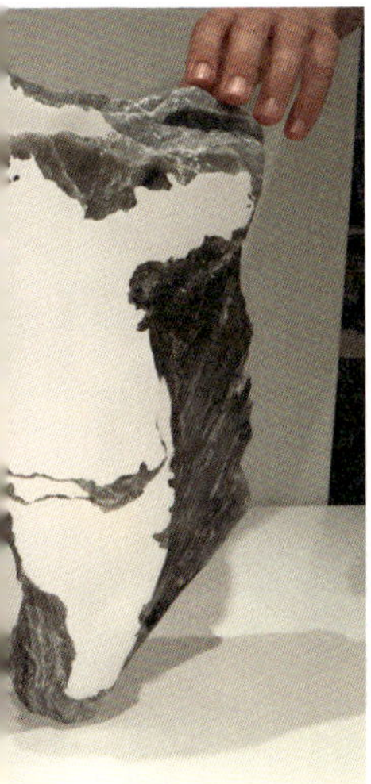
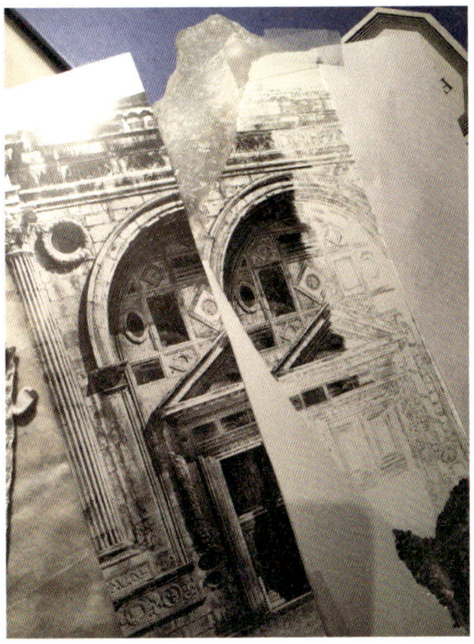
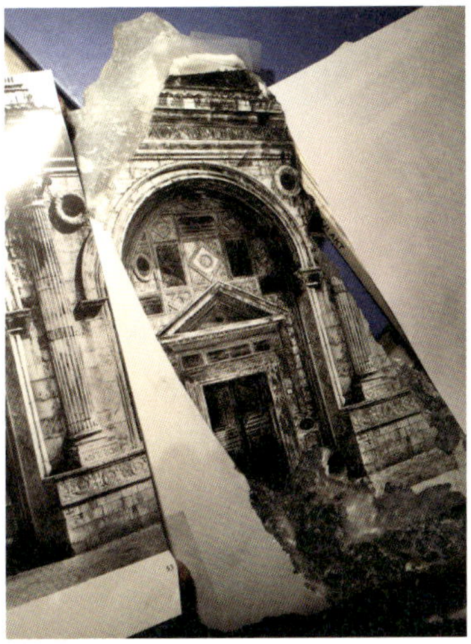
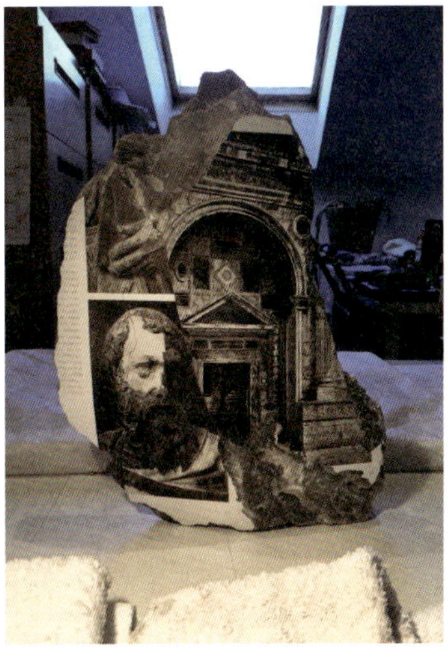

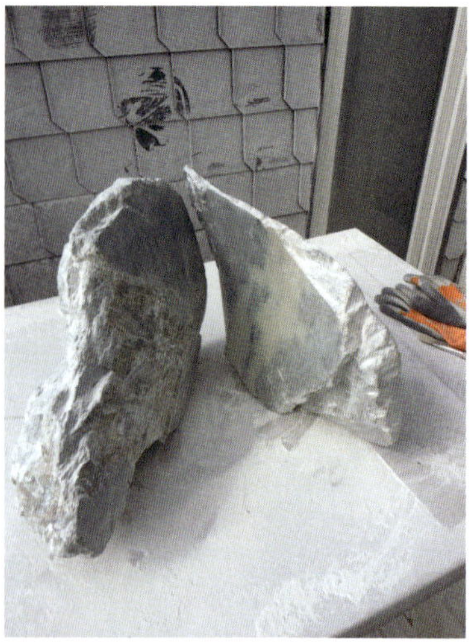
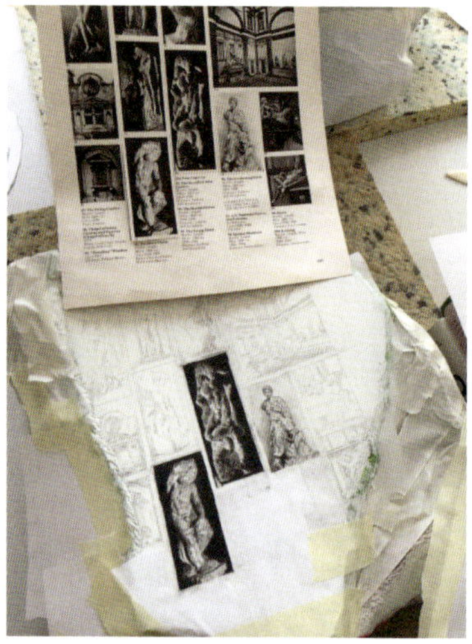
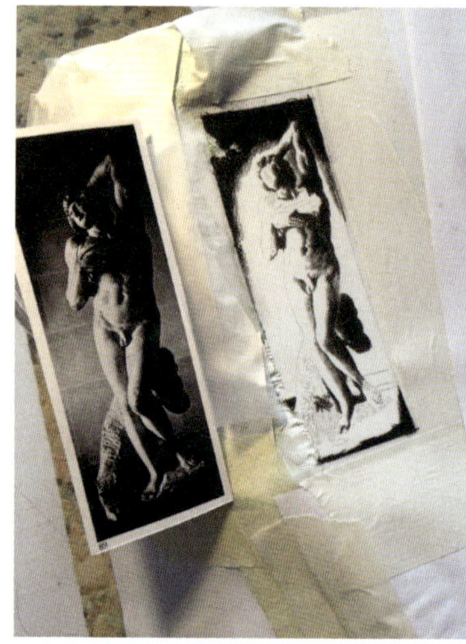
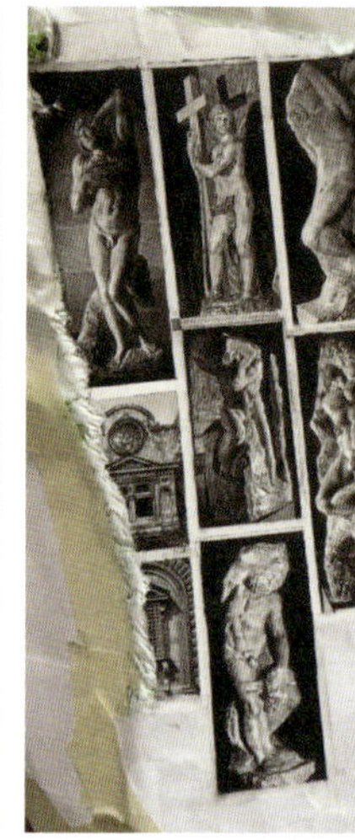
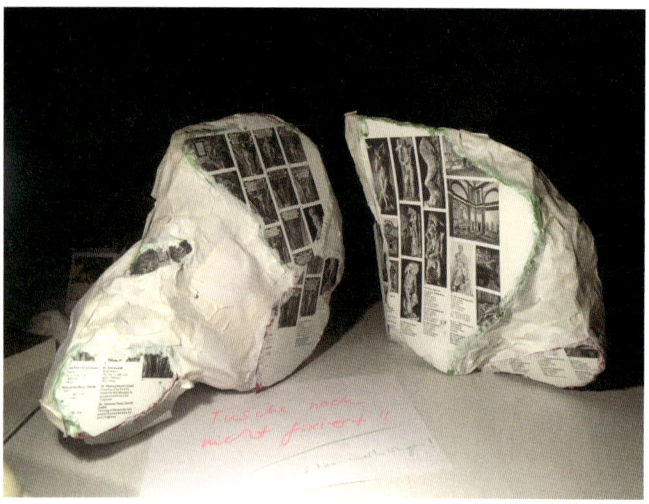
Tusche noch nicht fixiert !!
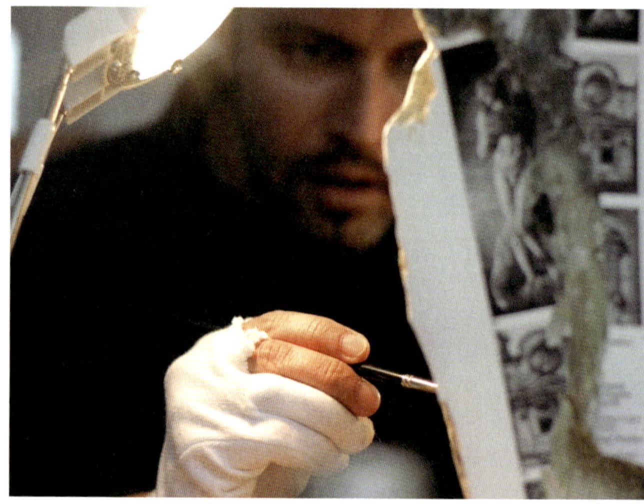
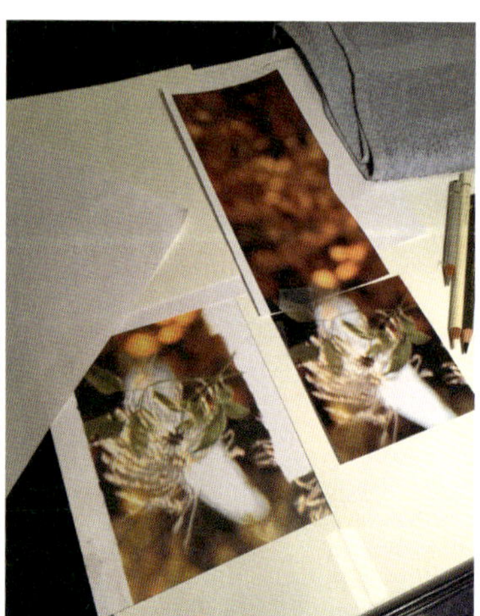
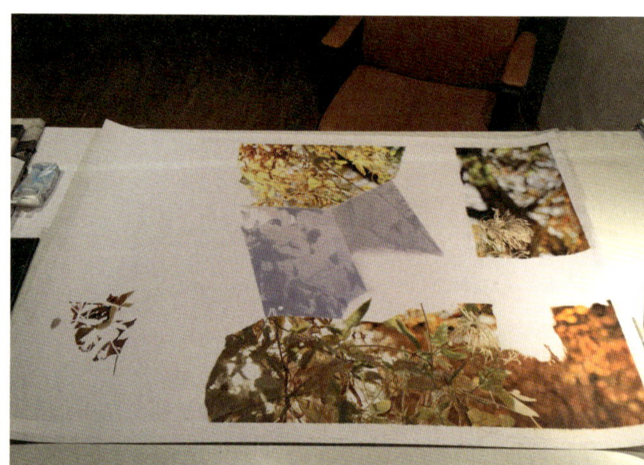

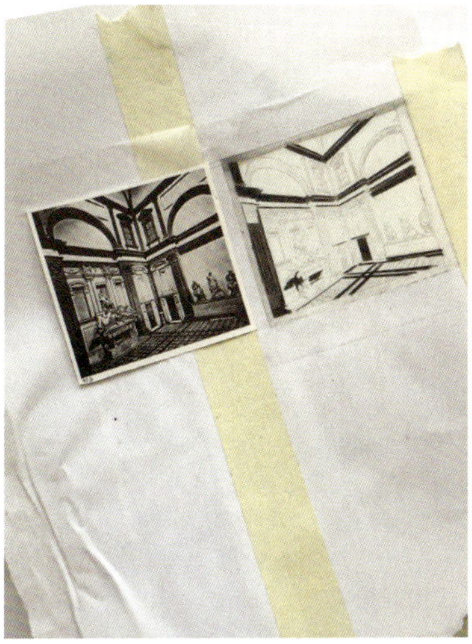

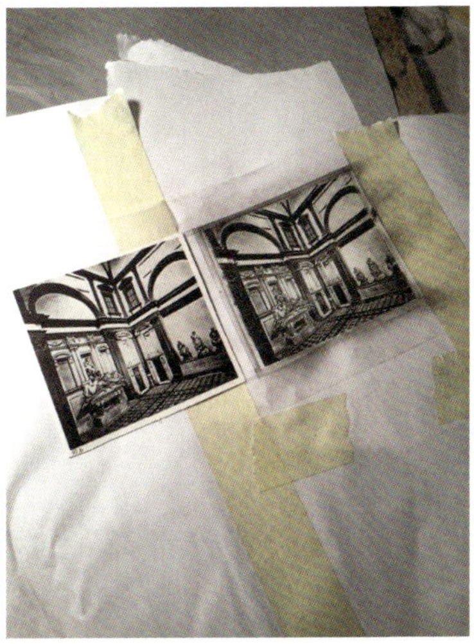

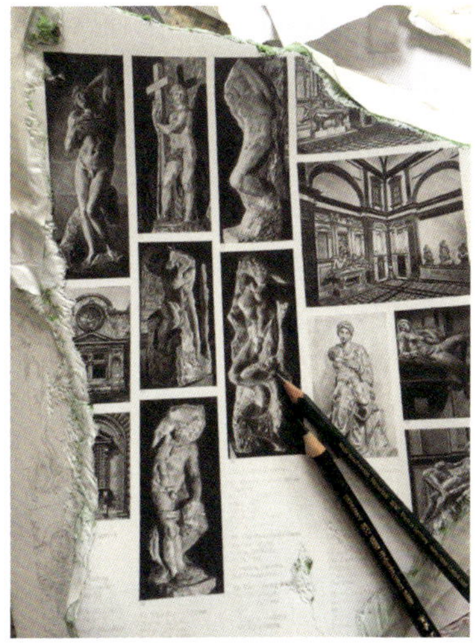

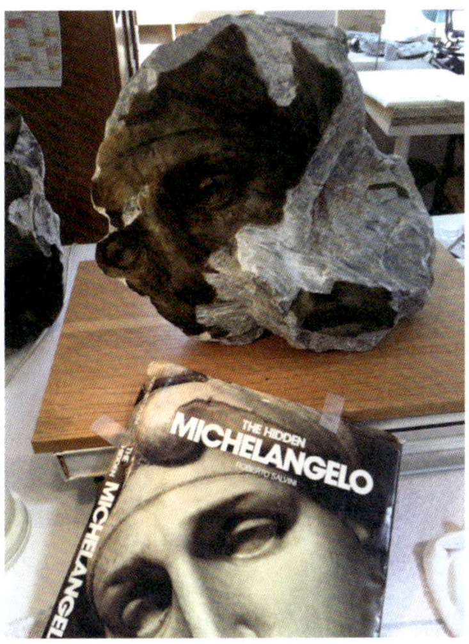
THE HIDDEN
MICHELANGELO
MICHELANGELO

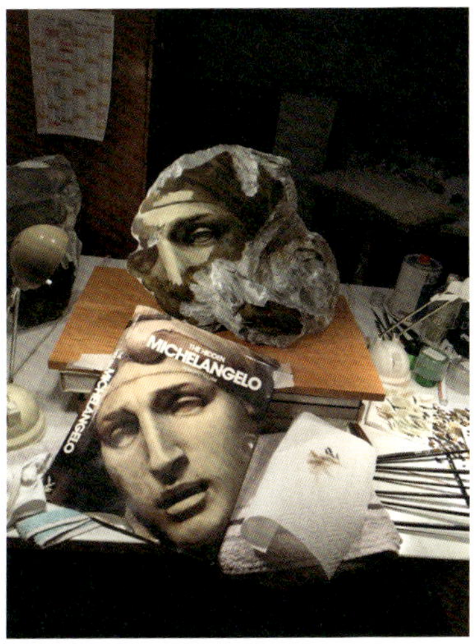
THE HIDDEN
MICHELANGELO
MICHELANGELO

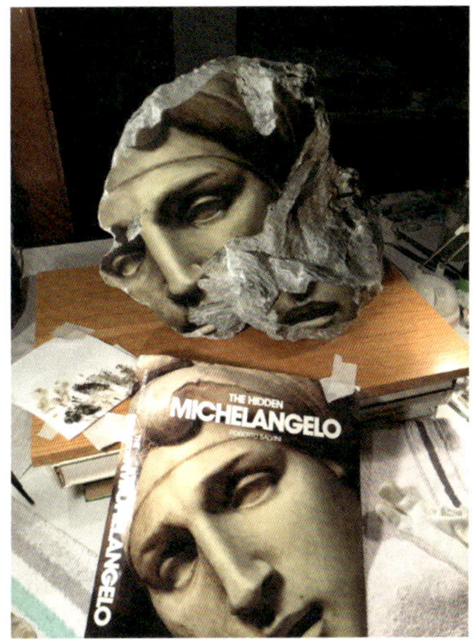
THE HIDDEN
MICHELANGELO
MICHELANGELO

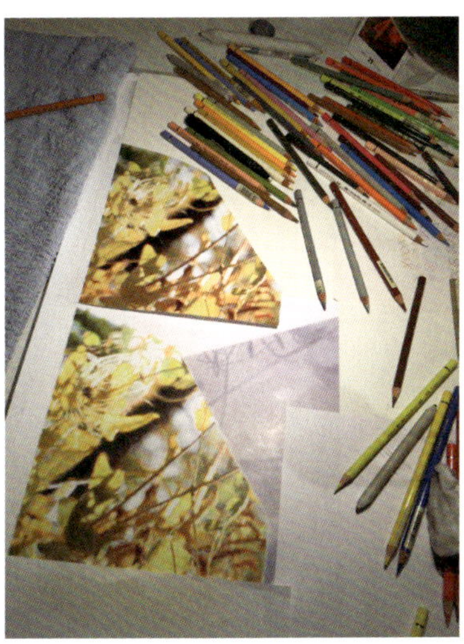

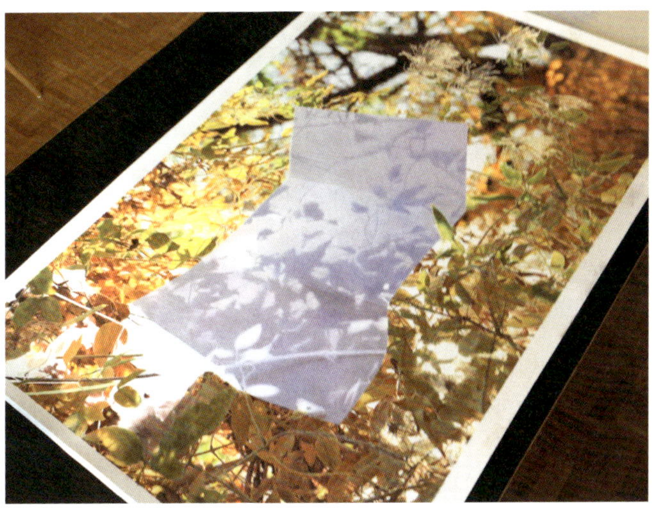

Philip Loersch
1980 in Aachen, Deutschland / *Germany*.
Lebt und arbeitet in Weßling bei München.
Lives and works in Weßling near Munich.

Vita

p. 8 *Diorama*, 2021
Park Seo-bo Foundation, South Korea

pp. 20, 22 *Halber Kirschbaum*, 2018
Galila's Collection, Belgium

pp. 25, 52–57 *Die Große Handschrift*, 2021
Privatsammlung München *Private Collection Munich*

pp. 28–29 *Der alte Garten*, 2018
Privatsammlung Hamburg *Private Collection Hamburg*

pp. 34–35 *Deutsche Rentenversicherung Bunt*, 2019/20
Privatsammlung Hamburg *Private Collection Hamburg*

pp. 42–43 *Milo Medici*, 2017
Privatsammlung Hamburg *Private Collection Hamburg*

pp. 46–47 *Berninis Wahrheit*, 2017
Privatsammlung Hamburg *Private Collection Hamburg*

p. 61 *Diptychon (Mona Litza)*, 2021
Privatsammlung Berlin *Private Collection Berlin*

p. 62 *Vermutlich in Berlin gemalt*, 2018
Privatsammlung Hamburg *Private Collection Hamburg*

pp. 64–67 *Hidden Michelangelo*, 2019
Privatsammlung Berlin *Private Collection Berlin*

p. 78 *Ich hab Brot gebacken, erfolgreich*, 2018
Privatsammlung Hamburg *Private Collection Hamburg*

p. 79 *Der phantastische Teil des Mantels*, 2018
Privatsammlung Hamburg *Private Collection Hamburg*

pp. 89–91 *Cuneiform*, 2018
Privatsammlung Wien *Private Collection Vienna*

pp. 92–95 *Kritisch Museum Guide*, 2019
Privatsammlung Berlin *Private Collection Berlin*

pp. 96–97 *Sich aufrichtende Nackenhaare kartieren*, 2016
Privatsammlung Berlin *Private Collection Berlin*

pp. 98–99 *The Secret Kiss*, 2023
Privatsammlung Dänemark *Private Collection Denmark*

p. 101 *The Obvious Interest*, 2023
Privatsammlung Hilden *Private Collection Hilden*

pp. 106–111 *Long Archaic Smile*, 2022/23
Privatsammlung Hamburg *Private Collection Hamburg*

p. 115 *Look, a swallow!*, 2023
Privatsammlung Hamburg *Private Collection Hamburg*

pp. 118–119 *Lieblingsbuchstaben*, 2018
Privatsammlung Köln *Private Collection Cologne*

p. 121 *Handnoten*, 2016
Privatsammlung Frankfurt *Private Collection Frankfurt*

p. 127 *Medaille 3 (Diskretheit)*, 2016
Privatsammlung Hamburg *Private Collection Hamburg*

p. 131 *Böse Blumen*, 2016
Privatsammlung Hamburg *Private Collection Hamburg*

pp. 134–135 *aikäfer und ailand*, 2021
Privatsammlung Cottbus *Private Collection Cottbus*

pp. 150–151 *Noch keine Kutsche, aber bald.*, 2016
Privatsammlung Stuttgart *Private Collection Stuttgart*

p. 152 *acht und ais*, 2021
Privatsammlung Cottbus *Private Collection Cottbus*

p. 153 *Aua*, 2021
Privatsammlung Reutlingen *Private Collection Reutlingen*

p. 154 *Kauz*, 2020
Privatsammlung Worin *Private Collection Worin*

p. 155 *Ghostwriter*, 2020
Privatsammlung Frankfurt *Private Collection Frankfurt*

p. 156 *Ordnung*, 2021
Privatsammlung Hamburg *Private Collection Hamburg*

p. 157 *Rentier Rentier*, 2020
Privatsammlung Reutlingen *Private Collection Reutlingen*

pp. 158–159 *Drop-out*, 2020
Privatsammlung Worin *Private Collection Worin*

pp. 160–161 *Gregor*, 2021
Privatsammlung Hamburg *Private Collection Hamburg*

pp. 162–163 *Concise Stone*, 2022
Privatsammlung Berlin *Private Collection Berlin*

p. 164 *Concise Seventies*, 2022
Park Seo-bo Foundation, South Korea

p. 165 *Concise Colours*, 2022
Privatsammlung Dänemark *Private Collection Denmark*

p. 167 *Hypertext*, 2016
Privatsammlung Berlin *Private Collection Berlin*

p. 170 *Lyrik schaffen*, 2016
Privatsammlung Stuttgart *Private Collection Stuttgart*

pp. 174–175 *Searching Mary*, 2018
Privatsammlung Köln *Private Collection Cologne*

pp. 176–177 *Ahnen spüren*, 2019
Privatsammlung Coburg *Private Collection Coburg*

pp. 180–183 *Turn it up!*, 2018
Privatsammlung Wien *Private Collection Vienna*

pp. 184–185 *Universal Library*, 2018
Privatsammlung Wien *Private Collection Vienna*

p. 187 *What is zwischen Rom und Byzanz?*, 2018
Privatsammlung Hamburg *Private Collection Hamburg*

Dank

Dieser Katalog wäre ohne die großartige Unterstützung von Georg Domizlaff, Geraldine Michalke, Mathias Ricker und Petra Schlüter nicht möglich gewesen. Herzlichen Dank an euch alle!

Einen großen Verdienst am Gelingen dieses Buches haben außerdem Helge Baumgarten, Sabine Bretschneider, Stefanie Feldbusch, Jan-Philipp Fruehsorge, Martin Holz, Judith und Roger Kiese, Mona Kiese, Sybille Krämer, Joseph Kuster, Gunter Lepkowski, Jane Michael, Jette Rudolph, Claudia Rümmele, Maike Specht, Andreas Ullrich, Andreas Wiesner und die Dr. Cantz'sche Verlagsgesellschaft.

Außerdem danke ich all meinen Sammler:innen, von denen mich viele schon sehr lange Zeit unterstützen und die mir überhaupt erst ermöglichen, meine Zeichnungen immer weiterzuentwickeln und voranzutreiben.

Ein ganz besonderes Dankeschön gebührt Bernd und Ingeborg.

Credits

This catalogue would not have been possible without the magnificent support of Georg Domizlaff, Geraldine Michalke, Mathias Ricker and Petra Schlüter. Thank you all very much!

Other major contributors to the success of this book include Helge Baumgarten, Sabine Bretschneider, Stefanie Feldbusch, Jan-Philipp Fruehsorge, Martin Holz, Judith and Roger Kiese, Mona Kiese, Sybille Krämer, Joseph Kuster, Gunter Lepkowski, Jane Michael, Jette Rudolph, Claudia Rümmele, Maike Specht, Andreas Ullrich, Andreas Wiesner and the Dr. Cantz'sche Verlagsgesellschaft.

I should also like to express my gratitude to all my collectors, many of whom have been supporting me for a very long time, enabling me to continuously develop and advance my drawings.

A very special thank you goes to Bernd and Ingeborg.

Die Realisierung des Hörbuchs *Renteninformation 2022* wurde gefördert durch ein NEUSTARTplus-Stipendium der Stiftung Kunstfonds / NEUSTART KULTUR der BKM.
The realisation of the audio book 'Renteninformation 2022' was supported by a NEUSTARTplus grant from the Kunstfonds Foundation / NEUSTART KULTUR of the Federal Government Commissioner for Culture and the Media (BKM).

Die Zeichnungen *Long Archaic Smile*, *Concise Seventies* und *Concise Colours* ermöglichte die Förderung durch das Sonderprogramm 20/21 NEUSTART KULTUR der Stiftung Kunstfonds und der Beauftragten der Bundesregierung für Kultur und Medien.
The drawings 'Long Archaic Smile', 'Concise Seventies' and 'Concise Colours' were made possible by funding through the special programme 20/21 NEUSTART KULTUR of the Kunstfonds Foundation and the Commissioner of the Federal Government for Culture and the Media.

Die Große Handschrift erfuhr sehr viel Unterstützung durch die Förderung vom Bundesverband Bildender Künstlerinnen und Künstler (BBK) im Modul C / NEUSTART KULTUR der BKM.
The project 'Die Große Handschrift' received generous support through funding from the Federal Association of Visual Artists (BBK) in Module C / NEUSTART KULTUR of the BKM.

NEU START KULTUR — Die Beauftragte der Bundesregierung für Kultur und Medien — STIFTUNG KUNSTFONDS — BBK

Die gesamte Publikation *POW – PORTRAITIST OF WRITING* wurde großzügig gefördert durch die Katalogförderung der Stiftung Kunstfonds und der Beauftragten der Bundesregierung für Kultur und Medien, durch das Art'Us Collectors' Collective und durch die Poolhaus-Blankenese Stiftung.
The entire publication POW – PORTRAITIST OF WRITING has been generously supported by the catalogue funding of the Kunstfonds Foundation and the Commissioner of the Federal Government for Culture and the Media, by the Art'Us Collectors' Collective and by the Poolhaus-Blankenese Stiftung.

STIFTUNG KUNSTFONDS — Die Beauftragte der Bundesregierung für Kultur und Medien — Art'Us / Collectors' Collective